U0637386

本书得到复旦大学国际关系与公共事务学院
出版基金的资助

当代中国政治制度研究丛书

A Series of Studies on the Contemporary Chinese Political System

浦兴祖　主编

制度精神初探

中国政治制度的视角

崔玉娈　著

中国社会科学出版社

图书在版编目（CIP）数据

制度精神初探：中国政治制度的视角/崔玉娈著 . —北京：
中国社会科学出版社，2016. 8
（当代中国政治制度研究丛书）
ISBN 978 - 7 - 5161 - 8712 - 8

Ⅰ. ①制…　Ⅱ. ①崔…　Ⅲ. ①政治制度—研究—中国
Ⅳ. ①D621

中国版本图书馆 CIP 数据核字（2016）第 182645 号

出 版 人	赵剑英	
责任编辑	李庆红	
责任校对	周晓东	
责任印制	王　超	

出　　版	中国社会科学出版社	
社　　址	北京鼓楼西大街甲 158 号	
邮　　编	100720	
网　　址	http：//www. csspw. cn	
发 行 部	010 - 84083685	
门 市 部	010 - 84029450	
经　　销	新华书店及其他书店	

印　　刷	北京君升印刷有限公司	
装　　订	廊坊市广阳区广增装订厂	
版　　次	2016 年 8 月第 1 版	
印　　次	2016 年 8 月第 1 次印刷	

开　　本	710 × 1000　1/16	
印　　张	13. 5	
插　　页	2	
字　　数	228 千字	
定　　价	49. 00 元	

凡购买中国社会科学出版社图书，如有质量问题请与本社营销中心联系调换
电话：010 - 84083683
版权所有　侵权必究

当代中国政治制度研究丛书

总 序

"人是天生的政治动物。"

无论将"政治"宽泛地定义为与人类共始终的公共权力现象，还是狭义地界定为人类特定阶段所存在的国家权力现象，一个社会总需要以一定的方式对"权源"（权力根源与权力来源）、"权力配置"、"权力载体"、"权力运作"、"权力监控"等加以规定、规范，要求所有相关者一体遵行。这，就是"政治动物"的"游戏规则"，就是政治制度——包括正式制度与非正式制度、法内制度与法外制度、文本制度与非文本制度、显规则与潜规则。没有制度，不成秩序。任何社会、任何国家如果缺失一整套适合本土环境的政治制度，就难成一体、难有发展、难以为继。

政治制度对于治国理政至关重要，自然就成为中外政治思想家的学术志趣。在西方，对"比较政治制度"、"政治制度与人"、"政治制度要素"、"政治制度（政体）分类"、"理想政治制度（政体）"等问题的研究开展得较早。古希腊的柏拉图和亚里士多德研究成果卓著，学术影响深远。近代以来，又有霍布斯、洛克、孟德斯鸠、卢梭、黑格尔等学者，在政体研究上做出了各自的理论贡献。"直到 20 世纪 50 年代，政治科学中制度取向的统治地位（还）是如此巩固。"① 但不久，这一地位即被迅速崛起的行为主义所取代。时至 20 世纪 60 年代末，行为主义又遭到后行为主义的激烈抨击。

史实表明，即便当行为主义、后行为主义处在风卷浪翻的高潮时期，制度主义的星火依然未灭。1968 年，美国学者塞缪尔·亨廷顿出版了名著《变革社会中的政治秩序》，以现代化为理论框架，将政治制度研究推向纵深。他层层论证了"政治制度化"对于现代化进程中的政治稳定之不可或缺性。

十多年后，一种叫作"新制度主义"的政治学思潮正式成为西方政治学舞台上的主角之一，他们"重新把政治制度当作政治分析的核心，

---

① ［英］大卫·马什、格里·斯托克编：《政治科学的理论与方法》（第二版），景跃进、张小劲、欧阳景根译，中国人民大学出版社 2006 年版，第 87 页。

并且运用新的研究方法分析政治制度"。①

纵观历史长河，政治制度研究不失为西方政治学史上的一大重要主题。不过，已有学者指出，如今制度研究在西方又进入技术主义和机械主义道路，只见技术不见人。制度设计的技术层出不穷，但似乎难有大的政治理论突破，此为当代西方政治理论的窘境所在。

在中国，政治制度（古称典章制度）的研究具有相当丰富的传统。近代以前，多个流派的思想家倾心于研究治国之道、安民之术，提出了众多独到的政治主张，诸如礼治、德治、法治，重民、爱民、利民，王道、霸道、强道等，绝大多数旨在维护与巩固封建专制制度。以现代政治学眼光视之，其中大量的研究涉及了政治制度的中观微观层面，包括政府结构制度、管理制度、税赋制度、任官制度、法典制度等。即便有些从未见诸法典规章的治国思想，因其长期、稳定地规范着、影响着社会政治生活，实际上成了"法外"政治制度。

到了近代，在国内外各类因素的激发下，志士仁人们更是在政体层面上不断提出"中国应当建立怎样的政治制度"这一课题，并进行了长期艰辛的探索与研究。开明君主制？立宪君主制？多党议会制？……最终，高高飘扬的新中国旗帜上，辉映着"人民共和"制！人民民主的共和制度！辉映着"中国人民站起来了"！"中华人民共和国的一切权力属于人民"！

"三千年未有之大变局"，来之不易。据此，我们确立了中国特色社会主义政治制度：作为根本政治制度的人民代表大会制度，作为基本政治制度的中国共产党领导的多党合作与政治协商制度、民族区域自治制度、基层群众自治制度等。总体上看，这套制度扎根本土，适应国情，是特定社会历史条件下的产物，也吸收了人类政治文明的有益成果，富有制度效能。同时，也应看到，任何宏大的制度都是分层次的，如若缺失中观、微观制度的合理配套，再好的制度也无法付之运作，见之实效。由于种种原因，我们的政治制度在中观、微观层面以及制度间关系上还存在着某些不足，一定程度上使有些宏观制度的"制度空间"难以用足，制度效能未能充分发挥。正如习近平总书记所指出的，"中国特色社会主义民主是个新事物，也是个好事物。当然，这并不是说，中国政治制度就完美无缺，就不需要完善和发展了。制度自信不是自视清高、自我满足，更不是裹足不前、故步自封"，"我们一直认为，我们的民主法治建设同扩大人民民主和经济社会发展的要求还不完全适应，社会主义民主

---

① 俞可平：《政治与政治学》，社会科学文献出版社2003年版，第170页。

政治的体制、机制、程序、规范以及具体运行上还存在不完善的地方，在保障人民民主权利、发挥人民创造精神方面也还存在一些不足，也必须加以完善"。① 总书记还言辞恳切地告诫，要"切实防止出现人民形式上有权、实际上无权的现象"。②

中共十八届三中全会提出了全面深化改革的总目标，也就是完善和发展中国特色社会主义制度，推进国家治理体系和治理能力现代化。这无疑是一项重大的历史任务，是要推动中国特色社会主义制度更加成熟、更加定型，为党和国家事业发展，为人民幸福安康、为社会和谐稳定、为国家长治久安提供一整套更完备、更稳定、更管用的制度体系。

作为中国政治学学者，我们深知有责任继续深化有关当代中国政治制度的学术研究。使命在肩，任重道远！

我们从"制度自信"出发，通过研究进行"制度自省"，提出改革创新建议助推"制度自新"，这样，定会更具"制度自信"。

复旦大学是中国最早设置"中外政治制度"专业博士点的高校之一。从国际政治系到国际关系和公共事务学院，复旦大学长期重视中外政治制度研究，推出过一系列学术论著，获得了国内外学界的好评。笔者自2003 年伊始，有幸在"中外政治制度"博士点相识并指导了当代中国政治制度研究方向的一批博士研究生。这些聪明睿智、天分超群又刻苦勤奋、脚踏实地的青年才俊，在导师组的集体引领下，分别选定了某一维度或某项政制，进行了颇为深透的研究。我们则总是嘱咐他们谨记"博学而笃志，切问而近思"的校训，在学界已有研究的基础上，以历史与逻辑的统一、理论与实际的统一、国内与国际的统一、普遍与特殊的统一为基准，增强问题意识，潜心理论思考，表述独到见解，严守学术规范；我们总是嘱咐他们注重思维的角度、广度、深度、力度，敏捷度、清晰度、创新度、缜密度，确信论文不是"写"出来的，而是深入研究出来的，"七分研究三分写"……他们努力了，一个个推出了各具理论价值与现实意义的博士论文，通过严格审查与答辩，欣喜地从校长或院长手中接过了沉甸甸的学位证书。

此后，他们又战战兢兢地对论文进行了再修改与再深化。现在的这些文稿虽然仍显稚嫩，还有可以进一步斟酌、商榷之处，但从基本面看，已具有一定的学术水准。为了让这些学术成果走出书斋，对当代中国政

① 习近平：《在庆祝全国人民代表大会成立60 周年大会上的讲话》，《人民日报》2014 年9 月6 日。
② 同上。

治制度研究产生些许推进效应，我们决定将其中的大部分整合成"当代中国政治制度研究丛书"予以出版。① 考虑到本人曾兼任复旦大学"公共管理"专业博士后流动站的联系专家，所指导的博士后研究成果中也有与当代中国政治制度密切相关的，故丛书中也编入了少量博士后论著。因人建议，笔者将数十年来研究当代中国政治制度的部分学术成果结集成册，忝入丛书，抛砖引玉。

此套丛书的出版，得到复旦大学国际关系与公共事务学院院长陈志敏教授、副院长苏长和教授等领导的关心与支持，获得了学院出版基金的资助。笔者代表全体作者向母院及其领导表示感谢！在此，亦向各位博士、博士后的指导组教授致以深深的敬意！向给予丛书中相关著作以资助的西北政法大学等高校表示感谢！向曾经鼓励本丛书出版的我校选举与人大制度研究中心原副主任何俊志教授（已调中山大学）、现任主任扶松茂副教授、副主任李春成教授道谢！向悉心编辑与出版本丛书的中国社会科学出版社李庆红等老师深表谢意！没有他们极富专业水准的工作，此套丛书便难于以现在的面目推向学界及整个社会。值得一提的是，在丛书出版过程中有的成果经出版社推荐，更是荣幸地入选了国家社科基金后期资助项目。

笔者要特别感谢本丛书的全体作者。长年来，与大家每月一次的集体"聊学"（聊天般地谈学），以及不定期的一对一电话讨论或者面叙，均给我留下了难以磨灭的印象，那绝不是单向的"指导"，而是双向的交流、切磋、论辩，是在宽松的氛围中共同操练思维。现今，同学们大多执教于高校、党校，也有从业于其他岗位的。后生可期，希冀他们为讲授、研究与实践当代中国政治制度做出骄人的成绩。

此刻，由衷地感谢本丛书的读者。你们对丛书的厚爱就是对我们的鼓励，你们的任何批评与建议，将会从不同角度鞭策并启迪作者们去坚持与深化自己的研究，修改与完善自己的论著。这是可以肯定的。

浦兴祖
复旦大学国际关系与公共事务学院
复旦大学选举与人大制度研究中心

2015 年 11 月 18 日于上海逸仙华庭

---

① 笔者曾指导的两位硕士生毕业后，先后师从南京大学政府管理学院政治学系闾小波教授和复旦大学国际关系与公共事务学院公共行政系唐亚林教授，并分获博士学位。前者的一项国家课题最终成果、后者的博士论文亦加盟本丛书。

前　言

　　人类社会的演进经历了从野蛮到文明的漫长历史时期，相应地，在人类文明不断发展的过程中，制度哲学在推动社会整体秩序的构建、形成人际的规则共识等方面扮演着突出的角色。然而，在制度哲学这一宏大体系之中，我们对制度伦理、制度道德、制度文化等概念都进行过不少论述，唯独对制度精神这一支脉着墨不多。制度精神具体指什么，它是否有进一步研究的必要，以及如果制度精神有助于制度文明的整体推进，那么如何培育制度精神，等等。对这一系列问题的追问以及回答不仅可以引发我们对整体制度建构的深层思考，同时也能够有效解决制度在现实政治生活中面临的困境与挑战。

　　本书主要运用历史—逻辑法、文献分析法、个案研究法、比较法、新制度主义等，通过对古今中外思想家关于制度精神的碎片化描述的梳理与分析，结合现代社会发展过程中出现的制度困境与挑战，试图勾勒出一种关乎制度精神的体系架构，在丰富和完善制度理论体系的基础上，能够有效应对制度发展过程中的现实羁绊，以期从理论和现实的维度上为构筑制度精神这一支脉体系提供稳固的基础。然而要构筑这样一种学科视野下的理论体系实非易事，既要有足够的理论功底与理论水平，也要有承受来自各方面质疑声浪的勇气与心理，因此，笔者以有限的能力用一种谨慎又谨慎的态度主要从制度精神的概念分析、理论溯源、特点、功能以及培育模式等方面先搭建一个大致的框架与轮廓，围绕制度精神这一核心术语展开相关理论问题的探讨与分析，虽然它仍然是一个不完整、不完美的体系架构，但它却是经历多次修改与调整的第 N 个"小板凳"了。

　　新制度主义认为，制度不仅包含规范层面的正式制度，也包含习俗惯例等非正式制度，相应地，制度精神便表现为两种形式：正式制度精神和非正式制度精神。正式制度精神的产生与形成离不开正式制度这一载体，对制度文本的遵奉形成了以制度为中心的治理传统，西方的法治精神便是这一制度精神的鲜明体现；非正式制度精神的产生与形成则与流传于人们日常生活当中的习俗、惯例等非正式约束相连，对习俗、惯例等的遵奉与敬畏形成了以礼治为中心的治理传统，中国的礼治精神便是这一制度精神的现实写照。无疑这两种形态的制度精神在各自的历史时空中都曾发挥过积极的作用与价值，然而在当代中国的历史语境下，以制度为中心的正式制度精神恰是我们所欠缺和匮乏的，因此，对正式制度精神的培育以及将这两种形态的制度精神较好地契合进当代中国的现代化进程便是一项重要而又紧迫的任务，应对之法在于：在将西方社会的正式制度精神嵌入我国政治场域的过程中，应该从人、制度与时间这三个维度来进行具体考量，同时领袖主导模式、民众主导模式和知识精英主导模式的交织共存应成为正式制度精神培育的主要主体，通过树立制度的"标杆效应"来将制度的积极的"传染性"进行放大与扩散，借助时间这一物理要素来共同推进我国正式制度精神的培育进程。

需要提及的是，一个社会的进步、文明的发展是离不开正式制度与非正式制度的双重作用的，"社会在任何时候都不可能只依赖某一个制度，而需要的是一套相互制约和补充的制度；这些制度不仅包括成文宪法和法律明确规定的，更重要的是包括了社会中不断形成、发展、变化的惯例、习惯、道德和风俗这样一些非正式的制度"①。"正式制度是基于非正式的习俗和准则而设计和创立的。有的时候，正式规则的确立，是作为稳定或者改变现行的非正式规则的一种手段；而有的时候，则是为了规范某些缺乏非正式制度框架的社会互动行为"②。可以这样说，"非正式规则是构建正式规则的基础"③。因此，本书重点虽然是放在对正式制度精神的阐发与探究上，但这并不是说非正式制度与其背后的精神就不重要，也不是说正式制度精神与非正式制度精神二者是截然分开、彼此不相干的，而是要表达在当前中国制度体系建设的时空环境下，正式制度精神与非正式制度精神都会对制度的实际运行产生重大的影响，正式制度精神则是我们要着重培育的。

习近平指出："制度一经形成，就要严格遵守，坚持制度面前人人平等、执行制度没有例外，坚决维护制度的严肃性和权威性，坚决纠正有令不行、有禁不止的各种行为，使制度真正成为党员、干部联系和服务

---

① 苏力：《制度是如何形成的》，北京大学出版社 2007 年版，第 55 页。
② ［美］杰克·奈特：《制度与社会冲突》，周伟林译，上海人民出版社 2009 年版，第 178 页。
③ 同上书，第 179 页。

群众的硬约束。"① 也就是说，必须强化违反制度的责任追究，坚决纠正有令不行、有禁不止、上有政策、下有对策、打擦边球、变着法子进行规避的各种行为，让违反制度者付出应有代价，增强制度的威慑力，这样才能为当前构建一个和谐美丽的中国梦奠定坚实的基础，由此，对围绕正式制度而展开的一系列制度体系的构建与安排就成为当前重要而紧迫的任务之一，本书的研究便是在这样的背景下应运而生的。

---

① 习近平在"党的群众路线教育实践活动工作会议"上的讲话，2013 年 6 月 18 日。

目　录

第一章 导论

第一节 问题域及其意义

"美国的联邦宪法，好像能工巧匠创造的一件只能使发明人成名发财，而落到他人之手就变成一无用处的美丽艺术品。墨西哥的现状，就是说明这个问题的例证。墨西哥人希望实行联邦制，于是把它们的邻居英裔美国人的联邦宪法作为蓝本，并几乎全部照抄过来。但是，它们只抄来了宪法的条文，而无法同时把给予宪法以生命的精神移植过来。"① 这是一个在美国游历了九个月零几天的法国人托克维尔对美国实行联邦宪法这一制度的高度评价，他在明确地赞扬了美国民主的同时，也看到了法国自身民主革命失败的原因，"我们虽然有了民主，但是缺乏可以减轻它的弊端和发扬它的固有长处的东西"②。而这种东西——民情也正是使得民主在美国得以如此成功运作的主要原因。在自然环境、法制和民情这三大促成美国民主发展良好的因素中，托克维尔坦言，如果按照贡献对它们进行分级，则"自然环境不如法制，法制不如民情"③。而对于"民情"的理解，托克维尔则丝毫不加掩饰地声称：法律只要不以民情为基础，就总要处于不稳定的状态。民情是一个民族的唯一的坚强耐久的力量。④ "我确信，最佳的地理位置和最好的法制，没有民情的支持也不能维护一个政体；但民情却能减缓最不利的地理环境和最坏的法制的影响。民情的这种重要性，是研究和经验不断提醒我们注意的一项普遍真理。我觉得应当把它视为我的观察的焦点，我也把它看作我的全部想法

---

① ［法］托克维尔：《论美国的民主》上卷，董果良译，商务印书馆2006年版，第186页。
② 同上书，绪论，第9页。
③ 同上书，第358页。
④ 同上书，第315页。

的终点"①。

　　孟德斯鸠以一种磅礴的气势和宽广的学识将自己的所见所闻、所思所想历经二十年写成了传世巨著——《论法的精神》，这种大历史的写法让作者从万千纷繁复杂的社会事物中抽离出带有一般性的东西，如作者所言，在作者所建立的各项原则中，"个别的情况是服从这些原则的，仿佛是由原则引申而出的，所有各国的历史都不过是由这些原则而来的结果"②。这种由事物的性质产生出来的必然关系就是法，而法律和地理、地质、气候、人种、风俗、习惯、宗教信仰、人口、商业等都有关系，这些关系就是法的精神。③ "在不违反政体的原则的限度内，遵从民族的精神是立法者的职责。因为当我们能够自由地顺从天然秉性之所好处理事务的时候，就是我们把事务处理得最好的时候。"④ 对于这种风俗、习惯等的重要性的表述，他提道："法律是制定的，而风俗则出于人们的感悟。风俗以人民'一般的精神'为渊源，法律则来自'特殊的制度'，推翻'一般的精神'和变更'特殊的制度'是同样危险的，甚至是更为危险的。"⑤

　　梁启超是我国近代杰出的法学家之一，他全面系统地介绍并研究了宪法中的国体、政体、国会制度、选举制度、政党制度、自治制度等，对宪法、制宪权、宪法观念、权利、自由等问题均有很深刻的把握。此外，他非常注重成文宪法、宪法观念与宪政现实之间的互动，深刻揭示了宪法的精髓与宪法的精神："欲宪政之成立，必须令国民中坚之一阶级，知政治之利害切己而思参预之，然后其精神有以维持于不敝。"⑥ 他认为，宪法与民权不可分离。"民权者，所以拥护宪法而不使败坏者也。""苟无民权，则虽有至良极美之宪法，亦不过一纸空文，毫无补济。""宪法与民权，二者不可相离。此实不易之理，而万国所经验而得之也。"⑦在梁启超看来，宪政的切实有效推行离不开民权的充分享有，"言政府与人民之权限者，谓政府与人民立于平等之地位，相约而定其界也，非谓

---

① ［法］托克维尔：《论美国的民主》上卷，董果良译，商务印书馆2006年版，第358页。
② ［法］孟德斯鸠：《论法的精神》上册，张雁深译，商务印书馆2005年版，第28页。
③ 同上书，第8页。
④ 同上书，第365页。
⑤ 同上书，第370页。
⑥ 梁启超：《为国会期限问题敬告国人》，王文光等点校，《饮冰室文集点校》第二集，云南教育出版社2001年版，第1071—1072页。
⑦ 梁启超：《立宪法议》，王文光等点校，《饮冰室文集点校》第二集，云南教育出版社2001年版。

政府界民以权也"①。也即这里所说的民权与其说是一种人民应享有的权利，毋宁说是一种使宪政得以推行的制度精神。

曹沛霖认为，"西方，民主制度实际上存在着两个传统，一个传统是共和与道德，另一个传统是民主与科学。……但是，古代的共和制与现代的民主制更重要的差异还在于制度精神的不同，古代共和制的精神基础是道德，现代民主制的精神基础是科学"②。同时，当我们把目光从理论转移到现实层面时，我们看到，在真实的政治生活中，有些制度虽然在设计上存在某种缺陷或漏洞，然而在实践中的运行却没有出现较强的反效果，而有些制度虽然进行了较为全面的甚至具体的设计与规定（当然总是存在缺陷的），可是在实践中却出现和带来了较强的反效果，或者是制度实践偏离了制度的设计意图或初衷，或者是弱化和淡化了人们对制度本身的遵奉与敬畏，使得制度所引发的社会矛盾与冲突往往超过制度本身的正向社会功能。更可能的情况是，同样的制度，在一种社会环境中表现出较好的社会适应力并正常发挥自身的功能，但是在另一种社会环境中则表现出不同的甚至相反的结果，出现上述这些情况的原因固然是多方面的，但我们不可否认，缺少有效的"制度精神"的支持是其中一个非常重要的因素。正如曹沛霖所言："现代产权经济学提出，人类维护产权有三个层次，即法律、制度、道德。法律的存在和运转要依靠制度，制度的有效运作要有制度精神。"③

由上可知，古今中外的学者都在各自的研究领域中或隐或现、或明或暗地提到了"制度"与"精神"这一议题，现实的政治生活也在叩问着制度缘何有多重结果，一项立意很好的制度却在实践中没有取得应有的正效果，甚至出现较强的反效果，人们为何不遵守既定的制度而总是寻求制度以外的路径来解决问题，在制度文本与制度精神之间如何以一种恰当的比例关系来调和二者之间的冲突。著名经济学家胡鞍钢指出，当代中国的发展实际上经历了两次大的转型，第一次转型是从以阶级斗争为中心到以经济建设为中心，这一历史性的转型不仅反映了历史的要求和人民的愿望，更是解决了社会主义基本制度建立后的战略转移问题。然而改革开放后的今天，我们还必须要经历第二次转型，即从以经济建设为中心到以制度建设为中心，要开创一个"制度建设"的新时代。他进一步指出，我国当前存在着不容忽视的两极分化、社会矛盾等问题，

---

① 梁启超：《论政府与人民之权限》，载《梁启超全集》，北京出版社1999年版，第881页。
② 曹沛霖：《制度纵横谈》，人民出版社2005年版，第123页。
③ 同上书，第22页。

解决这些矛盾是不能仅仅靠把"蛋糕"做大，更重要的是应通过建立国家基本制度包括收入分配制度、社会保障制度、财政转移支付制度、人民民主参与制度等，从制度上防止中国出现贫富两极分化。① 习近平也一再强调："制度问题更带有根本性、全局性、稳定性、长期性。"开展群众路线教育实践活动，要把制度建设贯穿始终。制度建设作为党的建设系统工程中一项根本性、基础性建设，是实现作风建设常态化、长效化的根本保障。不过这些基本制度的建设固然重要，可是如果这些制度即使确立起来，却无法在实践中发挥制度的初衷和本意，或者这些立意很好的制度却得不到人们忠实的遵守和履行，那么这种"形式主义"的制度终究仍然是纸上谈兵的"不带剑的契约"②，难以发挥实际的效力。而支撑这些制度发挥有效作用的关键又端赖于制度背后的精神。然而遗憾的是，到目前为止，还没有哪一位学者明确地对"制度精神"这一概念进行界定以及相关研究，那么，"制度精神"值得研究吗？什么是"制度精神"以及它有哪些特点？要确保"制度精神"的正常有效运行需要具备哪些条件以及如何进行培育？等等，正是带着这些疑问，笔者试图从历史的视野和现实的维度对这一重大理论问题进行分析与探讨，应该说，对这一理论问题的分析不仅是个人的研究兴趣所在，更是由于对该问题的研究具有无可替代的意义与价值。概括而言，我们可以从以下几个层面来理解该研究的重大意义。

一 理论层面的意义

所谓理论层面的意义，主要指向制度的哲学体系。"学术研究实践表明，对任何对象的研究，最终都会，也都要走到哲学的层面，制度研究也一样。"③ 新制度经济学的研究者思拉恩·埃格特森指出，"经济制度涉及正式和非正式规则的建立和实施效果两个方面。因为这些规则的建立和实施是政治和社会进程的结果，所以研究制度的变化显然必须打破法律和经济史以及政治学、社会学和人类学自成体系的研究领域"④。因此，"制度哲学所要完成的任务是：通过对以制度为对象的哲学反思，破除制度神话，重塑制度意识，探索制度研究的方法论，提出制度之所以为制

---

① 参见胡鞍钢、王绍光、周建明《第二次转型：国家制度建设》，清华大学出版社 2009 年版，第 5—12 页。

② 参见［英］霍布斯《利维坦》，黎思复、黎廷弼译，商务印书馆 1997 年版，第 128 页。

③ 辛鸣：《制度论——关于制度哲学的理论建构》，人民出版社 2005 年版，第 4—5 页。

④ ［冰］思拉恩·埃格特森：《新制度经济学》，吴经邦等译，商务印书馆 1996 年版，第 3 页。

度、制度之所以要存在、制度之所以能存在的核心理念，从制度元问题的层面建构制度研究的理论框架，为当代中国的制度创新与发展提供理论支撑"①。那么，对"制度精神"的研究便可以看作是对制度的哲学层面的一种理论探讨，这将在以下两个方面丰富和完善制度哲学体系的构建与发展。

第一，"制度精神"自身的理论建构。

在制度哲学的视野中，对"制度"进行超越其文本状态或曰形式状态的研究不独"制度精神"，还包括"制度文明"、"制度伦理"、"制度正义"等重要的支派，相比而言，目前学术界对"制度文明"或者"制度伦理"等问题的研究比较多见，在相关概念等基本理论问题的界定上已有了不少研究的成果，后面的文献分析部分会重点提及，然而，对于"制度精神"这一概念的界定与由这一概念衍生的其他理论问题在当前学术研究中仍然不够，因此，本书的研究价值便是试图把"制度精神"这一支脉的理论体系进行一种框架上的建构，哪怕这种建构可能是粗略的，或者是局部的，但是，从理论意义上讲，这种研究应该会为补充和完善制度哲学这一理论大厦提供必要的理论支撑。

第二，"制度精神"的学理定域。

既然制度精神是关乎制度的哲学层面的探讨，超出了制度文本本身，那么它在整个制度哲学这一理论体系中处于何种地位，以及如果我们把制度本身看作一个完整的链条，那么"制度精神"在这一链条中处于哪一级或曰何种位置？以及它与其他有关制度的哲学层面的研究之间的区别与联系又是什么？例如，"制度精神"与"制度文明"以及"制度伦理"这些概念间的联系与区别，制度精神具有哪些特点和功能？等等，对这些理论问题的深入探讨和细致分析将有助于我们从整体上把握"制度精神"的坐标系，在找到其在制度哲学中的定位的同时，准确把握"制度精神"的内涵与外延，从而为这一理论体系的不断发展提供必要性与合理性。

二 实践层面的意义

所谓实践层面的意义，主要指制度的运行层面。党的十八大以来，以习近平同志为总书记的党中央高度重视"制度治党"，大力加强包括党章党纪、法律法规等在内的制度建设，增强制度执行力，坚决维护制度

---

① 辛鸣：《制度论——关于制度哲学的理论建构》，人民出版社 2005 年版，第 7 页。

的严肃性和权威性。而要真正做到维护制度的尊严、给制度足够的尊重，离不开现实生活中每一个生动的个人。"因为任何制度、任何改革最终都要由人去落实和操作，任何意义上的人性假定，都离不开具体人的具体行为。"① 既然无论何种制度都是要由人来实施，那么制度就无可避免地与人性勾连在了一起，而有关制度与人性之间的探讨从古至今未曾间断，以孔孟为代表的儒家思想因为强调人性善而要求统治阶级只有实施"仁政"才能收到治理天下"有如运诸掌上"的效果。新制度学派的重要代表人物诺思认为，制度不仅是以规则或秩序为依托的各方博弈的体现，也是人们的信念（beliefs）、认知（cognition）、心智构念（mental constructs）和意向性（intentionality）② 等因素的反映，它应该包含为影响或决定社会行动者之间的相互关系而形成或人为设定的规范、契约、习俗、道德、习惯等硬性约束与软性制约的综合。可以说，制度由单纯的文本状态走向实践状态与人这一因素密不可分，其实施的效果最终如何也与具体的人的具体行为密切相关，因此，如何让制度在实施过程中始终与制度的初衷保持相对一致的发展方向和目标，以确保制度的有效运行，同时强化制度在人们观念中的权威和地位，便是"制度精神"要着重关注的重大实践问题，而其实践意义便得以凸显。

第一，为制度与人性之间的良性互动提供一种分析的维度。

邓小平早已指出，我们党之所以出现像"文化大革命"这样的严重失误，"不是说个人没有责任，而是说领导制度、组织制度更带有根本性、全局性、稳定性和长期性。这种制度问题，关系到党和国家是否变色，必须引起全党高度重视"。他进一步指出，"制度好可以使坏人无法任意横行，制度不好可以使好人无法充分做好事，甚至会走向反面。即使像毛泽东同志这样伟大的人物，也受到一些不好制度的严重影响，以致对党对国家对他个人都造成了很大的不幸"③。这段经典的论述揭示了制度与人之间的内在制约关系，即好的制度可以让人性当中的有利因素得到充分发挥，使制度实现其相应的功能，坏的制度却能够让人性当中的不利因素乘虚而入，从而阻碍制度发挥其应有的功能。那么制度的"好"与"坏"如何进行衡量或者判定？换句话说，如何让设计出来的制度能够"扬长避短"，发挥有利因素，克服不利因素，使制度与人性之间

---

① 苏东斌：《人与制度》，中国经济出版社 2006 年版，第 3 页。

② 参见韦森为杭行所译诺思教授的《制度、制度变迁与经济绩效》中译本所作的代译序"再评诺思的制度变迁理论"，第 41—42 页。

③ 《邓小平文选》第二卷，人民出版社 1994 年版，第 333 页。

能够处于一种积极的良性互动的状态，并使得人们的内心养成一种对制度敬畏与遵奉的价值判断，在遇到问题时能够相信并依靠制度而不是其他的方式来解决问题，从而使得制度的功能得到充分的忠实的展现，对这一问题的回答也就牵涉到了"制度精神"这一话题，笔者认为，"制度精神"在制度与人性之间的良性互动的过程中起到了关键的引领作用，并为这种互动局面的产生与形成提供了一种尝试与可能。

第二，为制度的切实有效推行提供一种现实的解决方案。

"上有政策，下有对策"是制度在实际推行过程中遇到的最大的难题。很多时候，我们会面临这样的一种尴尬：为什么好的制度、好的政策在推行贯彻的过程中就走了样、变了质。实际上，造成这一后果的原因往往是多方面的，它既包括制度本身的问题，也包括制度之外的问题，如制度的实施者、制度的实施环境等外在因素。就前者来说，没有任何一项制度是十全十美的，它总是落后于时代的发展，总要随着实践的发展而不断去修正，以符合时代的要求，"理想的标准非常苛刻，因此任何实际的制度也从未完全符合这些标准。可能任何制度今后也不会符合"①。就后者来说，由于制度的实施者即具体的人在操作和实践制度时的不同方式与不同做法，使得制度的实际效果可能偏离原来的目标。因此，如何培育和塑造"制度精神"，使得设计出来的制度尽管文本存在缺陷却因为有了制度精神的存在而有效缩短制度的实效与制度的初衷之间的距离。因此，对这一问题的回答将有助于我们从实践层面为制度的切实有效推行提供一种可能的解决路径，使制度在应然层面与实然层面达到更大程度的统一，发挥制度应有的社会功能。

第二节　相关文献回顾与分析

一　相关文献回顾

非常可喜的是，笔者终于在定稿之前于网上搜到了刘廼诚的一本著作，《政治建设与制度精神》②，该书因时至 2011 年 12 月 14 日才在网络

---

① ［美］罗伯特·达尔：《多元主义民主的困境》，尤正明译，求实出版社 1989 年版，第 7 页。
② 该书部分内容由吴翰于 2011 年 12 月 14 日贴于"中国选举与治理网"，是抗战时期土纸版的小册子，只因当前各大书店皆买不到此书，故只能依据吴翰先生的部分介绍以窥刘廼诚先生思想之一二。——笔者

上公布，是据笔者所知的第一本专门对"制度精神"这一概念进行具体深入研究的著作。此书成于民国三十年，即公历1941年，书中不仅对"制度观念"和"制度精神"两个概念进行了区分，还提出了培育制度精神的三条途径，即"提倡地方自治"、"发挥团体精神"和"扶持学生自治"等，这在很大程度上为本书的写作提供了一些重要的参考思路与方向。除此之外，其他直接提及制度精神的资料亦少之又少，现有多数资料都是将"制度"与"精神"进行了概念上的分开，或者用"制度的精神"这一术语来表述，即便如此，亦没有对这些概念进行理论的具体的分析和拓展。从规范意义上用"制度精神"这一术语来表述的当属杨毓初，杨毓初在《人文主义与宗教改革运动》中曾经提到"制度精神"这一概念，原文如下，"它们（指文艺复兴和宗教改革）都是经济变革和政治斗争的反映，斗争的矛头都是对准腐朽的封建制度，给予西欧封建制度精神支柱的罗马封建教会以沉重的打击，动摇和瓦解了封建教会在西欧的精神统治"[①]。作者虽然提到了"制度精神"这一术语，但并没有展开专门和深入的论述，只是提笔带过。之后，学者对"制度精神"的探讨虽也不乏研究，但或者是为了论述的需要偶尔提及，或者提及也没有进行详细的展开，都只是轻描淡写地在分析。因此，有关"制度精神"方面的直接相关的资料不是很多，然而从制度哲学这一视角对制度问题进行探讨的资料却不鲜见，因此，本书对文献的搜集多以间接相关或相近的材料为主，对这些材料的分析与把握对于我们从横向比较的维度准确理解"制度精神"有着重要的参考意义。

（一）国内的文献资料

实际上，我国对"制度精神"这一概念在内涵上的探讨古已有之，虽然名称不同，但探讨的具体内容却大体一致。这方面的研究当首推我国儒家思想的创始人孔子。《论语》作为儒家思想的经典代表作，其中对仁德、礼仪关系的探讨可以看作是对"制度精神"在内涵上的体现。孔子把仁德贯穿在维系社会与人际关系的各种礼节仪则当中，这些礼节仪则可以比作各种制度，而仁德、纲常伦理等价值要素便是使得这些礼节发挥效用的制度精神，即所谓"礼之用"与"礼之体"的划分，前者是各种制度，即"礼"的文本形式，后者是贯穿于"礼"的制度精神，是"礼"的根本与核心。这种"寓仁于礼"的"体用之别"便是我国早期对制度精神这一概念的原始探讨。到了西汉时期，由于董仲舒的"罢黜

---

① 杨毓初：《人文主义与宗教改革运动》，《西南民族大学学报》（人文社会科学版）1985年第4期。

百家，独尊儒术"使得儒家思想登上了统治阶级指导思想的宝座，两千年的封建帝制既为儒家思想的纵深发展提供了重要的基础与平台，也为儒家思想的变化与变异提供了时空与可能，尤其是两宋理学到阳明心学的发展变迁，儒家思想对"仁"与"礼"的探讨经历了巨大的转折与变异，使得现代文学家鲁迅对我国的封建礼教得出了"吃人"的结论，笔下尽是批判与鞭挞，新文化运动更是将这种批判推向了极致，直接将"孔家店"从统治阶级的思想宝座上彻底拉下马，随后在中学与西学的碰撞与交锋中，西学占了上风，此后，我们的制度建设多是从西方借来的"舶来品"，我们更多地忙于对西方制度的形式上的借鉴与照搬，而少了一些结合自身发展实际的求实与创新。

可贵的是，改革开放以来，我们在欣慰于自身取得伟大成就的同时，也开始对我们的制度建设进行反思与重构，在看到制度的文本价值的同时，也着重关注制度的内在精神，这方面的文献资料主要体现在以下的著作和论文等研究中：

在著作方面：

刘廼诚的《政治建设与制度精神》① 是作者应用多年所习得的政治学理论知识以及对欧洲各国尤其是英国政治生活的观察所获得的经验来分析研究中国政治建设的历史与现实问题的一本理论著作。该书篇幅不长，共 102 页，总字数约 5 万，由导言、第一章至第三章和结论三部分构成。第一章"政治制度之确立"；第二章"近代中国之政治改革运动"（其实这一章含"现代中国之政治建设"，包括"五五宪草之议定"、"地方自治之实施"和"行政效率之增进"）；第三章"制度精神之培养"。刘先生在其书的最后一章明确提出制度精神培养的三条途径分别为"提倡地方自治"、"发挥团体精神"与"扶持学生自治"。该书的中心论题是制度精神之培养对于制度之真正确立及健康运行之重要性，侧重分析了制度精神培养的种种途径及其功效发挥的机理。这些宝贵的资料对本书深入研究制度精神无疑有着支撑性的作用与价值。

曹沛霖在《制度纵横谈》中多处明确提及"制度精神"这一概念，虽然没有对这一概念进行深入的阐释与分析，但其从比较的视角对中西方文化的分叉点进行了仔细的研究，在指出造成这种分叉的地缘因素、商业因素和血亲关系的同时，强调由这些因素形成的不同的制度精神成为中西文化差异的主要体现，这对我们研究制度精神的起源与发展的逻

---

① 本部分内容皆引自吴翰《刘廼诚及其〈政治建设与制度精神〉》，中国选举与治理网，2011－12－14，http：//www.chinaelections.com/。

辑有着重要的参考价值。

辛鸣的《制度论——关于制度哲学的理论建构》一书从宏观的视角对有关制度的定义、本质、系统、功能、设计、演化、评价、价值和制度关系等多个维度进行了全面的探讨，其中对制度关系的探讨中，关于制度与道德、制度与文化、制度与利益之间的论述为我们深入认识制度的影响因素提供了丰富的素材。

潘伟杰的《宪法的理念与制度》虽然从宪法学的意义上对制度进行了分析，但是其对制度、理念与文本三者之间关系的探讨使得其中的一些观点与判断带有一定的普适性，能够为我们分析制度精神的生成条件以及相应的功能等问题提供重要的引导与借鉴。

值得一提的是钱穆的《中国历代政治得失》。作者就中国汉、唐、宋、明、清五朝的政府组织、百官职权、考试监察、财经赋税、兵役义务等种种政治制度作了介绍和对比，叙述因革演变，指陈利害得失，既总括了中国历史与政治的精要大义，又点明了近现代中国人对传统文化和精神的种种误解。这对我们深入理解我国古代的制度设计与制度实施以及其中的内在逻辑变迁提供了难能可贵的历史资料。

此外，吕思勉的《吕著中国通史》、余英时的《现代儒学的回顾与展望》、刘泽华的《中国古代政治思想史（修订本）》，以及以梁漱溟、马一浮、钱穆等为代表的新儒家学派的相关研究对我们全面深入了解儒家文化的历史发展以及其在当代的困境与挑战、发展与机遇等问题有着重要的参考意义，这些资料的存在为我们形塑和培育符合时代发展的制度精神发挥着重要的借鉴与指导作用。

在论文方面：

直接提及"制度精神"这一概念的有：吴翰在《制度精神培养之重要性与途径——民国政治学人刘廼诚政治思想研究》中详细介绍与分析了刘廼诚关于制度精神培养的相关路径，分别为"提倡地方自治"、"发挥团体精神"与"扶持学生自治"。具体表述为：通过大力提倡地方自治，使人民在直接、间接参加地方政治的过程中了解公共问题、关心公共福利、培养公益精神，成为富有政治经验的良好公民，从而能在正确了解政制的确立与运行的基础上真正维护政制；通过保障结社自由，促进健全团体组织之建立，让其"采行民治的方式"，发挥团体精神，提倡公共福利，形成健全舆论，使政府能及时体会社会之真正需要并采取适当的途径去实现公共福利；通过扶持学生自治，培养具有健全人格、能担当重任的年青一代。肯定学校教育在"制度精神之培养"方面负有不可推卸之责任。应该说，上述这些思想对于我们今天构建和谐稳定的政治秩序以及公正文明的制度环境有着重要的启示。

袁祖社在《制度精神：基于现代"人文理性"之优良政治伦理价值诉求》中指出，"当代中国人文理性的演进，业已由以往的纯粹话语层面进入到现实制度形态的具体操作和诉求阶段。当此人文精神的真正实践阶段，为使其应有的功能得到最大的实现，我们认为，必须将人文精神的研究提到'制度理性'和制度精神建制的高度，这或许可以被认为是今天我们谈论人文理性的唯一合法而恰当的方式"[①]。谢晓娟在《政治文化：民主政府的制度环境与制度精神》中认为，政治文化与政治制度的内在关联性使我们认识到政治文化不仅为政治制度的存在提供合法性支持，而且为民主政府的治理目标提供空间与环境，为此，需要培育与民主政府目标相吻合的政治文化，为民主政府的制度精神提供动力支持。[②]

周淑真在《制度精神与实践价值——论中国人民政治协商会议》和《中国人民政治协商会议的制度精神与价值》中重点针对政协这一中国特色的政治制度进行了理论探讨，指出这一制度的理论价值与实践价值，为我们拓宽对制度精神的理解提供了一种视角。

（二）国外的文献资料

西方社会对制度精神的探寻可以从古希腊时期的城邦政治中找到源头。古希腊哲学的基本特性可以用"伦理"一词来概括。[③] 古希腊的思想家用哲学的术语提出并讨论了城邦生活中的基本问题，并探索了解决这些问题的可能途径……对制度正义的追求是这些涓涓细流的永恒主题，……进而影响着现代西方立宪国家的制度构建及其价值取向。[④] 柏拉图对公共权力执掌者智慧的要求以及对教育的重视成为西方宪法学研究中对制度安排的智性基础关怀的渊源。[⑤] 他指出："国家的总的原则是正义。……这条原则就是：每个人必须在国家里执行一种最适合他天性的职务。"[⑥] 每个人各司其职才能保证制度得到有效的执行，用正义这个最

---

① 袁祖社：《制度精神：基于现代"人文理性"之优良政治伦理价值诉求》，《思想战线》2009 年第 4 期。
② 谢晓娟：《政治文化：民主政府的制度环境与制度精神》，《中国特色社会主义研究》2008 年第 2 期。
③ 参见王沪宁《人与社会：两千年的探索》，载王沪宁等《从理想国到代议制政府》，四川人民出版社 1990 年版。
④ 潘伟杰：《宪法的理念与制度》，上海人民出版社 2004 年版，第 188 页。
⑤ 同上书，第 38 页。
⑥ ［古希腊］柏拉图：《理想国》，郭斌和等译，商务印书馆 1997 年版，第 154 页。

根本的原则来统领城邦，达到我们所追求的所谓优良的生活。亚里士多德则进一步指出："即使是最完善的法制，而且为全民所赞同，要是公民的情操尚未经习俗和教化陶冶而符合于政体的基本精神（宗旨）——要是城邦订立了平民法制，而公民缺乏平民情绪……这终究是不行的。"①可以说，古希腊时期的七贤或智者们对政治正义或者善的寻求成为他们在建构城邦制度时的主要道德依据。

之后，随着意大利学者马基雅维利的"政治无道德论"主义的兴起，西方社会对政治的研究中心发生了重大的转移，即由以道德为中心转向以权力为中心，获取权力成为政治中的头等大事，而制度精神也随之让位给了权力与利益。随着近代资本主义的产生与发展，以自由、平等、博爱为主要特征的资本主义生产关系的出现，为近代社会的制度精神注入了新的活跃因素，契约关系取代了以往的身份关系，民主和自由取代了以往对权力和利益的赤裸裸的追逐，制度的设计开始注重公民的权益和自由。以霍布斯、洛克、孟德斯鸠、托克维尔等为代表的近代思想家对此都有过精湛的论述，成为我们掌握制度精神发展走向的重要历史资料。

当历史的时针迈入现代社会，政治的发展也在发生着变化，此时期政治制度的关注重心出现了一定程度的回归，即又转移到对制度的道德追问，但不是单纯的转移，还开始关注到制度本身，即制度设计层面的具体的制度安排。其中以罗尔斯的《正义论》和新制度主义学派对政治制度的研究为主要代表。罗尔斯旨在用一种更抽象的社会契约论来替代占据主流的功利主义，用正义的原则和理念来缓解国家与个体之间的紧张关系，企图构建一个平等公平的理想社会。其中，作者谈到如果一种正义原则要想在一个社会中通行，关键就是人们能否接受并相信它，这就牵涉到道德心理学和正义感形成的问题。如果众人没有一种正义的心理氛围和文化环境，一种正义原则就不可能被接受。② 从罗尔斯开始，制度伦理开始成为一个专有名词得到学界的积极回应，它不仅反映了西方学术界 20 年来争论的主要问题，而且深刻反映了西方社会的内在矛盾。而与之密切关联的制度精神也再次得到人们的极大关注。如亨廷顿、达尔、诺思等，直至今天，有关确保制度运行、构建制度运行的良好环境的探讨始终没有停歇过，这为我们进一步研究制度精神的相关问题提供

① ［古希腊］亚里士多德：《政治学》，吴寿彭译，商务印书馆 1981 年版，第 1269 页。
② 王沪宁：《正义论》中译本序，载［美］罗尔斯《正义论》，谢延光译，上海译文出版社 1991 年版，http：//dzl. ias. fudan. edu. cn/MasterArticle. aspx? ID = 4839。

了思想基础。

值得一提的是何俊志等撰写的《新制度主义政治学译文精选》一书，该书选取了构成新制度主义的三大流派，即理性选择制度主义、历史制度主义和社会学制度主义，在对这三大流派进行理论梳理的基础上指出各自的特点与价值，这对我们认清当代新制度主义的发展脉络进而把握制度精神的时代脉搏有着重要的参考价值。

二 文献分析

通过对古今中外相关资料的历史梳理，我们不难发现，"制度精神"作为一个专有名词虽然是晚近以来的事情，但若追溯它的源头，则古已有之。因此，对"制度精神"相关内容方面的探讨可以说是非常之多的，只不过这种研究是不成系统的、碎片化的、缺少系统的梳理与分析。可以说，真正明确提出这一概念并对这一概念进行相关的理论建构还属于当前研究的空白地带，这就使得有关"制度精神"的研究存在以下一些不足：

第一，理论体系有待建构与完善。

实际上，有关制度的道德追问的研究资料还是浩如烟海的，然而，制度精神与制度的道德并不完全相等，这就使得制度精神与制度伦理、制度文明等相关概念是既有区别又有联系的。那么，制度精神到底研究什么？制度精神的内涵和外延如何界定？如何培育符合社会发展与时代需要的制度精神？等等，这些理论问题的存在使得制度精神自身这一理论体系的构建成为必要和可能，这也是本书研究的重点与核心所在。

第二，研究方法有待丰富和多元。

梁启超言："凡欲一种学术发达，其第一要件，在先有精良之研究法。"[1] 况且，我们深知，学术繁荣和方法论的创新与发展密切相关。在所有研究的领域，理解实质必须掌握方法论这个规则是不应当被颠倒的，但也不应当赞同以个别的方法指导人们对所有问题的理解。研究方法多元是学术研究展开的本质要求，研究方法多元是学术研究生命力的充分体现。[2] 当今，随着自然科学领域和社会科学领域不断推陈出新的成果与创新，使得各学科、各领域涌现出了丰富多元且行之有效的研究方法，诸如新制度主义研究方法、制度经济学的研究范式、结构主义的逻辑理路、比较研究的横纵对比，等等。这些研究方法都会不同程度地出现在

---

[1] 梁启超：《梁启超史学论著三种》，香港三联书店 1980 年版，第 208 页。
[2] 杨建党：《领袖权威与制度成长——毛泽东人民代表大会制度思想与实践研究》，博士学位论文，复旦大学，2008 年。

本书的研究过程当中，尤其是比较研究的方法、历史分析的方法以及理论的梳理与创新都将成为本书对制度精神进行深入研究所不可或缺的方法。

第三，研究深度有待加强和提高。

实际上，研究方法的不完善就必然带有研究深度不理想的现实倾向，当前，学术界对制度精神的理论与实践的探讨都存在深度不够的现状，从笔者所掌握的相对有限的研究成果来看，这种现状往往体现在以下几个方面：

一是理论研究的零星与散乱。对制度精神的理论研究虽然不是没有，但多比较零星和散乱，如曹沛霖在《制度纵横谈》中通过比较的方法介绍并阐释了各国的政治制度，其中有几处为了分析的目的而零星地提及"制度精神"这一词语，但没有做任何进一步的解释与说明。同样的情况也出现在其他相关著作或文章中，如曹沛霖在《比较政治制度》中谈到托克维尔论及墨西哥引用美国的联邦宪法最终失败的例子来说明制度精神的重要性，遗憾的是，也没有具体展开来谈。周淑真在讲述中国人民政治协商制度的理论价值时，指出它所具有的制度精神应包括人民主权原则、法治原则、分权与制衡原则和代议制原则，但并没有展开论述什么是制度精神。[1] 中山大学教授任剑涛使用过"制度化精神"这一概念，他认为法治政府就是建立在制度化基础上的政府，制度化的精神就是法治政府的精神。[2] 潘伟杰在《宪法的理念与制度》中，也曾提及"制度安排及其所体现的制度精神代表了政治社会的基本秩序和取向"[3]。同样是从浅层意义上来笼统涉及这个概念的，他们的研究多数只是为了论述的需要偶尔在文中某处提及，并未系统深入地进行阐述。

二是比较研究中的横向与纵向的研究缺乏。所谓横向研究便是对制度精神与其相近概念进行区别与比较的研究，诸如制度伦理、制度文明等重要理论概念，对这些概念的梳理与比较将有助于廓清制度精神的研究领域与存在边界，同时确立制度精神自身作为理论体系在学术研究中的地位与作用；而纵向研究则是从历史的维度对制度精神的发展脉络与内在逻辑进行历史的探寻与比照，而这方面的研究恰是比较弱的。因此，我们需要站在横向和纵向的视角对制度精神进行全面深入的分析与考察。

---

① 周淑真：《中国人民政治协商会议的制度精神与价值》，《中国人民大学学报》2007 年第 5 期。

② 任剑涛：《法治政府的制度化精神》，《南方日报》2004 年 5 月 12 日。

③ 潘伟杰：《宪法的理念与制度》，上海人民出版社 2004 年版，第 215 页。

三是对实践研究的重视程度略显不足。制度精神虽然是从制度的哲学维度来进行考察，但是只有将这一精神转化为实践才能看到制度精神的重大理论意义和现实意义，然而将制度精神从制度的实践层面来进行考察的研究并不是很多，如何结合现实中的具体制度来真实再现与说明制度精神的存在意义与价值，对制度精神这一理论的发展与完善无疑有着重要的基础作用。

总之，制度精神在对制度自身的运行与实效过程中扮演着无可替代的角色，这也就使得对制度精神的研究成为必要与可能。同时，也因其有着如此重要的理论意义和现实意义，使得本书的研究在弥补一种相对的理论空白的同时，也为制度体系的整体构建发挥重要的作用。

第三节　主要概念的厘定

一　制度精神的概念解析

任何一门科学，都有其自身特有的范畴。对于范畴，列宁曾经作过精辟的论说。他说："在人面前是自然现象之网，本能的人，即野蛮的人没有把自己同自然界区分开来，自觉的人则区分开来了。范畴是区分过程中的一些小阶段，即认识世界过程中的一些小阶段……（范畴）是帮助我们认识和掌握自然现象之网的网上纽结。"[1] 网上纽结，只是一个个的点，但却联结着四面八方的脉络，由此可见，范畴的重要地位和鲜明特点。自然科学如此，社会科学亦然。从社会科学看，其范畴实是理论系统、理论观点的浓缩和精华。从范畴展开去，即可见学说之全貌。[2] 毋庸置疑，本书研究的核心概念便是"制度精神"，而构成这一词组的两个概念"制度"和"精神"又成为本书研究的基础性概念。为此，我们采用先分后合的方法对"制度精神"这一概念逐一展开论述。

（一）制度

制度的定义如同其他许多概念一样，纷繁复杂却难以统一，有着多种不同的定义，这就使得学术界很难得到一个被广泛认可的、具有极强代表性的一致性的概念界说。应该说，从老制度学派所主张的与精神态度、思想习惯紧密相连的制度观点，到新制度学派中或坚持制度是演进

---

① 列宁：《哲学笔记》，人民出版社1960年版，第90页。
② 刘延兵：《论制度文明》，《新视野》2002年第3期。

而来的稳定行为和秩序或强调制度乃是人为的行为规则，再到博弈论制度学派对制度是规范、信念、组织等系列的集合的整合观点，使得我们对制度的理解经历着不断的变化与发展。

值得一提的是新制度学派的重要代表人物诺思，这位从经济学的角度强调制度的关键作用、制度结构、制度变迁与经济绩效之间关系的学者，对"制度"曾下过这样一个定义，"制度是一个社会的游戏规则，更规范地说，它们是为决定人们的相互关系而人为设定的一些契约……制度是由非正式约束（道德约束、禁忌、习惯、传统和行为准则）和正式的法规（宪法、法令、产权）组成"①。同时，其晚年的思想也经历了一个渐进性的转变，那就是他越来越重视人们的信念（beliefs）、认知（cognition）、心智构念（mental constructs）和意向性（intentionality）在人类社会制度变迁中的作用。他曾明确指出："人类演化变迁的关键在于参与者的意向性……人类演化是由参与者的感知所支配的；选择—决策——是在对旨在追求政治、经济和社会组织的目标的过程中的不确定性的感知中作出的。因而，经济变迁在很大程度上是一个为行为人对自身行动结果的感知所形塑的刻意过程。"②

可以说，新制度学派对"制度"的解读已经将行为规则和个体的意向信念等精神因素结合起来，从而丰富了我们对"制度"的理解。综合来看，所谓制度，是指为影响或决定社会行动者之间的相互关系而形成或人为设定的规范、契约、习俗、道德、习惯等硬性约束与软性制约的综合，也就是说，制度不仅包含正式制度，也包含非正式制度，是两种不同层面制度的一种结合。从哲学的视角来看，事物本身的多维性和事物自身发展的辩证性告诉我们，只有从多方面去认识事物，才更有可能接近事物的本质。同理，只有对制度持有多维的分析视角，才能帮助我们认识现实世界中制度所表现出来的纷繁复杂的外观，并进而揭示制度的本质和规律。因此之故，本书所言"制度精神"中之"制度"也是从这一概念延展开去的，它既包含正式制度所体现的制度精神，也包含非正式制度所体现的制度精神。

（二）精神

《现代汉语词典》对"精神"一词的解说主要有两种：一种指人的意

---

① ［美］道格拉斯·C. 诺思：《制度、制度变迁与经济绩效》，上海三联书店 1994 年版，第 3 页。

② 参见韦森为杭行所译诺思教授的《制度、制度变迁与经济绩效》中译本所作的代译序"再评诺思的制度变迁理论"，第 41—42 页。

识、思维活动和一般心理状态，如精神面貌、精神上的负担等；另一种指宗旨、要义，如领会文件的精神、团队精神等。很显然，本书所用"精神"一词的含义是从这两种层面上来理解的。精神作为人们心理状态的一种体现，对人们的日常行为与思维都有着重要的影响作用，从根本上看，精神是某一事物发生发展的内在宗旨，是一种纲领性和方向性的指引，因此，如果缺失了这种精神，那么该事物存在的意义与价值将无从谈起，可以说，精神是这一事物存在的灵魂和本质，是使这一事物成为这一事物的内在逻辑。

此外，精神本身也存在着相对的独立性与自主性。也就是说，精神与所指涉事物本身不仅存在正相关的关系，也可能出现负相关的关系，精神与事物的发展并不总是一致的，当事物的发展遇到一定挑战的时候，该事物所具有的精神可以凭借自身强大的感召力和影响力来唤起人们对该事物的遵守与服从；同样，当事物的发展可能违背自身的初衷与目标的时候，这种精神便独立于这一事物之外，它不会自动产生与已经"变质"的事物相适应的精神，而是继续存在于人们的头脑与心中，与事物发展之间形成某种对抗，在这种对抗性的博弈中视双方力量对比来看各自的发展格局；还有一种情况是，当事物已有的精神本身落后于时代的发展与要求，需要确立新的事物并由此构建新的精神时，旧的精神同样不会主动退出，而是与现有的精神展开对弈。因此，精神的这种相对独立自主的特性使得对精神的构建过程往往是艰难而复杂的。

（三）制度精神

如前所言，目前学界对"制度精神"这个概念的界定与重视都还没有提到应有的高度，而对这个概念的理解将在很大程度上影响我们对整个制度体系以及制度运行实效的看法和态度，因此，很有必要对这一概念进行充分的阐释。

结合上述对"制度"和"精神"二者的理解，我们认为，所谓制度精神，是指使制度得到恰当遵守和履行所需要的设计意图以及内化于人们心中的一套稳定的信念和价值体系，这套体系既包含制度设计时的立意与目的，也包含制度实施过程中的相关人对制度本身的敬畏与遵奉。正是由于制度精神的存在，制度才能在实践中较为有效地发挥其约束人们行为、调节社会秩序的作用，同时也使得制度本身成为人们相信以及依靠的主要方式，更为重要的是，制度精神可以修正和调整制度在实践中的不足与偏差，进而为构建和谐有序的社会秩序提供重要的心理基础。

由上可知，制度精神的含义主要包含以下几个要素：

1. 制度

如前所言，制度不仅包含正式制度，也包含那些由习俗、惯例、民情等因素综合而成的非正式制度，由此使得制度精神也包括两个层面，即正式制度精神与非正式制度精神，或者也可以称为法内制度精神与法外制度精神。

（1）正式制度精神。所谓"正式制度精神"是指伴随正式制度所建构出来的制度精神。这种制度精神由于与正式制度紧密相连，使得人们在制度实践中由于践行了正式制度而遵奉了制度精神，反过来说，人们要想遵奉制度精神，就要践行正式制度，而对正式制度的践行随着人们行为的不断重复而得到反复的强化，这种强化加强了制度在人们观念中的认知比重，使得人们逐渐形成这样一种认识，即只有经常性地遵守制度、运用制度、践行制度，才能更好地维护自身的利益与权益。这种对制度的信任与依赖随着时间的推移便形成了相对稳固的制度精神。西方社会的法治精神便是建立在对法律、对制度的严格遵守与信奉的基础之上的，早在古希腊时期，注重法治便成为希腊人生活中必不可少的部分，沃特金斯强调说："西方思想的特点为争讼。自从古希腊以来，西方人便认为，发现真理的基本工具是逻辑；而逻辑程序的本质，乃是以一整套明晰定义了的范畴替现实进行分类。这种本质，亦是一切司法行动的基础所在。……古代城邦的居民很关心司法，对这种思想方式也是习见习闻，竟使得这种思想方式成为他们后天的习性。"[①] 可以说，西方对法律、对制度的认可与遵奉为制度带来了无上的权威，以至于在现实生活中，人们若要维护自己的权益不受侵害，首选的处理方式是规范层面的正式制度，而不是习惯、人情等非正式约束，这种对正式制度所内含的敬畏便是正式制度精神的体现。

（2）非正式制度精神。作为与"正式制度精神"相对而言的"非正式制度精神"，则是指伴随非正式制度而构建出来的制度精神。这种制度精神因为与特定环境下人们的习俗、惯例、礼仪、民情等传统因素相连，使得这些习俗惯例与正式制度相比在人们的心目中有了更高的地位与价值，以至于在实践生活中人们往往是通过遵奉这些习俗惯例来遵守、改变正式制度的，对这些习俗惯例的遵奉便是对习俗背后所传承的制度精神的一种认可。中国早期的封建社会便是一个鲜明的例证，孟德斯鸠在对中国两千年封建社会的超稳定的统治形态进行分析后总结："中国人

① ［美］弗里德里希·沃特金斯：《西方政治传统——现代自由主义发展研究》，黄辉、杨健译，吉林人民出版社 2001 年版，第 7 页。

把整个青年时代用在学习这种礼教上，并把整个一生用在实现这种礼教上。文人用之以施教，官吏用之以宣传；生活上的一切细微的行动都包罗在这些礼教之内，所以当人们找到使它们获得严格遵守的方法的时候，中国便治理得很好了。"① 从实践意义上看，中国对礼教的重视与尊崇已经内化在人们的行为方式与思维方式当中，由这些因素所构成的非正式制度因此便获得了巨大的力量与较高的权威，于是，当人们在现实世界中遇到问题或面临困境时，大多数人的第一选择是依靠这些非正式制度来维护自身的权益，而较少通过正式制度这一法定的规范途径，由此也带来了东西方两种截然不同的制度精神的表现形式，即西方的法治传统与中国的礼治传统，并且，这两种不同的制度精神都在各自的域界范围内发挥着独特的作用，是使西方成为西方、东方成为东方的强大文化主导力量。正如沃特金斯所言，"一些希腊哲学家，特别是柏拉图，固然注意到了人类行为当中仪式性成分的重要意义，却无法成功地将伦理学说变为可见的制度。而在儒家眼里，礼节仪式一直是主要的考虑。……儒家对待人处世各方面的细微之处，都规定下礼仪规则，它们教导庶民，尊重中国传统的社会义务原则，使顺从不仅作为单纯的理性信念，亦成为习惯性的天性。这使得儒家的世俗伦理在缺乏宗教制裁的情况之下绵延传承，作为政治与社会的力量达两千年之久"②。

（3）比较的视角。从比较的视角来看，这两种不同形态的制度精神既有联系，又有区别。这种联系主要体现在：

其一，二者的相融性。从制度的起源来看，任何正式制度的成形虽然最终是来源于人为的制度设计与安排，但最初往往来源于社会中人们达成的某种规则共识，而这种规则共识多半源于社会中的非正式制度。奈特认为，"正式制度是基于非正式的习俗和准则而设计和创立的。有的时候，正式规则的确立，是作为稳定或者改变现行的非正式规则的一种手段；而有的时候，则是为了规范某些缺乏非正式制度框架的社会互动行为"③。换句话说，是这些存在于非正式制度中的非正式规则导致了正式制度的形成与发展。当然，这只是限于正式制度与非正式制度在制度文本之间的转换，然而，我们却不能否认，当我们把非正式制度转换为

---

① ［法］孟德斯鸠：《论法的精神》上册，张雁深译，商务印书馆 2005 年版，第 374 页。

② ［美］弗里德里希·沃特金斯：《西方政治传统——现代自由主义发展研究》，黄辉、杨健译，吉林出版社 2001 年版，第 219 页。

③ ［美］杰克·奈特：《制度与社会冲突》，周伟林译，上海人民出版社 2009 年版，第 178 页。

正式制度时，其背后所蕴含的非正式制度精神也同时被吸纳到了正式制度当中，或者确切地说，非正式制度之所以能够被吸纳到正式制度当中，或直接转换为正式制度，恰是因为其所承载的制度意图和制度初衷是社会发展所必需的，以至于需要上升到正式制度的相对规范的层面，让全社会的人去遵守。因此，非正式规则是构建正式规则的基础。与其说人们遵守的是具体的正式制度，不如说他们遵守的是制度背后的精神。

其二，二者的互补性。如果说正式制度调整的是人们在社会发展过程中所必须要遵循的基本底线和要求的话，那么非正式制度则调整的是除却规范层面以外的人们日常的道德生活与社会交往，即正式制度调节不到的范围便是非正式制度可以发挥作用的领域，同样，正式制度所含有的精神与非正式制度所含有的精神便形成了一定程度的互补，二者共同推动社会秩序的发展与人类秩序的完善。

同时，二者之间又存在以下一些区别：

首先，两者的侧重点不同。正式制度精神的侧重点是对制度文本的敬畏，非正式制度精神的侧重点是对权力的敬畏。正式制度精神依附于正式制度，它表达的是对制度规范的一种敬畏心理与服从观念。换句话说，它体现的是对正式制度的敬奉；非正式制度精神来源于非正式约束，它表达的是对习俗、惯例等的一种敬畏与遵从，而这种遵从在实践中会表现出同等的位移，即人们往往把对习俗惯例的敬奉等同于对掌握习俗惯例的人的敬奉并最终体现为对人所具有的职位与权力的敬奉。如果说正式制度精神有助于人们养成法治的信念与传统的话，那么非正式制度精神则会带来实际政治中的人治色彩与官本位倾向。因为西方社会的法治传统诱发了宪政民主制的产生与发展，"宪政民主制为公众参与政府的责任提供了真正的机会，因之也便比独裁政治更加合于西方政治的传统"①。而中国对人道主义情怀的过分关注，则在实践中为专制政治的形成提供了一定的土壤，"人道主义在其最极端的情况之下促成的制度，往往是专制而非宪政体制"②。所以，从这个意义上说，西方法治传统由于形成了对制度的敬畏而催生了现代民主意识的萌芽与发展，中国的礼治传统由于形成了对礼节仪式的遵奉而导致了官本位以及对权力的崇拜。

其次，两者的社会取向不同。正式制度精神的社会取向是个人主义，非正式制度精神的社会取向是集体主义。正式制度精神因为强调对制度

---

① ［美］弗里德里希·沃特金斯：《西方政治传统——现代自由主义发展研究》，黄辉、杨健译，吉林出版社 2001 年版，第 223 页。

② 同上书，第 221 页。

的严格遵守与信奉，使得制度获得了无上的权威与人们的尊重。换言之，人们对制度的信任与服从是基于这样一种信念，即"制度可以维护我的权益"，于是在现实世界中，人们一旦遇到自身权益受到侵犯的时刻，他们便会运用制度这一法定的武器来捍卫自己的权益，这种对个人利益的重视与维护催发了个人主义价值观的形成。亨廷顿在指陈西方文明的特征时明确指出个人主义是西方文明的一个显著特点，"在20世纪的各文明中，个人主义仍然是西方的显著标志。……与其他集体主义盛行的地方相比，在西方，个人主义占统治地位"①。这个个人主义的社会取向虽然一方面有利于个人利益的伸张与维护，推动民主观念的生发与实践；但另一方面也会削弱个体与社会之间的情感纽带，使得个人利益居于国家、集体利益之上，由此带来个人与国家之间的潜在性紧张。"在西方世界，有力的私人结社组织的发展必须与极端个人主义的分裂性影响互相对抗。其他民族群体意识的发展较为健全，加之袭自前代非正式群体性的技术，正可弥补西方过分的个人主义。"② 非正式制度精神强调对习俗礼节的遵奉，在中国的封建时期，对权力的遵奉以及崇拜使得个人利益屈居于国家利益之下，维护帝国的稳定与持久远比维护个人利益来得重要，在"君要臣死，臣不得不死"的观念引导下，集体主义成为人们在现实政治中必须遵守的一条准则，个人的权益只有让位于国家、集体才能在帝国体制中存在下去。这种集体主义的社会取向虽然在很大程度上遏制了民主意识与观念的生成，但却强化了个体与国家之间的情感纽带，有助于形成一个稳定有序的政治社会。

　　客观地讲，我们很难对东西方这两种不同的制度精神进行一个"非此即彼"的是非判断，因为谁也不能否认，在特定的历史时期，它们对各自社会发展所做出的积极的贡献，正如人类学家奥比赛克所说的那样，"不同的文化，不同的合理性"③。人们正是通过自身主观的努力与想象，运用现实的物质世界构建了符合他们意愿的社会规则与秩序，在推动人类的认知不断取代神秘的过程中，每一种文化都有它自己独特的解读方式和应对方法，这种方式方法在历史的积淀中渐渐定型并最终形成一种相对稳固的内化在人们的观念与行为当中的价值体系。因此，我们要想

---

① ［美］塞缪尔·P. 亨廷顿：《文明的冲突与世界秩序的重建》，周琪等译，新华出版社1998年版，第62—63页。

② ［美］弗里德里希·沃特金斯：《西方政治传统——现代自由主义发展研究》，黄辉、杨健译，吉林出版社2001年版，第233页。

③ 转引自马德普主编《中西政治文化论丛》（第一辑），天津人民出版社2001年版，第371页。

对制度精神进行一种优劣与否的价值判断，必然要结合特定的社会环境来进行考量，否则，忽视制度精神所借以产生的社会土壤而单纯对其进行一元化的取舍，无论对哪一种制度精神而言，都是不公正的，也是不负责任的。

2. 价值体系

制度精神从内容上讲是一套使制度得到遵守和履行的相对稳定的价值体系。这种价值体系主要包含两个方面：一是制度立意，二是制度敬畏。需要指出的是，无论是制度立意，还是制度敬畏，二者往往要依附于现实生活中的某一制度或某些制度（无论是正式制度，还是非正式制度）而存在，为了表述的需要和便利，我们将这种所依附的制度统一用"制度文本"来进行表述，也就是说，当我们运用"制度文本"这一概念时，它既包含正式制度的规范文本，也包含非正式制度的软性约束。

（1）制度立意。所谓"制度立意"是指设计某一制度的初衷或目的，即为了达到什么样的社会功能或者什么样的社会效果而设计了这样的制度，而不是别样的制度。因为"某一项制度之逐渐创始而臻于成熟，在当时必有种种人事需要，逐渐在酝酿，又必有种种用意，来创设此制度"①。换句话说，制度立意是使这一制度存在的功能性理论基础，是制度精神在现实生活中的直接展现。这里的"制度"既包含正式制度，也包含非正式制度。就前者来说，每一项正式制度的存在都是因为赋予了某种特定的功能或意图，统治者要通过设定这一制度来达到一定的社会效果，这种隐含其中的意图便是制度立意，也是制度精神的一种表现形式。就后者来说，那些非正式制度的存在同样也是被赋予了某种特定的社会功能，小到人际交往之间的礼节，大到国与国之间的礼仪规范，都蕴含着特定的意图与功能而成为制度精神的一种体现。

具体而言，制度立意与制度文本之间大致存在以下两种关系：

首先，制度立意与制度文本的适配性。制度立意是依托于某一制度而存在的，如果制度立意与制度文本之间存在适配性，即制度文本有利于制度立意的实现，那么此时的制度立意与制度文本便具有了共存共荣的特性，这就意味着当制度文本因为某种原因消失时，与之相配的制度立意也将随之消失。或者说，当制度立意已经完成了自身的使命与功能而不具备存在的意义时，制度文本也将随之更改或消失。也就是说，此时的制度文本与制度立意是同向发展的，这种适配性使得制度立意往往

① 钱穆：《中国历代政治得失》，生活·读书·新知三联书店 2001 年版，第 5 页。

随着文本的去留和变化而产生相应的变化。

其次，制度立意与制度文本的相逆性。实际的制度实践表明，制度立意与制度文本并不总是相配的，更普遍的情况是，制度文本由于不能充分体现和传递制度设计的初衷与意图，使得制度文本与制度立意之间出现了逆向发展的趋向。制度立意虽然要依附于某一特定的制度，但并不意味着这一制度的消失会导致制度立意的消失，因为在现实社会中，还存在这样一种情况，即制度立意可能是好的并有利于社会发展的，但赋予这种立意的具体制度设计或形式并没有充分有效地将这种意图展示出来，甚至会起到相反的社会效果，即制度立意与制度形式之间呈现出一种反向的比例关系。如我们在应对腐败方面所制定的制度，其立意自然是为了预防和消灭腐败，然而具体的制度文本却难以实现这一初衷，有时反而助长腐败的发生率。那么针对这种情况，我们就需要对制度文本进行反思，通过调整和修正文本制度使其与优良的制度立意相匹配、相契合。

（2）制度敬畏。如果说制度立意要依托于现实中的某一制度文本才能得以产生，那么制度敬畏的产生则是多种因素综合作用的结果。如前所言，制度敬畏是人们对制度本身的推崇与遵奉而产生的一种敬畏与服从的观念，这实际上暗含了以下一些条件：

首先，人们对制度的推崇与遵奉。这里的制度虽然既包含正式制度，也包含非正式制度，然而和制度立意不同的是，这里的制度并不是专指某一特定制度，而是泛指社会上的各种层面的制度，人们因为有了这种敬畏的心理而拓展到其他领域的制度，进而对这些制度持有同样的敬畏之心，甚至这种敬畏之心也可以延及一些新构建的制度当中，即对于社会中新建构起来的制度形式，制度敬畏可以将人们对制度的信任与服从自然地转移到新制度当中，用原有的制度精神来影响现有的制度形式。实践来看，这种影响主要分为两种：一种是积极影响，另一种是消极影响。就前者而言，亦分为两种情况：一种情况是如果所构建的新的制度是符合于当时的制度精神以及时代发展要求的，那么与之相匹配的制度精神便会推动人们去自觉遵守和服从新的制度，制度的执行便得到了很大程度的心理支持。另一种情况是新的制度不仅与旧的制度精神不相匹配，而且新的制度并没有代表时代发展的方向与趋势，不利于社会的整体进步，那么旧的制度精神便可以通过自身强大的影响力来阻碍新的制度的推行，直至将这一制度更改或推翻。就后者而言，如果所建构的新的制度与原有的制度精神不相匹配，而且旧的制度精神已不再符合时代发展的客观要求，变成落后保守的阻碍社会发展的观念因素，那么就需要推翻制度精神来建构一系列新的制度，让人们对新的制度产生必要的敬畏心理，并在此基础上重构符合时代发展的新的制度精神。

其次，观念的不断强化。制度敬畏并不是通过一个行为、一个事件就可以一朝一夕建立起来的，作为一种观念，它是被社会实践不断强化和认可的产物。从这个意义上说，制度敬畏的产生是一个长期的历史过程，往往需要几代人甚至几十代人不间断地对制度的服从而习得的一种惯常的行为模式与思维模式，无论是西方的法治传统还是中国的礼制色彩，都是历经时间与实践的打磨而逐渐形成的。也因如此，人们对制度的敬畏心理一方面可以保护符合制度精神要求的任何制度的践行与实施，另一方面却也成为新的符合时代发展的制度在实践中得以顺利推行的主要障碍。制度敬畏的这种双重性特征使得我们在分析制度精神时，也不能脱离时代发展这一宏大的历史背景，同时更要看到制度精神本身的两面性，这样才有助于我们更为客观清晰地认识和把握制度精神的发展脉络。

（3）制度立意与制度敬畏的区别。应该说，制度立意与制度敬畏都是制度精神的组成部分，二者共存于现实的制度生活中。但是二者之间的区别还是显而易见的，这种差异主要体现在以下几个方面：

一是依托载体不同。制度立意要依托于某一具体的制度文本，不管这种制度文本是符合制度立意的要求还是与其相悖，因为即使与其相悖的制度文本在经过修改和调整后还是要体现和传递这一制度立意，所以，无论制度文本为何，制度立意都要借助制度文本这一载体才能将其真实意图传达给社会和公众；制度敬畏则不同，它不是单纯依附于某一特定的制度文本就可以产生的，因为制度敬畏主要源于内化于人们心中的观念，正是人们对制度的服从与遵守才产生了人们对制度的一种敬畏，这种敬畏之心往往不是一项制度就可以树立起来的，它需要制度在实践过程中所传递的对制度敬畏意识的不断强化才能稳固，而一旦稳固它就不会轻易因为制度具体规定的改变而发生变化。

二是形成过程不同。制度立意的形成过程相较于制度敬畏而言要来得容易和短暂，因为制度敬畏是要内化在人们的观念与行为当中，要形成这样的一种观念不是一项制度、一段时期就可以完成的，它往往要经历漫长而复杂的过程，才能将这种制度敬畏固化在人们的言行之中，而制度立意是要依托制度文本的，制定一项制度远比培育一种观念要容易得多，也可行得多。二者不同的形成过程同时也暗含了各自不同的调整过程，当制度立意不能符合时代的发展而需要变更时，我们可以通过确定新的制度立意并设计新的制度文本来实现制度的初衷与功能，然而，当我们试图要改变原有的制度敬畏代之以新的制度敬畏时，其过程往往是相当复杂而艰难的，并不是确立一项新的制度就自然会扭转人们的敬畏心理，比如当我们想用西方的法治精神来替代中国的人治精神时，这一转变的过程不仅艰难，而且漫长。

三是分析视角不同。制度立意是建立在某项具体制度设计的基础上来进行微观分析，制度敬畏则往往超出具体制度而从整体上对制度与社会发展进行宏观分析。换言之，当我们在讨论某一项具体制度所拥有的制度精神时，我们实际上是从微观视角出发来考察这一制度背后的初衷和用意的，即制度立意的合理性与正当性；当我们在讨论某一国家或者某一地区所具有的制度精神时，我们则是从宏观和整体的视角出发来考察该国或该地区历史沿革而来的价值传统对制度执行的潜在影响。因此，制度立意和制度敬畏分属制度精神的不同层面，由于各自分析视角的不同而带来实践上的侧重点不同，即制度立意侧重于某项具体制度是否实现了设计的意图和初衷，制度敬畏则侧重于整体社会与制度之间的圆融恰切，强调存在于人们行为当中的那种稳固而持久的信念。

四是功能定位不同。制度立意着眼于某一制度在当下的解释力与生命力，是对这一制度得到遵守或得不到遵守的一种正当性凭借。制度敬畏则可以跳出时代的局限而从更为长远的角度来考察人们对制度遵守与信奉的普遍性与坚定性。从这个意义上说，制度立意往往带有鲜明的时代特征而成为我们评判制度精神的显在层次和浅在层次，即当我们考察制度立意是否适当时，我们往往就制度本身而言它的合理性与正当性，即就制度而论制度，往往不会涉及制度背后的深层原因和宏大背景，而当我们考察制度敬畏是否适当时，我们往往会跳出制度文本这一形式而从整体和宏观的维度对制度进行深层次的反思与追问，以求发现其中带有根本性的实质性的问题，从而更好地应对现实政治发展面临的困境与危机。

制度立意与制度敬畏虽然各有侧重，但是二者之间亦存在一定的关联，这种联系主要体现在：制度敬畏的实现离不开人们对制度立意的遵守，正是因为人们服从了每一制度背后的制度立意，才逐步加深了人们对制度本身的信任与依赖并最终形成制度敬畏。从这一意义上说，制度立意是制度敬畏的外在表现形式，否则制度敬畏这种价值理念就只能停留在人们的观念与想象当中，制度敬畏的形成与巩固正是源于人们对制度背后立意的认可与遵守而不断强化的。

（4）制度敬畏——本书研究的重点。必须指出的是，制度敬畏是本书研究的重点，原因有二：

一是制度立意的广泛性。由于每一项制度都有其背后的制度用意，这也就内在地决定了每一项具体的制度设计都包含着不同的制度立意，而历史上有多少种类繁多的制度，实际上也就会产生多少种功能不同的制度立意，制度立意的这种广泛性存在使得我们很难对每一项制度都进行深入分析和阐述，而每一项制度背后又都无疑会牵涉到历代统治者的阶级利益，这使得我们在如此浩瀚的文献资料面前倍感无奈，而制度敬畏则不同，它可以超越某些具体制度，成为一种宏观性和整体性的存在，这使得我们可以摆脱事无巨细的制度设计的细节而专注于对制度精神的深入研究。因此，从这个意义上说，本书研究的重点不在制度立意，而在制度敬畏。因此，后文中所言"制度精神"者，除第五章制度精神的践行中所言是制度立意这一层面外，如无特别说明，其他章节都是从制度敬畏这一层面来分析的。

二是现实政治的要求使然。在现实政治中，任何研究都不能离开中国这一特定国情和背景，而任何研究最终也都会指向本国的政治发展。当代中国正处在迈向现代化的伟大进程中，政治文明的发展，尤其是制度体系的建设在整个政治蓝图上占有非常重要的一席之地，然而，"现行的政治体制严重制约了经济转轨与社会主义民主制度的建立，成为最大的制度瓶颈。……制度建设严重滞后于经济建设，民主发展大大滞后于经济发展。……我们认为，加快社会主义政治民主制度建设的时机已经成熟"①。可是，"任何政治体制如果要想有效运作，都必须想方设法使其居民内化某些官方认可的观念，从而减少在行为上制造麻烦的可能性"②。可以说，当前我国政治发展的实践表明，将制度立意设计到具体制度安排中并不是一件难事，难的是让设计出来的制度如实有效地得到履行所依靠的人们对制度本身的敬畏之心，因此，两相比较而言，制度敬畏的树立与养成在现代化的今天有着重要而又紧迫的意义。

3. 社会功能

"人类文明的发展，虽然有现代和古代之分，但其发展的内在基础结

---

① 胡鞍钢、王绍光、周建明主编：《第二次转型：国家制度建设》，清华大学出版社 2009 年版，第 11—12 页。

② 王绍光：《国家能力的重要一环：濡化能力》，载胡鞍钢、王绍光、周建明主编《第二次转型：国家制度建设》，清华大学出版社 2009 年版，第 103 页。

构是一致的：这就是财富的积累、秩序的完善和人民的幸福。"① 其中，秩序的完善可以说是承接所积累的财富用于创造人民幸福的中间纽带，换句话说，秩序的不完善甚至缺失将使得财富与幸福之间的关联出现断层，因此，秩序的建立与完善就成为一个关键的中介力量。而在制度主义学派看来，制度主义的思维方式就非常强调制度结构在为混乱无序的世界建立起秩序的过程中所起的作用。② 也即秩序的建立与健全在很大程度上将取决于制度的设计与安排。制度立意和制度敬畏作为共同构成制度精神的两大要素，尽管存在着诸多不同，但在完成社会功能方面二者是一致的，即都意在使制度得到最大限度的遵守，实现制度设计的初衷以及人类社会的有序与和谐。因此，制度精神的这种社会功能至少体现在两个方面：

一是确保设计出来的制度得到人们普遍的遵守。这既是制度精神的最根本的一个功能，也是判断制度精神实现与否的一个重要指标。

二是人们对制度的遵守会带来社会发展的和谐有序。这是制度精神的终极社会功能，因为制度得到遵守的最终目的就是希望建立一个和谐有序的人类社会。然而，如果制度得到遵守反而带来了对社会发展不利、不良的后果，那么建立在此基础上的制度精神将会受到现实的挑战并且不断调整自己来符合社会的发展，这样的制度精神才是社会发展所需要的制度精神。

综上，无论是在正式制度基础上生成的正式制度精神，还是在非正式制度基础上生成的非正式制度精神，都内在地包含制度立意和制度敬畏这两大内容。四者之间的关系如图 1－1 所示。

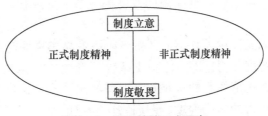

图 1－1　制度精神组成要素

图 1－1 中，左边半圆如果属于正式层面的制度精神，那么右边半圆则属于非正式层面的制度精神，而制度立意和制度敬畏是内含在两种不

---

① 林尚立：《政治建设与国家成长》，中国大百科全书出版社 2008 年版，第 1 页。
② 何俊志、任军锋、朱德米：《新制度主义政治学译文精选》，天津人民出版社 2007 年版，第 33 页。

同层面的制度精神之中的，它们共同构成了制度精神这一宏大的理论体系。

二 制度精神与其他相关概念的联系与区别

应该看到，学界在制度层面有诸多概念或表述，使用频率较高的如制度文明、制度文化、制度正义、制度伦理等概念，如不加以分析和说明，恐怕会对相关概念的理解造成一定的偏差，为此，有必要简单罗列出上述几个主要概念，找出彼此的区别与联系，从而加深我们对制度精神的理解和认识。需要强调的是，此处的制度精神是从制度敬畏这一层面来进行阐述的。

（一）制度精神与制度文明

关于"制度文明"的表述，主要有以下几种观点：

范进学在《法治化制度文明：精神文明的框架选择》一文中指出，制度文明是精神文明成果外化的客观载定；是人类精神文明的载体。[①]

李福岩在《论制度文明与物质文明、精神文明的关系》中虽然没有给出明确的定义，但他指出，制度文明是一种相对独立的文明形态，是指社会制度的进步，与物质文明和精神文明是并列的关系，物质文明建设是人类社会得以生存和发展的基础；精神文明建设是人类社会不断前进的动力；制度文明是物质文明和精神文明建设的保障。[②]

杨东辉在《应把制度文明与物质、精神文明相提并论》中指出，制度文明表现为以法律制度为核心的制度体系的创制（包括制度内容和制度创制过程的进步状态）以及创制出的制度体系的实施（包括制度体系的执行、适用、遵守）及其实施的监督等环节的进步状态，它的核心是法制。[③]

苗桂山、刘振江在《社会主义初级阶段的精神文明与制度文明》中指出，所谓的制度文明，即一定历史条件下形成的社会关系和与此相联系的社会活动的规范体系的进步状态及其积极成果。制度文明的基本标志是它对于生产力的适应程度、人们物质利益的满足程度、人们积极性提高的程度以及民主、平等的发展程度。可分为社会政治制度文明、经

---

① 范进学：《法治化制度文明：精神文明的框架选择》，《学习与探索》1998 年第 6 期。

② 李福岩：《论制度文明与物质文明、精神文明的关系》，《社会科学辑刊》2001 年第 2 期。

③ 杨东辉：《应把制度文明与物质、精神文明相提并论》，《南昌大学学报》（哲学社会科学版）1998 年第 1 期。

济制度文明、法律制度文明、教育制度文明等类型。①

　　结合上述资料，虽然不同的学者对制度文明的界定有所偏差，但基本上都将制度文明看作是一种制度规范体系的进步状态，且将制度文明与物质文明和精神文明相并列，看作是人类社会发展至今的三大文明之一。由此我们认为，制度精神与制度文明是一组既相互联系又相互区别的概念，制度精神与制度文明的联系是：二者都紧紧围绕"制度"这一关键术语而展开各自的理论界说；并且二者都致力于推动制度与人类进步之间的良性关系的建立与改善。但毕竟二者还是有重大区别的。这种区别体现在：

　　首先，二者各自的涵盖范围不同。制度精神是一种价值观念体系，它与正式制度和非正式制度紧密相关，但它并不包含这些制度；而制度文明则既包含这些正式制度和非正式制度，同时也包括建立在这些制度基础之上的所有价值关怀，二者可以说是包含与被包含的关系，即制度文明包括制度精神，制度精神是制度文明的一部分。

　　其次，二者的侧重点不同。制度精神主要是指使制度文本得以有效运行所依赖的一套相对稳定的价值观念体系，它内化于人们的心中，通过行为人的自觉主动地遵守和执行相应的制度来发挥自身的作用，其重点在制度的有效运转；制度文明则是指以制度为核心的价值观念、进步状态和积极成果，其重点不仅包括制度的运转过程，还包括制度的创制过程与监督反馈。

　　最后，二者的评价标准不同。制度精神的评价一般以制度是否得到有效运转为主要标志，侧重于制度在实施过程中的贯彻执行情况的考察，如果制度精神不能有效推动制度文本的贯彻实施，或者制度的实施需要新的制度精神与之相匹配，那么就需要对制度精神做出调整和改变，使之能够推动制度的执行并符合时代的发展。制度文明的评价标准则要看它与生产力、物质利益、民主平等宏观层面相适应的程度，它有多个维度需要我们从整体和宏观的视角进行综合的评判。

　　（二）制度精神与制度文化

　　王占魁在《制度文化：和谐社会的文化底气和精神基石》一文中指出：制度文化是制度在制定、运用过程中，人们公认的社会规则。比如"执政为民"、"信息公开"、"执法透明"、"人民享有知情权"等，他认为，存在着积极推动和消极阻碍的不同作用。积极的制度文化集中表现

---

　　① 苗桂山、刘振江：《社会主义初级阶段的精神文明与制度文明》，《商丘师专学报》1999年第1期。

为公民自觉守法的同时具有高度维权意识，消极的制度文化集中表现为听天由命、唯上是从、任统治者权力横行，生死有命，富贵在天。①

曾小华在《什么是制度文化》一文中指出：文化结构是由物质文化、制度文化、精神文化组成的，制度文化是文化有机整体或者是复杂整体的一个部分，制度文化作为文化整体的一个组成部分，既是精神文化的产物，又是物质文化的工具，一方面构成了人类行为的习惯和规范，另一方面也制约或主导了精神文化与物质文化的变迁。②

我们认为，制度精神与制度文化之间的联系主要体现在它们的价值层面，即都是关于制度的非物质成果的展现与表达，都与人类自身的行为习惯和风土民情有着密切的联系。不同之处在于：

首先，二者的内涵不同。制度精神一般指推动制度文本有效运转的并内化于人们心中的一种信念体系，制度文化则泛指制度发展变迁过程中所形成的所有观念与价值。可以说，制度文化是包含制度精神的，在制度发展演变的每一个环节上都可以发展出各种性质的制度文化，如制度设计的文化、制度实施的文化、制度演变的文化等，而制度精神则专注于对制度的执行与遵守。从一定意义上说，后者的广度虽不如前者，但深度却超过前者。

其次，二者的功用不同。制度精神的主要功用是为制度的有效运行和社会的良性运转而服务的，其最主要的功能便是推动制度获得忠实的履行，发挥制度对社会、对民众的行为引导作用。从这一角度出发，制度精神的社会功能更为具体和明确。制度文化的主要功用则是为制度的发展与变迁提供现实的解释力与合理性。它的功能比较宽泛，既可以影响人们的行为，也可以为现实的制度实践提供文化层面的解释与注解。

（三）制度精神与制度正义

彭定光认为，所谓制度正义"是人们对应当建立什么样的制度与制度应该如何发挥其作用的道德关注和伦理思考，换句话说，制度正义是制度本身的正义和制度运行的正义两个方面的相辅相成"③。

王展渊指出："制度正义作为制度伦理的重要组成，它包含了以下几个含义：首先是指制度的正义性，它强调制度本身应当是正当的、公正合理的，是对制度的伦理价值评价；其次是指正义理念的制度化，强调

---

① 王占魁：《制度文化：和谐社会的文化底气和精神基石》，《党政干部论坛》2007 年第 4 期。
② 曾小华：《什么是制度文化》，《中共杭州市委党校学报》2001 年第 1 期。
③ 彭定光：《论制度正义的两个层次》，《道德与文明》2002 年第 1 期。

正义的理念与要求应当具体化为制度。"①

王浩斌等认为，制度正义最为根本的理论原则应包括以下几个方面：其一是自由的原则，也就是制度正义要为实现人的自由而全面的发展服务；其二是平等的原则，也就是制度面前人人平等，制度因事而设；其三是底线的生存原则或宽容原则，也就是必须保障社会上最底层或弱势群体的生存问题。②

结合上述资料，我们认为，制度精神与制度正义是分属两个不同层次的概念，如果说制度精神是确保制度得到遵守所应具有的价值规范体系的话，那么制度正义则是评价一种制度优劣与否的标准，如前所言，制度本身的正当合理性、制度所体现的社会公正性以及制度所带来的实际后果等因素构成了制度正义的主要内容，我们便可以根据上述内容对某项具体的制度展开评价，从而获得对该制度的认识或使之发生改变。但制度精神作为一种观念体系，是内化于人们心中的相对稳定的情感和意愿，其核心就是要树立制度在人们心中的威信与地位，所以二者所作用的领域是极不相同的。

（四）制度精神与制度伦理

尽管前人早就对制度与道德的关系问题作过一定的探讨，但作为严格意义上的制度伦理，却是 20 世纪 70 年代才开始凸显的，罗尔斯《正义论》一书的出版是其标志。在批判功利主义的同时，罗尔斯凭借自身的智慧与推理建构了一种新的契约论，即关注社会制度的正义问题，提出两个著名的正义原则来阐释制度与道德、正义之间的关系，为制度伦理的进一步发展提供了范式和框架。

中国对制度伦理的研究则从 20 世纪 90 年代初开始，彭定光认为，制度要充分发挥其对社会的引导和整合作用，就必须得到所有民众的认同、信赖和服从，其前提则是制度本身具有道德合理性。制度伦理的任务就是研究社会制度安排的合理性、正当性和正义性，为其提供合理的道德理念和道德规范。我国目前的制度伦理研究主要围绕制度与伦理的关系、制度伦理的内涵和定位、制度伦理与传统伦理的区别以及制度伦理建设的原则和途径等问题而展开，虽然已经取得了不少研究成果，但有些问题尚待深入拓展。首要的任务是确定制度伦理的论域及其研究主旨，其论域只能是公正领域，其研究的主旨是为了建立和实现公正合理的社会

---

① 王展渊：《制度正义之逻辑建构》，《学术论坛》2005 年第 3 期。
② 王浩斌、王飞南：《制度正义：社会主义和谐社会的契约伦理精神》，《大庆师范学院学报》2007 年第 8 期。

制度。其次是明确制度伦理的内容。制度伦理包括制度设计伦理与制度运行伦理两大部分。制度设计伦理既指制度建立的伦理基础，又指制度是否具有道德合理性。制度运行伦理则包括制度管理伦理与制度实现伦理。制度设计伦理是关于"是什么"、"为了什么"、"做什么"方面的伦理，而制度运行伦理则是关涉"怎样做"的伦理。我国目前偏重于对制度设计伦理的研究，而尚未探讨制度运行伦理问题。①

李仁武认为，作为伦理学的概念，"制度伦理就是反映制度是否具有道德性的范畴"，是对一项制度是否合道德性或者说是不是"好制度"的伦理考量。而这种伦理考量实际上就是对某一制度运行的道德实践约束。②

冯军认为，制度伦理即制度性的道德体系，从道德实践的角度来看，是指存在于社会基本结构中并体现在社会制度如经济制度、政治制度中的道德原则、道德规范的总和，及其对制度本身正当合理与否的道德评价体系。制度伦理是明文规定的、外部化的、带有某种强制作用的制度性社会道德规范。③

白刚站在马克思制度伦理学的视野中，认为制度伦理不外乎两种：一为"制度的伦理——对制度的正当、合理与否的伦理评价"；二为"制度中的伦理——制度本身内蕴着一定的伦理追求、道德原则和价值判断"④。

由上可知，制度伦理同样也是一种对制度的总体评价体系，它的评价标准包括制度正义、制度公正等核心概念，是对"制度应该是什么样的"的回答和解释，而制度精神则是一种制度的观念体系，不是对当前制度的评价，而是对"如何使制度有效运行"的回答，二者的侧重点截然不同；此外，制度伦理侧重的是制度实施后的"应然"层面，而制度精神侧重的则是制度实施中的"实然"层面。如果我们把制度看作一个完整链条的话，那么制度伦理贯穿于这个链条的整个环节，是对制度本身无论在设计层面还是在实施层面的道德追问，而制度精神则专注于制度的实施层面，是考察如何让设计出来的制度更加切实有效地得以推行并推动社会进步的现实思考。当然，二者都与道德这一核心概念密不可分，都是建立在道德合理性的基础上进行探讨的，也因为此，制度精神和制度伦理在某些概念的使用如公正、公平、正义、合理等方面有着很大的共通性。

---

① 参见彭定光《制度伦理：面向公共领域的伦理学时代主题》，《光明日报》2003 年 9 月 2 日。

② 李仁武：《论制度伦理研究的理论视域与实践诉求》，《吉首大学学报》（社会科学版）2005 年第 3 期。

③ 冯军：《管理的规制：关于制度伦理的研究》，《哲学研究》2004 年第 12 期。

④ 白刚：《制度伦理与共产主义精神》，《河北学刊》2007 年第 1 期。

（五）制度精神与制度观念

制度精神与制度观念是刘廼诚先生提出的两个概念，他在《政治建设与制度精神》中虽然没有专门提及各自的概念，但还是能看到两者的区别，他说，"政治制度与政治观念附有连带关系，并互为因果。例如，政治制度于成立之前，必能为一部分积极活动的分子所认识，知其存在尚不够，更须能诚意接受，而后政治制度始能真正存在。此言果确，则制度观念系起于对于政治制度之认识，必先有制度之雏形，然后制度观念始能初步形成。但政治制度之确立，则有待于制度观念之发达，逐渐普及于多数人民"①，然而，"制度观念"虽在内涵方面与"制度精神"有相通之处，但它确实无法承载"制度精神"的全部负荷，他接着说："政治制度之采用，在各国多无困难可言，至于政治制度之确立，则有赖于制度精神之培养。"② 即制度观念的形成只是让人们有了对制度的一种原初的不稳定的看法和认识，是制度设计之初的心理基础。只有当制度观念发展到一定阶段即"制度精神"的阶段，才能让政治制度得以稳固地确立起来。可见，制度精神比制度观念具有更加丰富的内涵，制度精神的培养比制度观念的形成要求更高，难度也更大。

此外，与制度精神相关的还有制度意识等概念，但由于制度意识更侧重于头脑对于客观物质世界的反映，是感觉、思维等各种心理过程的总和。这种意识的拥有者和主体都是人，强调的是人应该形成正确的制度意识，要求每位干部从自身的工作、生活实际出发，对制度的科学体系、发展创新、执行落实都要从内心深处去思考，通过实践活动将纸面的制度条文转化为社会活动的客观行为准则，使得制度不断被检验、修正、完善和发展，树立和塑造制度的权威，指引人们的行为判断，巩固人们的制度信仰。③ 而制度精神则始终围绕制度来展开，强调的是制度的尊严与权威，人们对制度的遵守与敬畏，诚如刘廼诚所言，制度意识也无法承载制度精神的全部内涵，不能精确体现和表达制度精神对公正有序的政治秩序和法治环境的应有价值。所以，制度精神与制度意识有着重要的不同。

---

① 刘廼诚：《政治建设与制度精神》，国民图书出版社 1941 年版，第 14—15 页。
② 同上书，第 77 页。
③ 王树林、赵秀华：《浅议制度意识与制度建设》，人民网，http://theory.jschina.com.cn，2010 年 12 月 11 日。

第四节　理论创新、研究方法与结构安排

一　理论创新

本书的研究对象是"制度精神"，然则主要的研究对象是"制度敬畏"，即使一制度得以有效运行的内在逻辑与灵魂支撑，是人们对制度本身的一种敬畏与遵奉的思维习惯。由于目前学界对"制度精神"的研究相对比较零星而散乱，因此，这就为本书的研究在理论创新方面提供了一定的空间和可能。

笔者认为，本书的创新之处主要有以下几点：

首先，学科体系上的创新。既然"制度精神"相对而言还是一片尚未充分开垦的田地，那么对"制度精神"的研究无论是在其自身理论体系的构建上还是在对制度实施过程中的现实分析上，都带有一定程度的创新与尝试。然而，笔者深知事物发展的辩证原理，既然是一种尝试，就会存在两种可能，也许这种尝试是成功的或者是有益的，但也许这种尝试是失败的或者是受人非议的，因此，笔者深知理论创新的艰难与坎坷，但是无论如何，笔者都将竭尽所能，在大胆假设、小心求证的逻辑框架下不断补充和完善这一理论体系，为"制度精神"获得应有的重视与地位提供自己的绵薄之力。

其次，观点上的创新。一门学科的生命力，既不在于其体系是否完善，也不在于其体系是否新鲜，而在于其面对当下的社会生活是否具有说服力。① 同样，一种理论体系要具有足够的解释力与说服力，不仅在于其自身的理论观点是否能够自圆其说，还在于这些理论观点是否与现实的社会生活能够较好地契合在一起，也就是能够在社会的发展变化中始终站得住脚，这就需要将理论与现实进行高度的融合，使得理论能够解释现实，现实也能够反映出内在的理论。本书不仅对制度精神这一概念进行了界定，而且对制度精神的构成要素、制度精神的运行条件以及制度精神的培育措施等方面都提出了一定的看法和见解，如制度精神可以分为制度立意和制度敬畏两大部分，从制度的维度又可以将制度精神分为正式制度精神和非正式制度精神，而制度立意和制度敬畏都包含在正

---

① 潘伟杰：《宪法的理念与制度》，上海人民出版社 2004 年版，第 73 页。

式和非正式制度精神之中；此外，制度精神的培育模式可以从三大要素来进行分析，即人、制度和时间，其中，我们可根据相关人性质的不同分为官员主导模式和民众主导模式等，以及制度方面所具有的"传染性"与"标杆效应"等问题的阐发，相信这对我们深入理解和把握制度精神有着重要的参考作用。

二 研究方法

"工欲善其事，必先利其器"。研究方法的选用对事物的研究所起到的作用不可估量。本书所使用的研究方法主要有：

历史分析。在情境理性立场上，我们研究制度的时候，不仅关注制度的逻辑结构，而且关注制度的历史。① 对于像"制度精神"这样一个还没有被充分开发的理论领域更是如此，我们只有从历史中才能获得与"制度精神"密切相关的资料与养料，在历史的长河与发展变迁中考察制度精神的发展轨迹，从古希腊的哲学发展中探寻西方在看待制度这一主题时所走过的研究路径，从我国的历史长河中去挖掘制度精神的衍生轨迹，这些历史的分析将会成为本书开展研究的基础方法，同时，对于制度精神这一理论体系的建构奠定扎实的基础。

实证分析。正如曹锦清先生所言，"若要广泛而深入地分析现实社会生活如其所是的那个样子，实证研究具有重大的意义。在实证研究的过程中，要注意历史的分析与自然生态环境的考察。历史与环境这两个视角对我们透视社会生活现象的意义，是有着积极作用的"②。尤其对本书这样一个需要借助制度的实践发展来考察制度精神的发展演化这一课题而言，更是如此。可见，对任何调查研究而言，有时方法远比结论重要，因为最终结论的有效与否在很大程度上取决于最初的方法是否得当。恰如迈克尔·曼所言，"过多地以学究方式注意事实会使人失明，过多地倾听理论和世界历史的节奏会使人失聪"③。因此，本书将结合实证研究的方法对制度的相关主体进行一系列的现实考察，做到尽量接近制度发展的真实面貌，弥合理论与现实、文本与实践之间的差距所带来的张力，从而为规范性研究奠定扎实的基础。

比较分析。有比较才能有鉴别。只有建立在比较分析的基础上，才

---

① 汪丁丁、韦森、姚洋：《制度经济学三人谈》，北京大学出版社 2005 年版，第 219 页。

② 曹锦清：《黄河边的中国》，上海文艺出版社 2000 年版，第 27 页。

③ ［英］迈克尔·曼：《社会权力的来源》第一卷，刘北成、李少军译，上海人民出版社 2002 年版，前言，第 2 页。

能让我们较为清楚地了解事物发展的内在逻辑和外在状态，知晓事物处于何种程度、何种水平。因此，本书将在对制度精神的研究中引入与其相关的其他概念，以求详细具体地将制度精神与其他概念进行重要的区别，帮助我们准确定位制度精神的内涵和外延，从而把握其自身的理论体系与现实特点。

本书不排除规范性研究方法的使用，也就是将大量的经验性、实证性的材料置于理性审视的理论框架下，时刻注重用理论与实践相结合的视角阐发问题本身，力求做到理论与实践的更为恰切的融合。

三　结构安排

本书的结构安排具体如下：

第一章是导论。重点对全书的选题及意义、概念、框架及研究方法等相关问题作一简要说明。同时对书中所用的基本概念进行解释和说明，并进行横向的概念间的比较，以求清晰表明本书的研究对象，使读者对研究内容有一个较为清晰的把握。

第二章是制度精神的理论探源。制度精神的产生与形成并不是无源之水、无本之木，自有其自身的理论渊源。本章将从西方和中国这两个维度来阐释正式制度精神和非正式制度精神的历史发展轨迹，力求从历史的维度和发展的高度对制度精神的理论源起进行纵向的简要梳理，为我们进一步分析制度精神的内在逻辑与发展走向提供夯实的理论基础。

第三章是制度精神的特点与功能。在对制度精神的理论渊源进行梳理之后，随之而来的问题便是对制度精神的特点及其功能进行简要的介绍，本章要回答的是制度精神的意义与价值所在，即制度精神到底有哪些必不可少的功能使得我们必须重视研究这一理论体系，或者说我们研究制度精神的必要性体现在哪些方面，对这些问题的回答不仅有助于我们深入了解制度精神本身，更有助于我们从整体上认识和把握制度体系的构建。

第四章是制度精神的选择与生成。承上来说，既然制度精神在现实生活中是如此的必要和重要，那么就中国的制度体系构建而言，选择何种类型的制度精神就成为当前面临的一个重大问题。本书认为，在现实政治中，由于正式制度精神的匮乏，即缺少对正式层面的制度的遵守与敬畏，使得我国当前一些制度在实践当中难以达到较好的效果。换言之，这种敬畏心理的缺失成为制度运行过程中的一个重要影响因素，因此，对正式制度精神的注重与强调就成为我国当前政治发展的必然选择。同时，制度精神从生成模式上看又分为本土生成和外来移植两种模式，在当前这种情况下，本土生成西方的正式制度精神往往难以实现，需要通过吸收和借鉴西方的制度精神使之本土化，这应是推动我国制度体系建设的有效途径。

第五章是制度精神的践行。由于要对制度精神的具体运行进行实证上的考察，因此有必要对属于制度立意层面的制度精神进行分析，通过人们对直观的制度文本的主观感受，为形成相对稳定的制度敬畏提供重要的思想前提。因此，本章将重点对制度立意产生之初的诉求、官方认可等要素进行分析，并对制度立意如何在制度施行过程中与制度文本之间的三种表现样态即制度立意与制度文本相一致、相偏离和相背离的情况进行阐释，然后对制度敬畏的构成要素、影响要素以及制度立意与制度敬畏的深层关系进行分析研究，以此通过对制度立意的产生过程的梳理为制度敬畏的真正生成与培育提供有价值的借鉴。

第六章是制度精神的培育。既然我们需要吸收借鉴西方的正式制度精神，那么如何培育这种制度精神以及培育出来的制度精神又如何加以巩固，等等，这些关乎制度精神培育的课题，将是本章研究的重点所在。笔者试图构建一个粗略的分析框架来考察正式制度精神的培育与生成，即从人—制度—时间这三个维度来进行具体分析，其中在"人"这一维度上，重点探讨领袖主导模式和民众主导模式的特点与功能；在"制度"这一维度上，重点探讨通过树立制度的"标杆效应"来应对制度的"传染性"从而影响正式制度精神在我国的本土化进程；在"时间"这一维度上，重点探讨正式制度精神的巩固的具体表现。上述三个维度基本上勾勒出了正式制度精神得以培育的整体进程，为我们深入把握制度精神的动态演变提供可能的分析视角。

第七章是结论。通过前几章对制度精神这一概念以及相关理论体系的建构，本章将对制度精神进行宏观和整体的把握与评价，通过梳理前已论及的各种理论观点，将其糅合在制度精神这一理论体系的框架内，使之具备一定的现实解释力与理论说服力，为制度哲学的发展演进提供一种可能的借鉴与参考。

第二章　制度精神的理论探源

　　"制度精神"作为一个专有名词虽然是晚近以来的事情，但若追溯它的源头，则古已有之。本章则重点对制度精神的缘起与发展进行历史的考察和理论的分析，如前所言，制度精神可以分为两种：正式制度精神和非正式制度精神，前者以西方社会为主要载体，后者以中国社会为主要载体。当然，这绝不是说西方社会就只有正式制度精神，而无非正式制度精神，也不是说中国就只有非正式制度精神，而无正式制度精神，只是从更普遍的意义上来看，西方对法治精神的提倡与传承更主要地体现了对正式制度的遵奉与敬畏，而中国对人治精神的提倡和奉行更主要地体现了对非正式制度的遵奉与敬畏。因此，我们将着重从我国社会和西方社会的发展源流中找寻这两种不同形态制度精神的蛛丝马迹，为制度精神这一理论体系大厦的构建提供必要的逻辑支撑和理论基础。

第一节　我国社会的源流

　　中华文明，历史悠久，灿烂辉煌，尤其是古老的东方文明，在世界文明史上都占有重要的一席之地。因此，要对"制度精神"，或者严格来说是"非正式制度精神"，进行一种源头上的探寻与梳理，我们必须要回到遥远的古代，去领略远古的至圣先师们如何用他们的智慧来书写理论的光辉。尤其要提到的是以孔子为代表的儒家学派，他们的思想在漫长的中国历史长河中发挥着难以替代的精神引领作用，虽然经历了五四新文化运动时的短暂断层，然而在提倡中华民族伟大复兴的今天，儒家思想依然有着强劲的生命力。

　　"有朋自远方来，不亦乐乎。"这是《论语》的开篇之语。2014年9月24日，习近平在参加纪念孔子诞辰2565周年国际学术研讨会时，引用了这句话作为欢迎来自世界各国的嘉宾及专家学者的开场白。"中国共产党人始终是中国优秀传统文化的忠实继承者和弘扬者。从孔子到孙中山，我们都注意汲取其中积极的养分。"他在讲话中强调，"中国优秀传统文化的丰富哲学思想、人文精神、教化思想、道德理念等，可以为人们认识和改造世界提供有益启迪，可以为治国理政提供有益启示，也可以为道德建设提供有益启发"①。此外，习近平还表示儒家思想蕴藏解决当代世界难题的重要启示，并进一步把研究孔子和儒学的意义提升到"认识当今中国人精神世界历史来由的一个重要途径"。再加上非正式制度精神是在非正式制度的基础上形成和培育起来的，而构成非正式制度的那些道德、礼治、习惯等因素就自然包含在儒家庞大的哲学体系当中，因此，对中国传统文化的追根溯源，既是我们探寻非正式制度精神的一个逻辑起点，也是我们今后构筑正式制度精神的一个强大的思想源泉。

学界普遍认为，孔子的政治思想属于伦理政治，而且这种伦理政治就构成了中国传统文化的发展基石，与西方强调法理政治的哲学理路形成鲜明对照。如梁启超在撰写《先秦政治思想史》时，就指出古典政治思想具有伦理与政治相结合的特质②。刘泽华等认为，"孔子的伦理原则与政治原则是浑然为一体的，可称之为伦理政治"③。任剑涛也认为："伦理政治学，是对早期儒家哲学的准确定位。"④

因此，中国古代对政治的解读始终围绕"伦理"这条主线而展开，虽然和本书所言之"制度精神"有一定不同，但因为彼此在某些方面的共通性使得我们仍可从中发现一些制度精神的"遗痕"，因为正是有了这些道德上的约束与要求，才能确保在现实政治中人们对礼仪规则的严格、自觉的遵守，这种敬畏的心理便成为我们探寻制度精神在中国发展脉络的主要依凭。

一　"仁义道德"与"尊尊亲亲"

在制度精神的构成要素中，制度敬畏的形成是一个长期强化的结果，这就内在地决定了这种敬畏心理和观念的养成离不开潜藏在人们日常生

---

① 崔小粟：《一年内三次亲近儒家　习近平为何如此强调重拾传统文化?》，人民网—中国共产党新闻网，http://cpc.people.com.cn，2014 年 9 月 25 日。

② 任剑涛：《伦理政治研究：从早期儒学视角的理论透视》，吉林出版集团有限责任公司 2007 年版，第 5 页。

③ 刘泽华、葛荃主编：《中国古代政治思想史》（修订本），南开大学出版社 2001 年版，第 34 页。

④ 任剑涛：《伦理政治研究：从早期儒学视角的理论透视》，吉林出版集团有限责任公司 2007 年版，第 5 页。

活和行为当中的民情。《现代汉语词典》对"民情"有两种解释：一为人民的思想、愿望等。例如，《汉书·刑法志》："圣人既躬明悊之性，必通天地之心，制礼作教，立法设刑，动缘民情，而则天象地。"二为人民的生产、工作以及风俗习惯等情况。如汉代董仲舒指出，"五帝三王之治天下，不敢有君民之心，什一而税，教以爱，使以忠，敬长老，亲亲而尊尊，不夺民时，使民不过岁三日，民家给人足，无怨望愤怒之患、强弱之难，无谗贼妒疾之人，民修德而美好，……画衣裳而民不犯，四夷传译而朝，民情至朴而不文"①。显然，本书所指之"民情"当为第二种解释，即人民在生产、劳作等过程中形成的各种风俗习惯等。孟德斯鸠曾对"风俗"有过这样的解释，"风俗和礼仪不是立法者所建立的东西，因为他们不能建立，也是不愿建立的。法律和风俗有一个区别，就是法律主要规定'公民'的行为，风俗主要规定'人'的行为"②。托克维尔也说过，"没有民情的权威就不可能建立自由的权威，而没有信仰也不可能养成民情"③。

可以说，对"人"的行为的一种规约和框定莫过于占据几千年意识形态主导地位的儒家思想了，正是在儒家思想的广泛而深刻的影响下，人们的内心已形成了强烈的"忠君爱国"、"维护帝国的太平"等信念，使得帝国统治的大厦能够持续两千多年的时间。

儒家思想的核心便是对"礼"与"仁"的集中阐述，中国之所以能够以礼仪之邦而享誉海外，和儒家思想强调的"礼治"思想有着莫大的关联。"在孔子的思想体系中，'仁'是道德、政治的最高理想，而'礼'是'仁'的外在体现。"④刘泽华等在对儒家思想进行分析的基础上，指出孔子以礼仁为中心的政治思想为儒家思想的发展奠定了基础⑤。韦伯认为："受过传统教育的人，按照等级制的习俗和'礼'——儒教的中心概念——的规定，温文尔雅地调整他的行为，包括身体的一举一动。……在流传下来的夫子的言论中反复出现的中心概念——在任何社会处境中，不论居庙堂之高，还是处江湖之远，都要符合礼，不失其尊严。"⑥而对于"仁"这一概念，儒家经典著作中多次提及，如"克己复

---

① 《春秋繁露·王道》，周桂钿译注，中华书局2011年版。
② [法]孟德斯鸠：《论法的精神》上册，张雁深译，商务印书馆2005年版，第376页。
③ [法]托克维尔：《论美国的民主》上卷，董果良译，商务印书馆2006年版，第14页。
④ 王涛：《孔子"礼"的思想内涵及其当代价值》，《理论学刊》2007年第4期。
⑤ 参见刘泽华、葛荃主编：《中国古代政治思想史》（修订本），南开大学出版社2001年版，第30页。
⑥ [德]马克斯·韦伯：《儒教与道教》，王容芬译，商务印书馆2004年版，第206页。

礼为仁"、"仁者爱人"等思想。不过，"仁"这一思想并不是孤立存在的，它内含在各项"礼"的规定之中，儒家把"礼"与"仁"进行一定程度的拆分，同时又将"仁"内化在"礼"中，达到寓仁于礼、礼仁兼收的社会效果。

"礼制"作为一种政治制度，有两个重要原则，即"尊尊"和"亲亲"。所谓"尊尊"，就是按照社会等级，要求低贱者尊崇尊贵者。"尊尊"最重要的是尊君，即所谓"事君尽礼"。但孔子并不像后儒那样要求盲从君主，他认为臣下的忠心是以君主的守"礼"为条件的。所谓"亲亲"，包括父慈、子孝、兄友、弟恭等。而要维护这种"尊尊"、"亲亲"的等级制度和宗法制度，就必然要求不同的人在包括从车马服饰到钟鼎盂盘等的器物使用上，都要在大小、质地、形制、数量等各个方面加以区别。① 这种"礼仁相分"、"寓仁于礼"的思想为君民和谐、民德归厚以及维护帝国的长久统治提供了重要的思想基础。这主要体现在以下几个方面：

（一）道之以德，齐之以礼，有耻且格——君民和谐

孔子重视"礼"在安定社会秩序方面的积极作用，认为以"礼"来教化、引导民众是最有效的方式之一，指出："道之以政，齐之以刑，民免而无耻；道之以德，齐之以礼，有耻且格。"② 孔子在这里以对比的方法指出了"政、刑"与"德、礼"两种治理手段的高下之别：前者只能够约束人们的行为但无法使其消除思想上的邪恶并形成廉耻之心，而后者却能以柔和缓进、润物无声的方式使人们从内心里懂得何者当为、何者不当为，道德的力量促使他们自觉地选择走正道而耻于做坏事。这种感化心灵、升华精神的思路在孔子的礼治思想中堪称一贯之道，所以也可以说，孔子的"礼"就是使天下仁义，还可以说，孔子的"礼"本质上就是一种"仁"的存在。③ 同时，"德主刑辅"的治国理念是儒家一贯的治世之道，这对和谐君民关系有着重要的引导作用，成为历代君主在处理与臣子百姓之间关系时不得不考虑的一条重要原则。

另外，儒家对民众的要求是"弟子入则孝，出则弟，谨而信，泛爱众，而亲仁，行有余力，则以学文"④。也就是说，儒家不仅要求高高在

---

① 王涛：《孔子"礼"的思想内涵及其当代价值》，《理论学刊》2007 年第 4 期。

② 钱穆：《论语新解》，生活·读书·新知三联书店 2002 年版，第 25 页。

③ 王顺然：《"礼仁"与"礼法"——从孔子到荀子再到韩非的简要考察》，《孔子研究》2010 年第 1 期。

④ 《论语·学而》，转引自钱穆《论语新解》，生活·读书·新知三联书店 2002 年版，第 10 页。

上的君王要懂得"轻徭薄赋、不夺民时"的爱民之道，也要求民众"博学于文，约之以礼"，成为帝国统治所需要的"仁者"和"君子"，这样，在"上"与"下"的良性互动过程中，民风走向淳朴与和谐，君民之间也就形成了一种良好的治理局面，君王因为有了民众的"守礼"、"学文"而易于帝国的治理与体制的贯彻，民众因为有了君王的"爱民"、"敬民"而甘愿服从帝国的体制与规定。这样，一种"忠君爱民"、"文礼兼蓄"的思想和观念在百姓心中慢慢累积，为帝国的政治统治奠定了不可磨灭的思想基础。刘泽华等指出："克己、爱人、复礼形成三位一体，内在精神修养与外在行为规范相互制约，互相补充。孔子把高尚与平庸、内美与外辱、精神满足和外在屈从巧妙地结合在一起，成为统治者最理想的伦理原则。"[1]

（二）"仁者爱人"与"义之与比"——民德归厚

如果说"道之以德，齐之以礼"是描述君民之间和谐的关系的话，那么"仁者爱人"、"义之与比"则强调的是老百姓之间的"人人相亲"的和谐人际关系。

《论语·颜渊》记载："颜渊问仁。子曰：'克己复礼为仁。一日克己复礼，天下归仁焉。为仁由己，而由人乎哉？'"[2] 子思认为："文武之政，布在方策。其人存，则其政举；其人亡，则其政息。人道敏政，地道敏树，……故为政在人，取人以身，修身以道，修道以仁。"[3] 孟子曰："君子所以异于人者，以其存心也。君子以仁存心，以礼存心。仁者爱人，有礼者敬人。爱人者，人恒爱之；敬人者，人恒敬之。"[4] 此外，《论语》中对"仁"的记载还有："里仁为美，择不处仁，焉得知[5]！""知者不惑，仁者不忧，勇者不惧。"[6] "博学而笃志，切问而近思，仁在其中

---

① 刘泽华、葛荃主编：《中国古代政治思想史》（修订本），南开大学出版社 2001 年版，第 36 页。

② 《论语·颜渊》，转引自钱穆《论语新解》，生活·读书·新知三联书店 2002 年版，第 302 页。

③ 秦川主编：《四书五经》第一卷，北京燕山出版社 2007 年版，第 26 页。

④ 同上书，第 264 页。

⑤ 《论语·里仁》，转引自钱穆《论语新解》，生活·读书·新知三联书店 2002 年版，第 83 页。

⑥ 《论语·子罕》，转引自钱穆《论语新解》，生活·读书·新知三联书店 2002 年版，第 244 页。

矣。"① "刚、毅、木、讷近仁。"② 从历史上"孟母三迁"的故事我们可以看到，儒家倡导人们要积极追求"仁"、主动接近"仁"、实际践行"仁"，始终要将"仁"内含在人们的思想与行动当中。

《礼记·中庸》说："知、仁、勇，三者天下之达德也。"③ 为了达到这三种德行，儒家还强调"克己内省"的功夫，从孔子"不患人之不己知，患不知人也"、"吾日三省吾身"的自我修炼，到孟子"爱人不亲，反其仁。治人不治，反其智。礼人不答，反其敬。行有不得者皆反求诸己，其身正而天下归之"④ 的"反求诸己"的博大胸怀，都注重自我内心和行为的反省以及对他人行为与态度的宽容与忍让，以此来有效化解人际矛盾与纠纷，注重自身的修为与道德的完善，而不是遇到问题先把责任推给他人、推给社会的不负责任的处世态度。对此，儒家的经典《大学》有过精辟的论述，"大学之道，在明明德，在亲民，在止于至善。……古之欲明明德于天下者，先治其国。欲治其国者，先齐其家。欲齐其家者，先修其身。欲修其身者，先正其心。欲正其心者，先诚其意。欲诚其意者，先致其知。致知在格物。"⑤ 也就是说，"格物、致知、诚意、正心"是儒家所追求的"内圣"，而"齐家治国平天下"是儒家所追求的"外王"，内圣是基础，外王是目的。只有先获得自身在德行与能力上的"内圣"，才有资格达到和实现"外王"。宋代朱熹开创的"理学"亦将"即物穷理"、"下学上达"的对自我道德修为的功夫看作个人之于社会的第一要务。可见，儒家这种对内省约己功夫的提倡为统治者打造"忠君顺民"提供了充足的空间与实现的途径。

从上述言语中我们不难发现，儒家积极倡导人际关系的友爱与和谐，强调人们应该心怀仁爱之心、善良之念来对待身边周围的人，以"己所不欲勿施于人"的态度来框约自己的行为。孟子更是将这种仁爱之心分为四种，"乃若其情，则可以为善矣，乃所谓善也。若夫为不善，非才之罪也。恻隐之心，人皆有之；羞恶之心，人皆有之；恭敬之心，人皆有之；是非之心，人皆有之。恻隐之心，仁也；羞恶之心，义也；恭敬之

---

① 《论语·子张》，转引自钱穆《论语新解》，生活·读书·新知三联书店2002年版，第485页。
② 《论语·子路》，转引自钱穆《论语新解》，生活·读书·新知三联书店2002年版，第349页。
③ 《礼记·中庸》，秦川主编《四书五经》第一卷，北京燕山出版社2007年版，第26页。
④ 《孟子·离娄上》，秦川主编《四书五经》第一卷，北京燕山出版社2007年版，第243页。
⑤ 《大学》，转引自秦川主编《四书五经》第一卷，北京燕山出版社2007年版，第3页。

心，礼也；是非之心，智也。"① "仁义礼智"是我们的四端，也就是我们的四种为人处世的心态与心境。在这种心境的指导下，民众的思维方式和价值观念得到有效的引导与强化，然而，价值观念的真正实现还要受到现实的诸多因素的影响，尤其是当面临的问题与利益发生关联的时候，为此，儒家又说："君子之于天下也，无适也，无莫也，义之与比。"②也就是说，当人们在现实生活中具体处理相关事务的时候，既不能有薄厚之分，也不能有亲疏之别，而是始终用"义"作为我们为人处事的标准，这个"义"便是"道义"、"正义"。《礼记》中说："礼也者，义之实也。"③ 将"义"看作是"礼"的实体或本质；或者可以说，"义"是"礼"的内在依据，"礼"是"义"的外部形式。如果我们行事都能按照这个标准来要求自己的话，那么在遇到不能两全的事情的时候，我们便有了取舍和选择的标准。

这样，儒家在民众的思维方式和行为方式上树立了"仁爱"、"宽容忍让"和"道义为根"的价值理念，如梁漱溟所言："孔子的伦理，实寓有他所谓絜矩之道在内，父慈、子孝、兄友、弟恭，总使两方面调和而相济，并不是专压迫一方面的，……却是结果必不能如孔子之意，全成了一方面的压迫。这一半由于古代相传的礼法，自然难免此种倾向。而此种礼法因孔家承受古代文明之故，与孔家融混而不能分。儒家地位既常藉此种礼法以为维持，而此种礼法亦藉儒家而得维系长久不倒；一半由中国人总是持容让的态度，对自然如此，对人亦然，绝无西洋对待抗争的态度。"④ 钱穆也说："中国人所重乃在己之道义，不计身外之功利。"⑤ 可以说，"孔子的政治伦理思想对中华民族有过巨大的影响，在一定历史时期甚至构成了民族共同心理和主要的思维方法。"⑥

---

① 《孟子·告子上》，秦川主编《四书五经》第一卷，北京燕山出版社 2007 年版，第 26 页。

② 《论语·里仁》，转引自钱穆《论语新解》，生活·读书·新知三联书店 2002 年版，第 93 页。

③ 《礼记》，转引自秦川主编《四书五经》第三卷，北京燕山出版社 2007 年版，第 1107 页。

④ 梁漱溟：《东西文化及其哲学》，上海人民出版社 2006 年版，第 144 页。

⑤ 钱穆：《现代中国学术论衡》，生活·读书·新知三联书店 2001 年版，第 4 页。

⑥ 刘泽华、葛荃主编：《中国古代政治思想史》（修订本），南开大学出版社 2001 年版，第 42 页。

（三）君使臣以礼，臣事君以忠①——维护帝制的稳定

在儒家的道德与政治秩序中，君臣关系是最高的、最重要的关系。在回答齐国君主关于如何治理国家的问题时，孔子说："君君臣臣，父父子子。"② 所有社会成员要恪守君王至上的政治秩序，国家才能安定。正是在这一理念影响下，中国的君臣关系后来演变为"君要臣死，臣不得不死，父要子亡，子不得不亡"，宋朝的文天祥所理解的正气居然包括"三纲实系命，道义为之根"这样的内容。曾国藩被视为近世第一儒臣，在其家书中专门提道："不可有片语违忤三纲之道。君为臣纲，父为子纲，夫为妻纲，是地维之所赖以立，天柱之所赖以尊。……君虽不仁，臣不可以不忠；父虽不慈，子不可以不孝；夫虽不贤，妻不可以不顺。"③

虽然被称为"亚圣"的孟子提出了"民贵君轻"、"从道不从君"的政治理念，并宣称："君之视臣为手足，则臣视君如腹心；君之视臣为犬马，则臣视君为国人；君之视臣如土芥，则臣视君如寇仇。"④ 但是，一旦君主的地位不可动摇，任何民为邦本的民本思想在强大的君权面前都无济于事了。孟轲讲"民为贵"、"君为轻"，主张对暴君可以诛之、杀之。但是，即便是诛杀之后，还是要回到以君为主的君臣格局。孔孟的民本思想，仍然是站在君王的立场上的。无论是荀子的"君民舟水论"、贾谊的"至贱不可简，至愚不可欺"的重民思想，抑或是唐太宗的"民养君、民择君"的治国理念，还是顾炎武的"天下高于一家一姓的国家"的天下重于国家的理念，都始终不会摆脱君臣关系这一帝制的体系格局。同时，君臣之间关系的维系要靠"忠"来进行联结，父子之间关系的维系要靠"孝"来联结，当"忠"、"孝"不能两全的时候，只有牺牲"孝"以保全"忠"，以维护君臣关系的至高无上并不可逾越的地位。

上述言论是从臣对君关系的角度来进行考察的，那么对于臣子和一般老百姓来说，君主该如何处理几者之间的关系呢？答案依然是"礼"。荀子说："礼者，贵贱有等，长幼有差，贫富轻重皆有称者也。"⑤ "礼起于何也？曰：人生而有欲，欲而不得，则不能无求。求而无度量分界，则不能不争；争则乱，乱则穷。先王恶其乱也，故制礼义以分之，以养人之欲，给人之求。使欲必不穷于物，物必不屈于欲。两者相持而长，

---

① 《论语·八佾》，转引自钱穆《论语新解》，生活·读书·新知三联书店 2002 年版，第73 页。

② 同上书，第 315 页。

③ 曾国藩：《曾文正公全集》家训卷下，中国书店出版社 2011 年版。

④ 秦川主编：《四书五经》第一卷，北京燕山出版社 2007 年版，第 256 页。

⑤ 《荀子》，谢丹、书田译注，远方出版社 2004 年版，第 151 页。

是礼之所起也。"① 也就是说，"礼"是分贵贱等级、别长幼高低的制度形式，"礼"的出现是为了息争平乱、维护社会秩序的，意在教化民众要行为举止有礼而和谐。再如，"安上治民莫善于礼"②、"礼乐不兴则刑罚不中"③、"礼之用，和为贵，先王之道，斯为美"。④ 儒家对"礼"的注重与强调，使得韦伯在分析儒教与道教的区别时，这样来描述儒教的本质："儒教适应世界及其秩序和习俗，归根结底不过是一部对受过教育的世俗人的政治准则与社会礼仪规则的大法典。"⑤

儒家对"礼"的规定可谓详细而具体，大到祭祀庆典，小到日常生活，儒家对"礼"都有着复杂繁多的规定。举例而言，"孔子谓季氏，八佾舞于庭，是可忍也，孰不可忍也！"⑥ 季氏，即三家（孟孙氏、叔孙氏和季孙氏）中的季孙氏，当时是季桓子把握权势。佾，同"仪"，列的意思，这里指舞蹈的队列。八佾就是八列，每列八人。也就是说，季桓子用八佾的排场在家中歌舞娱乐。按周朝的礼乐制度，只有周天子才能用八佾的队列，诸侯用六佾，大夫只能用四佾。季桓子身为鲁国的大夫，竟然僭用天子之乐，所以孔子评价季氏说："是可忍也，孰不可忍也？"可见，孔子认为一定要严格按照"礼"的相关规定，既不能违背，更不能僭越，因为"礼崩乐坏"便是社会失序、贵贱等差无所示的危险状态。因此，对于不合"礼"的场合与行为，孔子是拒而不为的，《孔子家语》中曾记载了这样一个故事，很能代表孔子对"不合礼"的行为的一种坚决的态度："子路问于孔子曰：鲁大夫练而杖，礼也？孔子曰：吾不知也。子路出，谓子贡曰：吾以为夫子无所不知，夫子亦徒有所不知也。子贡曰：子所问何哉？子路曰：止，吾将为子问之。遂趋而进曰：练而杖，礼与？孔子曰：非礼也。子贡出，谓子路曰：子谓夫子而弗知之乎？夫子徒无所不知也。子问非也。礼：居是邦，则不非其大夫。"⑦ 只因子路提问方式的不妥、不合礼，孔子便拒而不答子路的问题，足见孔子对"礼"的认真与重视。

---

① 《荀子》，谢丹、书田译注，远方出版社 2004 年版，第 151 页。

② 《孝经·广要道章》，浙江古籍出版社 2011 年版。

③ 《论语·子路》，转引自钱穆《论语新解》，生活·读书·新知三联书店 2002 年版，第 329 页。

④ 《论语·学而》，转引自钱穆《论语新解》，生活·读书·新知三联书店 2002 年版，第 17 页。

⑤ ［德］马克斯·韦伯：《儒教与道教》，王容芬译，商务印书馆 2004 年版，第 203 页。

⑥ 《论语·八佾》，转引自钱穆《论语新解》，生活·读书·新知三联书店 2002 年版，第 51 页。

⑦ 《孔子家语·曲礼子夏问第四十三》，王国轩、王秀梅译注，中华书局 2001 年版。

再如《礼记·曲礼》中关于人们日常生活中的相关细节的礼仪规定："为人子者，出必告，反必面，所游必有常，所习必有业，恒言不称老。""为人子者，居不主奥，坐不中席，行不中道，立不中门，食飨不为概，祭祀不为尸，听于无声，视于无形，不登高，不临深，不苟訾，不苟笑。""从于先生，不越路而与人言。遭先生于道，趋而进，正立拱手，先生与之言则对，不与之言则趋而退。从长者而上丘陵，则必乡长者所视，登城不指，城上不呼。将适舍，求毋固。将上堂，声必扬。户外有二屦，言闻则入，言不闻则不入。将入户，视必下，入户奉扃，视瞻毋回，户开亦开，户阖亦阖。有后入者，阖而勿遂。毋践屦，毋踏席，抠衣趋隅，必慎唯诺。""凡与客入者，每门让于客；客至于寝门，则主人请入为席，然后出迎客；客固辞，主人肃客而入。主人入门而右，客入门而左；主人就东阶，客就西阶。客若降等，则就主人之阶，主人固辞，然后客复就西阶。主人与客让登，主人先登，客从之；拾级聚足，连步以上。上于东阶，则先右足；上于西阶，则先左足。"①

上述礼节，择要而论，多数是一些非常详细而具体的走路、拜访等日常仪节，例如，随老师在路上走，不抢路到老师前面与旁人聊天，表示了对老师的尊重，这一礼俗延续至今已成了我们的习惯；跟长者登至高处，手不能指，嘴不能大声说话，眼睛也不能看自己想看的地方；还有就是接待客人的规矩，竟然细致到连先迈左脚或右脚都要规定。

可以说，大到国家的祭祀庆典，小到个体的走路、拜访礼仪，儒家都事无巨细且浓墨重彩地进行了不厌其烦的描绘与勾勒，使得这些看似纷繁复杂的"繁文缛节"成为儒家主导中国两千年封建社会的精神主线，这种对"礼"在形式上的关注与重视既得到了学界的赞赏与惊叹，也受到了学者的批评与诟病。

柏杨说："任何一个民族的文化，都像长江大河，滔滔不绝地流下去，但因为时间久了，长江大河里的许多污秽肮脏的东西，像死鱼、死猫、死耗子，开始沉淀，使这个水不能流动，变成一潭死水，愈沉愈多，愈久愈腐，就成了一个酱缸，一个污泥坑，发酸发臭。"② 这种酸臭的大酱缸在柏杨看来，与中国两千年的儒家文化密不可分。

鲁迅的批评更加彻底和经典，"我翻开历史一查，这历史没有年代，歪歪斜斜的每页上都写着'仁义道德'几个字，我横竖睡不着，仔细看

---

① 《礼记·曲礼》，转引自秦川主编《四书五经》第二卷，北京燕山出版社 2007 年版，第959 页。

② 柏杨：《丑陋的中国人》，古吴轩出版社 2004 年版，第 24 页。

了半夜，才从字缝里看出字来，满本都写着两个字是'吃人'!"① 这种会"吃人"的礼教便是鲁迅对发展至今的儒家思想的所谓"仁义道德"的赤裸裸的批判。

蔡尚思则专门在《中国传统思想总批判》一书中将我国传统思想分为三个阶段：周汉的儒家、宋明的理学和清末民国的旧派，并专章对三个阶段的儒家思想进行了具体的批判与揭露，认为今日中国社会之所以趋于保守和反动，实乃旧思想的余毒未尽清楚所致。②

古德诺曾经说过，"中国人有一整套的礼仪规范，他们做每件事都很注意讲究礼节，甚至一个微小的动作都是一种礼节，几乎到了表演某种仪式的程度，这常常使得与他们打交道的欧洲人感到无所适从。"③

当然，也有学者指出儒家思想对整个封建时期的不可替代的作用，如金观涛等所言："从结构上来说，中国封建社会是宗法一体化结构，它具有发达的地主经济，大一统的官僚政治，意识形态结构是儒家正统学说。从行为方式上来说，第一，中国封建社会的宗法一体化结构及其维系的内部子系统，在两千余年中保持了巨大的稳定性。"④ 黄仁宇也提道："显而易见的，儒家的统治者在立法时确定男人的地位高于女人，年长的高于幼辈，并且有学识地位之人高于无知之人，他们自以为凡此都与自然法规吻合。有一段长时期，这系统所产生的秩序及稳定，还曾赢得外间的赞赏。"⑤ 应该说，作为四大文明古国之一的中国，其文明延续之悠久以及其所维系的帝国统治之循环更替，与儒家强调礼制宗法有着莫大的关联。

需要注意的是，一种理论体系在其发展过程中必然是优劣互杂、褒贬参半的。但是对待儒家学派，我们必须要坚持两个原则，一是忠于原典，即应忠实于先秦时期由孔子、孟子、荀子等大儒所开创和不断完善的儒学体系，而对于两宋时期的理学以及明代的阳明心学等儒家的新发展要结合当时的历史条件进行还原式的分析，因为任何思想的产生与发展都与那个时代的背景紧密相连，所以，我们应该以先秦时期的儒家思想作为正本进行分析，以此才能得出一个相对客观的评价，也因为此，本书对儒家思想的分析重点便在先秦时期的儒家思想，而非后来发展变

① 鲁迅：《狂人日记》，载《鲁迅作品集》，北岳文艺出版社 2001 年版，第 11 页。
② 蔡尚思：《中国传统思想总批判》，上海古籍出版社 2006 年版。
③ 林语堂、傅斯年、鲁迅等：《闲说中国人》，北方文艺出版社 2006 年版，第 94 页。
④ 金观涛、刘青峰：《兴盛与危机——论中国封建社会的超稳定结构》，法律出版社 2011 年版。
⑤ 黄仁宇：《中国大历史》，生活·读书·新知三联书店 2006 年版，第 29 页。

化的儒家思想；二是形式的必要性。"礼"在很多时候被看作是一种"形式"，而且极容易走向繁文缛节与形式主义，这也是它遭人诟病的主要原因。

　　然而，我们必须承认，"礼"作为一种形式有其存在的必要，这一点可以从孟德斯鸠对中国人的一些礼节的分析中得到验证，他指出："一个儿媳妇是否每天早晨为婆婆尽这个或那个义务，这事的本身是无关紧要的。但是如果我们想到，这些日常的习惯不断地唤起一种必须铭刻在人们心中的感情，而且正是因为人人都具有这种感情才构成了这一帝国的统治精神，那么我们便将了解，这一个或那一个特殊的义务是有履行的必要的。"① 此外，他还指出，"伊斯兰教徒养成了沉默思辨的习惯；他们一天祈祷五次，每次都要做一件事，就是把属于尘世的一切，全都置诸脑后。这就使他们习惯于沉默思辨"②。正是因为有了这些外在的"形式"，才产生了上述相应的结果。

　　因此，笔者认为，正是有了"礼"这一外在的形式，才使得"仁"得以被广泛传承，因为"礼"就是要把"仁"、"义"、"德"等观念传递给社会和民众，而民众也只有形成对仁义道德等观念的认可与支持，才能心甘情愿地去遵守礼的各种规定与约束，从而让"礼"得到有效的贯彻与实施。因此，"礼"这一制度的外在形式便为"仁"、"爱"等制度精神的传递提供了有形的载体，是培养民众遵守制度、践行制度所必需的价值体系，也是制度精神得以产生和传递给社会与民众的关键物质基础。这些以"礼"为轴心的对君臣、夫妇、父子、兄弟等伦理关系的具体规定，维系了社会的纲常伦理与秩序，成为国人自觉维护封建帝制的关键心理基础。儒家思想正是运用了由"个人的守礼"到"国家的有序"这一紧密联系的纽带将人们对"礼"的遵奉与敬畏深深嵌入了具体的礼节与国家的规范当中，为非正式制度精神的养成与巩固提供了持续的观念基础。

二　"体用之别"：从"礼之用"到"礼之体"

　　所谓"体用之别"是指儒家对"礼"的一种态度，"礼之用"是指"礼"在形式上的运用，"礼之体"是指"礼"要达到的目的或曰根本，这个根本便是社会的发展与帝制的维系。而且，当"礼之用"与"礼之体"在实践中产生矛盾和冲突时，儒家鲜明地主张"礼之体"为上的原

---

① ［法］孟德斯鸠：《论法的精神》上册，张雁深译，商务印书馆 2005 年版，第 377 页。
② ［法］孟德斯鸠：《论法的精神》下册，张雁深译，商务印书馆 2005 年版，第 158 页。

则，为历代统治者在"礼"的形式与实质的冲突中找到解决问题的办法，确保"礼"与"仁"实现内在的和谐。照此看来，儒家在创立之初就十分重视制度立意对制度实施的关键影响。这主要体现在以下几个方面：

（一）不能因"形"害"意"

如果我们把"礼之用"看作是一种"形式上"的运用的话，那么"礼之体"则是超脱于形式之上的"意"，即借助形式所要实现的真实的意图。儒家认为，尽管"礼"不可或缺且不能有须臾的背离，但是并不是铁板一块地要求大家绝无例外地遵守和践行，遇到特殊情况则应该特殊处理。我们可以从以下几个方面进行具体分析：

1. 关于三年之丧

我们知道，"三年之丧"是古代丧服中最重的一种。臣为君、子为父、妻为夫等要服丧三年，黄仁宇在《万历十五年》中也提到了这件事，"1577 年秋天，朝廷上又发生了一起严重的事件。大学士张居正的父亲在湖广江陵去世，按规定，张居正应当停职，回原籍守制，以符合'四书'中所说的父母三年之丧这一原则。"① 可以说，"三年之丧"作为封建社会的基本丧制，对社会的影响甚大，因为在这较长的三年时间里，既不能行礼仪、从事生产劳作，也不能有任何的娱乐活动，只能让自己处于久痛哀思的状态。儒家的这种"久丧"尤其遭到墨家的强烈批判，墨家力陈"久丧"的危害，"处丧之法，将奈何哉？曰：哭泣不秩，声翁，缞绖垂涕，处倚庐，寝苦枕块，又相率强不食而为饥，薄衣而为寒。使面目陷陬，颜色黧黑，耳目不聪明，手足不劲强，不可用也。"② 对此，他指出："凡足以奉给民用，则止，诸加费不加于民利者，圣王弗为"。③ "细计厚葬，为多埋赋之财者也。计久丧，为久禁从事者也。以厚葬久丧者为政，国家必贫，人民必寡，刑政必乱。"④ "死则既已葬矣，生者必无久哭，而疾而从事，人为其所能，以交相利也。此圣王之法也。"⑤

此外，也有学者对孟子与荀子关于"三年之丧"的看法进行了比较研究，得出的结论是"面对同一个三年之丧，孟荀虽然都持肯定的态度，但在这一共同肯定的背后却蕴含着极大的差异：在孟子，三年之丧之缘起在于人之'中心'，而其实行的意义乃是做一个仁人，进而实现'仁

---

① 黄仁宇：《万历十五年》，生活·读书·新知三联书店 2006 年版。

② 《墨子译注·节葬下》，张永祥、肖霞译注，上海古籍出版社 2015 年版。

③ 《墨子译注·节葬中》，张永祥、肖霞译注，上海古籍出版社 2015 年版。

④ 《墨子译注·节葬下》，张永祥、肖霞译注，上海古籍出版社 2015 年版。

⑤ 同上。

政'；在荀子，三年之丧却是圣人创制的行为规范，其固然有人内在的心理情感为基础，但同时却更强调外在的形式为其保证，而其实行意义在于规范人在丧服领域之行为，进而维护人之'群'的和谐有序。孟子的伦理学更多地表现为'信念伦理'，而荀子则很大程度上显示出'责任伦理'的倾向"①。

那么，孔子的态度是什么呢？《论语》里记载了宰我与孔子的一段对话，"宰我问：三年之丧，期已久矣！君子三年不为礼，礼必坏，三年不为乐，乐必崩，旧谷既没，新谷既升，钻燧改火，期可已矣。子曰：食夫稻，衣夫锦，于女安乎？曰：安。女安！则为之！夫君子之居丧，食旨不甘，闻乐不乐，居处不安，故不为也。今女安，则为之！"② 随后，"宰我出。子曰：予之不仁也！子生三年，然后免于父母之怀。夫三年之丧，天下之通丧也。予也，有三年之爱于父母乎？"③

可见，对于"三年之丧"这一规定，孔子给出了两种解释：一为三年可免于父母之怀。二为做到心安亦可。首先来看第一个方面，之所以规定三年之丧的期限，是为人子女要报答父母深恩的一种体现，因为每一个个体来到世间，必须要经过三年，才能勉强离开父母的怀抱而独立生存，而在这三年期间包括以后更长的一生中父母为了照顾子女都会受尽各种苦楚，所以子女在父母离世后，只需守丧三年算是对父母深恩的一种报答。然而，三年之丧并不是铁板一块，从孔子与宰我的对话中也可看到，只要你觉得心安，你也可以守丧一年。由此，我们可以看出，儒家对三年之丧礼节的规定，并不要求人们严格恪守，只要你达到"心安"的状态可以有所变通，同时，三年的期限也是对人类孝道的一种弘扬和提倡，所以，从某种意义上说，"三年"只是一个"形式"上的符号，只要你能达到为父母尽孝道这一"意图"，也可以不受三年的限制，比起那些虽然守足了三年却内心里没有对父母的忧思哀伤的人比起来，仍是儒家所提倡的。所以，不"因形害意"是儒家设计礼节仪则的一个重要的出发点。

2. 关于"礼之本"

儒家对"礼之本"这个问题有过不少论述，举例而言，《论语·子罕》篇载有孔子对礼的看法："麻冕，礼也；今也纯，俭，吾从众。拜

---

① 王鹏：《孟荀三年之丧思想比较研究》，《理论界》2008 年第 12 期。
② 《论语·阳货》，转引自钱穆《论语新解》，生活·读书·新知三联书店 2002 年版，第 459 页。
③ 同上书，第 459—460 页。

下，礼也；今拜乎上，泰也。虽违众，吾从下。"① 孔子并非泥古，亦未固今，不会受礼节形式的束缚和限制，一切都视其是否合"宜"而定。此外，我们从孔子与林放的对话中也可窥见一二，"林放问礼之本，子曰：大哉问！礼，与其奢也宁俭；丧，与其易也宁戚。奢则不孙，俭则固，与其不孙也宁固"②。《礼记》中也有类似描述："子路曰：吾闻诸夫子，丧礼，与其哀而不足礼有余，不若礼不足而哀有余也；祭礼，与其敬不足而礼有余也，不若礼不足而敬有余也。"③ 也就是说，在面临"哀不足礼有余"和"礼不足哀有余"两种选择的情况下，孔子明确提出选择后者，即宁可牺牲礼节在形式上的缺损也绝不能省略哀思在人类情感中的至真至纯。对此，钱穆先生也说，这些看似繁杂琐碎的礼节，"在死者似无实利可得，在生者亦无酬报可期，其事超于功利计较之外，乃更见其情意之真"④。

此外，"礼云礼云，玉帛云乎哉？乐云乐云，钟鼓云乎哉？"⑤ 今意为：尽说礼啊礼啊，难道是说的玉帛吗？尽说乐啊乐啊，难道是说的钟鼓吗？我们知道，玉帛和钟鼓都是礼、乐所用的器具，此句意为，如果我们遗本事末、舍内求外，那么我们只是看到了礼的外在的形式，没有真正理解和把握礼的本质。注重形式而忘却了本质，是儒家坚决反对的。在"礼之用"与"礼之体"之间实际上存在着一定的差距和矛盾，当我们需要在矛盾的双方中择一而处时，即当遵守制度的具体规定而带来对社会的不便甚至不公时，遵守制度内在的精神是我们应对这种矛盾的有效方式。

(二) 不能得"意"忘"形"

儒家虽然提倡人们在践行"礼"的时候不能因"形"害"意"，但同时也提出不能得"意"忘"形"，即不能因为得到了"礼"的真实意图就忽略甚至忘记了礼的形式。从子贡与孔子的对话中可以看到这一点，"子贡欲去告朔之饩羊，子曰：'赐也，尔爱其羊，我爱其礼。'"⑥ 意即

---

① 《论语·子罕》，转引自钱穆《论语新解》，第 222 页。

② 《论语·八佾》，转引自钱穆《论语新解》，第 55 页。

③ 《礼记·檀弓上》，转引自秦川主编《四书五经》第三卷，北京燕山出版社 2007 年版，第 986 页。

④ 钱穆：《论语新解》，生活·读书·新知三联书店 2002 年版，第 14 页。

⑤ 《论语·阳货》，转引自钱穆《论语新解》，生活·读书·新知三联书店 2002 年版，第 453 页。

⑥ 《论语·八佾》，转引自钱穆《论语新解》，生活·读书·新知三联书店 2002 年版，第 71 页。

子贡为这只杀而未烹的腥羊感到可惜①，想要拿走（作他用），先生说："赐啊，你爱惜那头羊，我爱惜那一礼啊。"孔子之意在于希望通过告朔之礼使后人得知并传袭下去，而如果为了一时的功用杀掉这头羊，此礼恐无法传于后世，因此，在牺牲一头羊和忘却祖宗礼这二者之间进行取舍，其意自现。

可见，孔子之强调"礼"的重要性，其目的恰是希望借助礼的外在形体而共生的礼的本质能被后世一直传延下去，人人皆能以礼相待，而一旦这种载体被省略掉，那么"皮之不存，毛将焉附？"礼的本质——这种传递着仁爱、礼让的精神实质势必将会被后人遗忘，故此，"礼"之重要可见一斑。正如托克维尔所言："我坚决地认为形式是必要的，我知道，形式可使人的精神沉于抽象真理的思考，助其坚定地追求真理，令其热烈地相信真理，我决不认为一种宗教能够无外在的仪式而维持下去。"② 应该说，孔子的伟大不仅在于他博大精深的思想，更在于他的远见卓识。

孔子对"礼"的"体用之别"不仅指出了"礼之用"这一不可或缺的形式意义，同样指出了"礼之体"这一关键的本质意义。那么，这种"鱼与熊掌兼得"的标准，其出发点自然是为了帝国的太平以及人民的安康，这也是此后漫长封建社会的总的治理理念与治理精神，诚如孟德斯鸠所言，"中国的立法者们认为政府的主要目的是帝国的太平。在他们看来，扶持是维持太平最适宜的方法。从这种思想出发，他们认为应该激励人们孝敬父母；他们并且集中一切力量，使人恪守孝道。他们制定了无数的礼节和仪式，使人对双亲在他们的生前和死后，都能克尽人子的孝道。……尊敬父亲就必然尊敬一切可以视同父亲的人物，如老人、师傅、官吏、皇帝等。对父亲的这种尊敬，就要父亲以爱还报其子女。由此推论，老人也要以爱还报青年人；官吏要以爱还报其治下的老百姓；皇帝要以爱还报其子民。所有这些都构成了礼教，而礼教构成了国家的一般精神。"③

综上，儒家对"礼"的"体用之分"实则体现了非正式制度精神与非正式制度之间的内在关联，非正式制度可以比作"礼之用"即礼的外在形式，而非正式制度精神可以比作"礼之体"，它内含并超越于非正式

---

① 古代祭祀用的牲畜分三种：豢养不杀谓之牢；杀而烹之谓之飨；杀而不烹谓之饩。——笔者

② ［法］托克维尔：《论美国的民主》下卷，董果良译，商务印书馆2006年版，第542页。

③ ［法］孟德斯鸠：《论法的精神》上册，张雁深译，商务印书馆2005年版，第373页。

制度之上，一旦非正式制度在实践中表现出某种纰漏或瑕疵，非正式制度精神可以不依据这些形式而独立发挥作用，并且，儒家也鲜明地指出当非正式制度在"形"与"意"之间出现内在冲突时，要主动调和二者之间的关系，既不能"因形害意"，也不能"得意忘形"，让我们认识到制度形式与制度精神二者的同等重要性以及当二者发生冲突时的选择，因此，这些早期对制度精神的宝贵探索成为我们认识和把握制度精神的重要思想来源。

三 "礼治"到"人治"的转换

然而，历史发展到今天，我们不得不承认，儒家所提倡的"礼治"模式随着实践的发展而成为具有鲜明"人治"色彩的专制治理模式，并与西方社会的"法治"精神相对立。应该说，传统礼治、人治与当代法治之间的关系是一个令人深思的问题，目前学术界也存在不同的观点，人们一般否定了"人治"，认为"人治"与"法治"是相对立的，但对于"礼治"与"人治"之间的关系还需要展开进一步的探讨，虽然我们不能否认"礼治"中对社会发展的合理价值，但是也要看到"礼治"对"人治"的形成所起到的重要作用。笔者认为，传统中国社会由于倡导"礼治"的治理方式而最终带来了"人治"的治理效果，二者在实践基础上的转换最终形成了以人治为主要特征，依靠礼节、习俗等非正式约束来调节社会关系的非正式制度精神。实践上说，这种转换主要体现为以下几个方面：

（一）贤人政治的理论诉求

儒家的思想中处处渗透着对贤人政治的渴望与寻求，孔子说："政者，正也。子帅以正，孰敢不正。"① "其身正，不令而行；其身不正，虽令不从"② 等等，都是强调治政者应该是正直的、公正的、有才能的贤者。由这样的人治政，才能把国家治理好，因而才能得到百姓的信服。同时，儒家还大力倡导德治，"为政以德，譬如北辰，居其所而众星共之"③。孟子也强调，"惟仁者宜在高位。不仁而在高位，是播其恶于众也。上无道揆也，下无法守也，朝不信道，工不信度，君子犯义，小人

---

① 《论语·颜渊》，转引自钱穆《论语新解》，生活·读书·新知三联书店2002年版，第318页。

② 《论语·子路》，转引自钱穆《论语新解》，生活·读书·新知三联书店2002年版，第332页。

③ 《论语·为政》，转引自钱穆《论语新解》，生活·读书·新知三联书店2002年版，第23页。

犯刑，国之所存者幸也"①。荀子对人治有更多、更深入的论说。他讲："有治人，无治法……法者，治之端也；君子者，治之原也。"② "故有良法而乱者，有之矣；有君子而乱者自古及今未尝闻也。"③ 荀子认为，法对治理国家虽然很重要，但必须让有道君子治政才能把国家治理好，治理好国家的根本和关键是"有君子"而不是"有良法"，"故法不能独立，类不能自行。得其人则存，失其人则亡"。④《礼记·中庸》将儒家的人治思想概括为："文武之政，布在方策，其人存，则其政举，其人亡，则其政息。"

综上可见，儒家对贤人政治的理论诉求使得能够适合这一要求的贤人必须具备相应的条件，其中最重要的条件便是德行。"儒家的德治思想把国家的治理寄托于圣人、仁君个人的德性和德行品质上，这的确是人治思想的典型表现。"⑤ 同时，人治反映了帝王镇压人民和惩办反对者的专横残暴的随意性。由于帝王个人专断，可以超越法律之上，因而，人治带有任意性。人治在办事原则上提倡依言不依法，依人不依法。⑥ 这里的人不是一般的人，而是指思想家们理想中的贤人、智人，实际上则是治理一方百姓的最高领导者，因此，贤人政治的伦理取向使得人们在实践中倾向于把个人的利益寄托在贤君明相的身上，这种把希望寄托在某个人身上的思维方式为"人治"的生成与发展无疑提供了思想上的基础。

（二）等级森严的礼制建构

张应凯认为，中国传统礼治正是封建人治的根基，"礼治"的基本内容与实质是为封建专制统治服务的，是与现代法治精神相对立的。为此，他进一步分析道，"礼治"为"人治"确立了牢固的社会基础，因为"人治"的社会基础是封建等级特权制度，而封建等级特权制度是由"礼治"所确定并依靠"礼治"来维护的⑦；可以说，"以礼治国"是古人崇尚的治国方略，其基本要求是遵循既定的秩序进行社会管理，按照"礼"的规范和原则处理人与人之间的关系。《礼记·仲尼燕居》假托孔子之言曰："礼之所兴，众之所治也；礼之所废，众之所乱也。"荀子提道："人

---

① 《孟子·离娄上》，转引自秦川主编《四书五经》第一卷，北京燕山出版社 2007 年版，第 240 页。
② 《荀子·君道》，《荀子》，谢丹、书田译注，远方出版社 2004 年版，第 100 页。
③ 《荀子·王制》，《荀子》，谢丹、书田译注，远方出版社 2004 年版，第 61 页。
④ 《荀子·君道》，《荀子》，谢丹、书田译注，远方出版社 2004 年版，第 100 页。
⑤ 夏伟东：《儒家的德治为什么产生了人治的结果》，《道德与文明》2004 年第 4 期。
⑥ 袁付平：《法治、人治与民主》，《山东大学学报》2003 年第 1 期。
⑦ 参见张应凯《论礼治、人治与法治》，《江汉论坛》1999 年第 7 期。

无礼则不生，事无礼则不成，国家无礼则不宁。"① 他还提到："礼者，法之大分也，类之纲纪也。"② 由此，为了体现人们之间天然地存在着辈分、年龄、性别、血缘关系的远近等差异，就需要有长幼、亲疏之类的等级分野，"论德而定次，量能而授官，皆使人载其事而各得其所宜。上贤使之为三公，次贤使之为诸侯，下贤使之为士大夫"③。把这种亲疏长幼、贵贱高低用礼这种形式严格并严密地固定下来，使"贵贱有等，长幼有序，贫富轻重皆有称者也"④。这样，整个社会的等级秩序和经济地位都披上了道德化的外衣，任何个人如果不按照这一套礼节仪则来处理日常事务的话，或者受到社会舆论的谴责，或者受到内心道德的谴责。正是有了各种日常礼节仪则的存在，人际关系以及社会总体的秩序才得以维系。

儒家建构的这套严密的礼制实际上深深影响着人们的行为与心理，人们的想法与行为都严格限定在这套礼制制约之下，他们很少有自己的思考与分析和判断，他们能做的就是一味地服从，并且几乎没有人会去质疑这样做的合理性，于是人们的思想被禁锢在专制统治的阴影之下，而与专制紧密相连的人治特征又使得人们只知听命于君主，当忠孝不能两全时，礼制要求他必须先尽忠，正是这套严密而细致的礼制体系为封建帝王的人治与专制提供了强大的秩序基础。

（三）以"礼"为首的政治准则

儒家的"礼治"有严明的等级、名分规定，社会中人们的各种关系都是靠"礼"进行理顺的，所以，处理各种事情和判断是非都要以"礼"为准则。"礼"是封建社会"人治"政治的首要准则。封建社会有法不依，尊者有超越法律之上的特权，这些都是由"礼治"的尊卑等级原则所决定的。"在古代思想家看来，'礼'的内在本质是事物之间正常的逻辑关系以及事物存在和发展的合理方式，而这种关系和方式在社会生活领域中的表现就是规则，对这种规则的遵循，就是对一切社会现实的内在'事理'的遵循。"⑤ 而一旦"礼"成为人们现实政治生活的首要准则时，正式制度的权威被极大地削弱，使得正式制度内含的制度公平与程序正义等法治的精神被置于一旁，取而代之的是那些建立在礼仪、习惯

---

① 《荀子·修身》，《荀子》，谢丹、书田译注，远方出版社 2004 年版，第 10 页。
② 《荀子·劝学》，《荀子》，谢丹、书田译注，远方出版社 2004 年版，第 2 页。
③ 《荀子·君道》，《荀子》，谢丹、书田译注，远方出版社 2004 年版，第 102 页。
④ 《荀子·礼论》，《荀子》，谢丹、书田译注，远方出版社 2004 年版，第 151 页。
⑤ 张自慧：《古代"礼治"的反思与当代和谐的构建》，《南昌大学学报》（人文社会科学版）2009 年第 4 期。

等非正式约束基础之上的东西，而对礼仪、习惯的推崇实际上就是对掌握这些礼仪、习惯的人这一主体的推崇，因此，走关系、找人脉、托人情成为人们处理日常事务的首要方式，以至于在费孝通所描述的乡土社会中，"礼是社会公认合适的行为规范"。而所谓礼治，"就是对传统规则的服膺"①。这样的秩序必然强调修身的重要性，提倡克己复礼和道德教化。一旦发生纠纷或矛盾，首要的解决办法是民间调解，而不是使用打官司这条法治化的途径，因为在人们看来，打官司是可耻的事情，正是因为社会道德的教化不够、礼节的秩序维系不足，才更需要运用传统的方式来应付生活中的各种问题。

因此，人们对"礼制"的主动选择、对"法治"的积极抛弃是一个同一的且相互排斥的过程，选择了礼制这一社会准则来处理事务，就意味着将事件的决定权交给了某个人，这个人可以凭借个人的好恶以及远近亲疏等利益因素的考虑来做出主观性的评判，由此催生了"人治"这一必然的社会治理效果。"汉代以后，尤其是宋代以后，封建礼治日益成为虐杀和束缚人情、人性和人的创造思维的工具。迷失了价值理性的礼，使人失去了生机与活力，使社会走向了封闭保守与停滞落后。"② 可以说，我国建立在非正式制度基础之上的制度精神由初期提倡礼治，并起到了维系社会稳定的积极作用之后，随着实践的发展，渐渐转向人治与专制，把人性禁锢在君主的无上权威之下，进而形成了根深蒂固的官本位、人情关系等表现形式，从而完成了我国非正式制度精神的整体演进。

第二节　西方社会的源流

西方社会的法治精神与法治传统铸就了正式制度精神这一观念形态，因为法律本身也是一种制度，对法律本身的敬畏就暗含了对正式制度的敬畏，因此，从这个意义上说，西方社会的法治传统中内含的这种对法律、对制度的敬畏与依赖便成为正式制度精神形成的主要精神来源。我们认为，西方正式制度精神的产生导源于两大因素：自然法和多元权力。二者之间相辅相成，共同构筑了人们对正式制度的敬畏与依赖，分述如下：

---

① 费孝通：《乡土中国》，三联书店 1985 年版，第 50—55 页。

② 张自慧：《古代"礼治"的反思与当代和谐的构建》，《南昌大学学报》（人文社会科学版）2009 年第 4 期。

一 自然法

自然法是西方法哲学史上一个重要的概念。自然法观念的发展经历了一个漫长的发展过程,它不仅是一种法学理论,更重要的是一种社会观念,这种社会观念潜入了西方人的文化心理结构中,成为一种稳定的法律意识。它所蕴含的理性、正义、权利、法治观念造就了西方人的法治精神。① 从现实角度来看,自然法对法治精神的构筑主要体现在两个方面:一是自然法与理性的紧密结合。尤其在古希腊哲学家那里,有时自然法就等同于理性,将自然法与理性如此密切地关联在一起,也就为人们的行为提供了理论上的基础,因为遵从自然法就是遵从自己的本性,按照自然法的要求行动才是符合人的本性的行为;二是理性与法律的勾连。既然人们遵从理性就是实现了自己合理的行为,那么这些理性转化在现实中,就是一系列具体的法律、制度,由此,对这些法律、制度的遵从也就等于遵从了自己的理性,因此,法律在使自然法中内含的理性从理论转换为实践方面无疑扮演了关键的中介,而反过来,人们对法律的遵守又不断强化了人们的理性观念,因之,人们对法律、制度本身的敬畏也就有了坚实的思想基础。

(一) 自然法与理性

"自然法,作为西方法哲学史上一个重要的法哲学概念,在其发展的过程中,始终贯穿着一种理性的精神。自然法观念的发展与理性主义精神相辅相成,一切从理性出发也因此成为自然法观念发展和演变过程中最具特色的标识。"② 古希腊思想家早就认识到,万事万物都是有规则和秩序的,不仅自然界存在着规则,社会之间、民族之间、个人之间的关系也都有它们先前已经确立的秩序。这个秩序或者叫作"自然法",或者叫作"理性",它支配并引导着现实世界中的人们,成为他们行动与思考的根本准则。

公元前 6—5 世纪中叶,在伊奥尼亚的米利都,泰勒斯、阿那克西曼德、阿那克西美尼等一批早期的自然哲学家开始从神话时期的蒙昧状态中走出来。他们把目光转向自然宇宙,也即把自然作为客观的求知对象,并对之进行了非功利性的系统考察和总体描述,对世界的起源、构造、组织等做出了新的解释。在他们看来,世界秩序不再是由某个特殊的原

---

① 张杰:《论西方法传统中的自然法思想》,《内蒙古大学学报》(人文社会科学版) 1999 年第 5 期。

② 占茂华:《西方自然法观念与理性精神》,《求索》2010 年第 10 期。

动者在某一时刻创造出来的，支配世界的伟大法则内在于自然，一切元素都是根据这个法则相互依存与相互冲突，构成一个有序的整体。① 毕达哥拉斯以数的比例关系来说明万物的存在和变化。在他看来，整个宇宙就是按一定的数的比例组成的有秩序的科斯摩斯（cosmos）。② 也就是说，在他以数为核心的理论思想体系中，他不仅把自然界的万事万物看成是数的和谐排列组合，而且也把人类社会的法律秩序、伦理秩序等视为数的和谐排列。③ 在赫拉克利特那里，"这个万物自同的宇宙既不是任何神，也不是任何人所创造的，它过去是、现在是、将来也是一团永恒的活火，按照一定的分寸燃烧，按照一定的分寸熄灭。"④ 火的规律称为逻各斯，也即神的法律，神法就是自然法。⑤ 宇宙秩序、火、逻各斯是同一概念的不同表述。它把人间的法律秩序视为渊源于一个唯一神圣的宇宙法则，这种宇宙法则凝结为自然理性，即逻各斯。它赋予人间的现象、事物和法律以理性的尺度和标准，是统治一切，为自然和人类所共有的正义原则。

希腊化时期斯多葛学派继续论证自然理性。这一哲学派别崇尚自然与理性，认为"普遍的规律"也就是"正当的理性"，是渗透于万物之中的，是与宇宙最高的首脑同一的。该派的创始人芝诺认为，整个宇宙是由一种实体——理性组成的，理性支配着整个宇宙的每一个部分。换言之，理性是适用于所有的人并使所有的人能够平等地、协调地生活在一起的支配性原则，所谓按照理性去生活，就是按照自然去生活，也即按照宇宙的自然法则去生活。有理性的人，能够思考并认识到逻各斯，并以此而行动，这样的人就是自由的。因此，遵循理性，服从自然的永恒法则，就能够同神一样的自由。⑥ 该学派的另一位代表人物克里西普在《论主要的善》中宣称，"主要的善就是以一种顺从自然的方式生活"。在他们看来，整个人类都是在自然法的指导之下理性生活的，尽管有的人并不情愿如此。⑦ 可以看到，斯多葛学派将自然法作为其哲学体系的中心，他们认为自然是弥漫整个宇宙、等同于神的支配原则，自然法同理

---

① 占茂华：《对万物本原的探求与自然法观念的萌芽》，《求索》2006 年第 4 期。
② 汪子嵩等：《希腊哲学史》（第一卷），人民出版社 1997 年版，第 460 页。
③ 占茂华：《对万物本原的探求与自然法观念的萌芽》，《求索》2006 年第 4 期。
④ 苗力田：《古希腊哲学》，中国人民大学出版社 1989 年版，第 37—38 页。
⑤ 李道军：《法的应然与实然》，山东人民出版社 2001 年版，第 46 页。
⑥ 浦兴祖、洪涛：《西方政治学说史》，复旦大学出版社 1999 年版，第 85 页。
⑦ ［英］罗素：《西方哲学史》上卷，何兆武等译，商务印书馆 1963 年版，第 322—325 页。

性是一回事，自然法这种理性是法律与正义的基础，自然法具有普遍性，适用于世界上各个角落。①

真正对自然法问题展开系统论述的是古罗马法学家西赛罗，他继承了古希腊哲学的理性主义传统和自然法观念，明确提出自然法是检验实在法效力的高级法，并据此论证了在自然法面前人类平等的民主思想。他说："真正的法是符合自然的理性，它永恒不变，并具有普遍的适用性……即使元老院、公民会议的决定也不能摆脱它设定的义务……这个法，不管在罗马或雅典，不管是现在或将来，都没有什么不同，对一切国家和一切时代都具有不变的效力，这个法的主人和统治者是支配我们一切的神。因为神是这个法的创造者、颁布者和法官，违背这个法的人，就是回避自己、否定人性的人。"②

早期基督教时期，一些著名的教父如奥利金、德尔图良、安布罗斯等就对自然法作了宗教性的解释。在他们看来，自然法最终不是来自自然的理性，而是来自上帝的启示，即上帝的理性；不是来自此岸，而是来自彼岸。自然法就是上帝的律法，是由上帝刻于人们心中的法则，人们正是通过这种自然法来了解上帝旨意的。③ 中世纪后期基督教神学的最大权威阿奎那将基督教教义与亚里士多德哲学结合起来，力图调和理性和信仰之间的矛盾。阿奎那在《神学大全·论法》中，在法的分类问题上，他在继承奥古斯丁的思想基础上，把法分为永恒法、自然法、人法和神法四个不同的层次。他认为永恒法是唯一正确的理性，但是这种理性不是人类的理性而是上帝的理性，其他的法都来源于永恒法。可以说，他的四种法律是理性的四种形式。虽然它们显示在宇宙现实的四个层次中，但最终都被归因于一个理性——上帝的理性。

格劳秀斯是近代西方法学思想家中第一个系统地论述自然法理论的人。他认为，自然法是一种正当理性的命令，是一切行为的善恶标准。"自然法是正确理性的意旨，表明与理性一致的行为的高度道义性与理性不一致的行为的缺乏道义性，显示这种行为或是遵照自然创造主——神的意旨，或是为神所不允许。"④ 据此，自然法是一种既与逻辑推理相符合，又是为一切人所承认的学说。人之所以不同于其他动物，在于人类

---

① 何勤华：《西方法学史》（第二版），中国政法大学出版社 2000 年版，第 23—25 页。

② 转引自［美］博登海默《法理学——法律哲学和法律方法》，中国政法大学出版社 2001 年版，第 12—16 页。

③ 占茂华：《西方自然法观念与理性精神》，《求索》2010 年第 10 期。

④ 参见梁治平《法辨》，贵州人民出版社 1992 年版，第 180—181 页。

具有一种识别力，使人能对善恶利弊作出判断，不为感情冲动所左右，"凡显然违背这种判断的也就违反了自然法，即人的本性"。这种自然法的效力在他看来一不靠权威，二不靠强制，而是源于人的理性，"自然法之母就是人性"，而且自然法是永恒的、不变的，即使上帝也得服从自然法。他说："上帝的权力虽然无限，但是有一些事情即使有无限的权力也是不能动摇的。例如，上帝本身不能使二乘二不等于四，他也不能颠倒是非，把本质是恶的说成是善的。"①

霍布斯的自然法思想是根据人的理性从"自我保存"的本质中推演出来的。他说："自然律是理性所发现的戒条或一般法则。这种戒条或一般法则禁止人们去做损毁自己的生命或剥夺保全自己生命的手段的事情，并禁止人们不去做自己认为最有利于生命保全的事情。"② 洛克直接将自然法视为人的理性。自然法就是理性法，是建立在人性基础上的正确的理性的命令。他说："理性，也就是自然法，指导着有意遵从理性的全人类：人们既然都是平等和独立的，任何人就不得侵害他人的生命、健康、自由或财产。"③ 人类法的制定，只有以人类理性为最高准则，才是公正的和合理的。

孟德斯鸠认为，自然法是永恒的，实在法不能违反自然法。但在他看来，自然法不是源于人类理性，而是源于人类的自然本性，自然法是调整人类自然关系的规律。④ 作为稍后的德国哲理法学派的代表人物，康德与黑格尔都承认某种高于或先于实在法的法的存在。康德倾向于将自然法等同于道德律，但是他所说的道德不是建立在经验人性基础之上的规范，而是一种建立在理性命令基础上的"绝对规范"（the categorical imperative），这种理性就存在于他所称的先验的、应然的、"本体的"（noumenal）世界之中。⑤ 康德虽然称自然法为道德，但是他所说的道德律实际上就是一种理性法。⑥

柯林武德认为，贯穿整个古希腊时期的一个永恒的主题便是自然法，他说，"根据古希腊哲人的共识，一个事物的自然（nature）就是使它像它所表现出来的那样行为的东西。而这种使一个事物像它所表现出的那

---

① ［荷］格劳秀斯：《战争与和平法》，何勤华译，上海人民出版社 2005 年版，第 152 页。

② ［英］霍布斯：《利维坦》，黎思复等译，商务印书馆 1985 年版，第 97 页。

③ ［英］洛克：《政府论》（下篇），叶启芳、瞿菊农译，商务印书馆 1996 年版，第 6 页。

④ Montesquien, *The Spirit of Law*, Hafner Publishing Company, Vol. 1, 1966, pp. 1 - 3.

⑤ Immanuel Kant, *Fundamental Principles of the Metaphysic of Morals*, New York, 1949, pp. 38 - 64; *The Metaphysical Elements of Justics*, Indianapolis, 1965, pp. 39 - 44.

⑥ 罗国强：《西方自然法思想的流变》，《国外社会科学》2008 年第 3 期。

样行为的东西显然是事物的本性或本质。"① 而理性又内在地包含于自然法之中，为自然法赋予了强大的现实生命力。"对于早期古希腊思想，以及经过某些规整因而对于全部的希腊思想来说，自然是个巨大的生命机体，由在空间中扩展、在时空中渗透着的运动物体组成。整个物界具有生命，因此它所有的运动都是生命运动，这些运动是有目的的，受理智的引导。这个有生命和思维的大躯体禀赋着灵魂和理性，是活的……"② 中世纪虽然经历了神学统治的"黑暗时代"，但理性仍然被奉为最高的原则，只不过这里的理性不是来自人类，而是来自上帝；近代的资产阶级思想家们也都不同程度地谈到了自然法以及主导自然法的理性，强调理性对于人们现实生活的关键指导意义。由此可见，西方社会的思想家们在不同的历史时期都对自然法以及其中的理性进行了广泛的论述与思考，这些思想将为我们深入理解制度精神的产生与形成有着不可或缺的指导作用。

（二）理性与法律

理性作为一种内存于人们心中的观念，它还不是一种实存的客观形态，为此，要将这种观念性的认知转变为人们现实生活中的具体行为，让人们把理性具体化为实践，就需要借助法律来完成这一转换。西方政治学的代表人物柏拉图在如日中天时写下了充满激情与梦想的《理想国》，然而在晚年时，柏拉图的诸多思想发生了变化，原先对"哲学王"坚定的渴求因为人本身的不确定性而使他最终选择了法律这一现实途径，他借雅典客人的口说道："如果一个国家的法律属于从属地位，没有权威，我敢说这个国家一定要覆灭……"他在《法律篇》中提出："人类的本性将永远倾向于贪婪与自私、逃避痛苦、追求快乐而无任何理性，人们会先考虑这些，然后才考虑到公正和善德。这样，人们的心灵是一片黑暗，他们的所作所为，最后使得他们本人和整个国家充满了罪行。如果有人根据理性和神的恩惠的阳光指导自己的行动，他们就用不着法律来支配自己；因为没有任何法律或秩序能比知识更有力量，理性不应该受任何东西的束缚，它应该是万事的主宰者，如果它真的名副其实，而且本质上是自由的话。但是，现在找不到这样的人，即使有也非常之少；因此，我们必须作第二种最佳的选择，这就是法律和秩序。"③

———————

① ［英］R. G. 柯林武德：《自然的观念》，吴国盛、柯映红译，华夏出版社 1990 年版，第50 页。

② 同上书，第 120 页。

③ 转引自张中秋《论西方法治的理论与实践》，《江苏社会科学》2006 年第 1 期。

亚里士多德认为，"法律就是某种秩序，普遍良好的秩序基于普遍遵守法律的习惯。"① "法律的实际意义应该是促成全邦人民都能进行正义和善德的制度。"② 同时，法律在更多情况下是用来对付那些丧失德行的人，因为那些有德之人会自觉遵从法律，但这种人毕竟属于少数，正如他的老师柏拉图所言，"在任何场合之下，一个人只要能干坏事，他总会去干的。大家一目了然，从不正义那里比从正义那里个人能得到更多的利益"③。正是因为人性中有恶和自私自利的存在，对人的行为就不能不进行合理的限制，确立有权威的理性规则，这样才能建立起理性的社会秩序，使人类过上和谐美好的生活。"倘若由他任性行事，总是难保不施展他内在的恶性。"④ 但是，"要使事物合乎正义，对善恶须有毫无偏私的权衡，法律恰恰正是这样一个中道的权衡"。因为法律是"理性的体现"，"是完全没有感情的"，能够避免"一切情欲的影响"⑤。统治者的全部权力都应是建立在法律之上的，法律产生于并代表着人民的意志。他对"人治"或"一人之治"进行过尖锐的批评，他说："让一个人来统治，这就在政治中混入了兽性的因素。"⑥ 在这种意义上，法律就是正义，正义就是合乎法律的规定。也只有这样，法律才能得到普遍遵守而发挥出自己的作用。同时，只有凭借法律的强制和惩罚的力量，才能最有效地节制人们的情欲，使大家过上理性的生活。

西塞罗一针见血地指出，人类和上帝都具有同一性质的理性，也必然适用同样的自然法则，这种在人类社会通行的法就是体现为世界各国普遍适用的共同的法律，即自然法。在《论共和国》中他说："真正的法律乃是正确的理性，它与自然相吻合，适用于所有的人，是稳定的、恒久的，……将不可能在罗马一种法律，在雅典另一种法律，现在一种法律，将来另一种法律，一种永恒的、不变的法律将适用于所有的民族，适用于各个时代。"⑦ 由此我们看到，西塞罗始终视自然法为自然中固有的最高理性，它代表着公平和正义，并具有最高的法律效力，而人类的实在法不过是这种最高理性的具体体现，一切正确的人类成文法应受自

① ［古希腊］亚里士多德：《政治学》，吴寿彭译，商务印书馆 1997 年版，第 353 页。
② 同上书，第 138 页。
③ ［古希腊］柏拉图：《理想国》，郭斌和、张竹明译，商务印书馆 1997 年版，第 48 页。
④ ［古希腊］亚里士多德：《政治学》，吴寿彭译，商务印书馆 1997 年版，第 329 页。
⑤ 同上书，第 169 页。
⑥ ［古希腊］亚里士多德：《政治学》，商务印书馆 1981 年版，第 169 页。
⑦ ［古罗马］西塞罗：《论共和国》，载《论共和国　论法律》，王焕生译，中国政法大学出版社 1997 年版，第 120 页。

然法的指导。按照西塞罗的逻辑，只有坚持以自然法为标准的立法原则，才有可能制定出良好的法律，而真正的法律是与本性（nature）相合的正确的理性，它是普遍适用的、不变的和永恒的，它以其指令提出义务，并以其禁令来避免做坏事。① 因此，"法律是根据与自然——万物中首要的和最古老的——一致而制定的有关事务正义和不正义的区别；在符合自然的标准下，构筑了这样一些人的法律，它对邪恶者施以惩罚，而保卫和保护善者"②。

罗马皇帝狄奥多西和瓦仑蒂尼安写信给地方长官沃鲁西亚努斯说："如果君王自承受法律的拘束，这是与一个统治者的尊严相称的说法；因为甚至我们的权威都以法律的权威为依据。事实上，权力服从法律的支配乃是政治管理上最重要的事情。"③ 东罗马皇帝查士丁尼在《国法大全》之第一部《法学总论》的"序言"中明示："皇帝的威严光荣不但依靠兵器，而且须用法律来巩固，这样，无论在战时或平时，总是可以将国家治理得很好；皇帝不但能在战场上取得胜利，而且能采取法律手段排除违法分子的非法行径，皇帝既是虔诚的法纪伸张者，又是征服敌人的胜利者。"④ 从这段具有法律效力的"序言"中可知，帝国时期的罗马皇帝所崇尚的除了武功，即是法律。

中世纪最著名的神学大师托马斯·阿奎那将法律分为四类，即永恒法、自然法、神法和人法，"每一种较低级别的法律都源于一个更高级别的法律，而所有的法律最后又都被归因于上帝的理性"⑤。在这种理性的普遍光照之下，世俗的最高主权者，无论是君主还是某个公共权力，都毫无例外地要受到法律的支配。他说："按照上帝的判断，一个君王不能不受法律的指导力量的约束，应当自愿地、毫不勉强地满足法律的要求。"⑥ 恩斯特·卡西尔说得好："在中世纪思想中，国王的神圣权力的原则，总是受到某些基本界限的制约。无论是神学家还是罗马法官，都是在特定的意义上来解释这一准则：即君主是独立于法制约束的，但是这种独立不能使他解除他的任何义务和责任，……君主不是出于任何外在

① ［古罗马］西塞罗：《国家篇　法律篇》，沈叔平、苏力译，商务印书馆 2008 年版，第 104 页。
② 同上书，第 189 页。
③ 原载《罗马法典》第一篇第十四章第四节，转引自《阿奎那政治著作选》，商务印书馆 1982 年版，第 123 页。
④ 转引自张中秋《论西方法治的理论与实践》，《江苏社会科学》2006 年第 1 期。
⑤ 参见《阿奎那政治著作选》，商务印书馆 1982 年版，第 106—108 页。
⑥ 同上书，第 123 页。

压迫而服从这些法律的，但是，'自然法'的权力和权威永远是牢不可破的。'若不是法律许可，国王一无所能'，这种格言永远是生机勃勃、充满活力的。似乎还没有证据表明，这句格言曾受到任何中世纪的作家怀疑或严厉的攻击。"①

中世纪后期，随着促使欧洲封建社会解体的社会力量的出现和壮大，伴随着文艺复兴、宗教改革运动、商品经济的发展，自然法成为政治革命的理论武器。格劳秀斯、霍布斯、普芬道夫、斯宾诺莎、洛克、孟德斯鸠、卢梭等启蒙思想家高举"自然法"和"自然权利"的旗帜，参与资产阶级推翻封建统治的伟大斗争。以他们为代表的古典自然法学说在历史上既以极大的勇气宣传革命、推动革命，为资本主义的自由发展扫清观念和制度上的障碍，又以巨大的热情论证如何建立一个合乎"自然"和"理性"的新制度，促进了资产阶级民主和法制的诞生和发展。资产阶级国家民主和法制的模式主要是由自然法学家设计的。美国的《独立宣言》和《宪法》、法国的《人权和公民权利宣言》和《法国民法典》等在世界法律史上具有里程碑意义的法律宣言和法典都是以自然法学说为理论基础的。② 澳大利亚法学家、国际著名法理学权威朱利叶斯·斯通评价古典自然法学说的历史作用，指出：欧洲法律制度的大改革是与 16 世纪和 17 世纪的自然法联结在一起的，自然法或多或少是法国和美国暴力革命的无声先驱。在两次大革命中，关于价值标准的信念和主张，产生了爆炸性的威力作用，推翻了那些不适合时代情况的制度。登特列夫也有类似的评价。他说：如果没有自然法，恐怕不会有美国或法国的大革命，而且自由与平等的伟大理想，恐怕也无由进入人们的心灵，再从而进入法律的典籍。③

我们知道，自然法归根结底不过是人的一种观念上的假设，与实在法的设定不同，它存在于彼岸，而实在法处于此岸，实在法是客观存在的，而自然法则是停留在人们的头脑之中。但数千年来，自然法像空气一样弥漫在人类历史上，实在法是不可能不受其影响的，正如德国法学家祁克所说："不朽的自然法精神永远不可能被熄灭。如果它被拒绝进入实在法的机体，它会像一个幽灵飘荡在房间的周围，并威胁要变成一吸

---

① ［德］恩斯特·卡西尔：《国家的神话》，华夏出版社 1990 年版，第 124 页。
② 张文显：《二十世纪西方法哲学思潮研究》，法律出版社 2006 年版。
③ ［英］登特列夫：《自然法——法律哲学导论》，台湾联经出版事业公司 1984 年版，第 8 页。

血鬼去吸吮法律机体的血液。"① 由此，自然法正是借助法律这一实在的物质形式将理性注入法律的制度性规定当中，而法律也充当了自然法由观念上的认知转化为现实的影响力的关键媒介，这样，自然法所宣扬的理性也就根深蒂固地存在于人们的观念与行为当中，最终产生了西方社会流传至今的法治精神，或者说是对法律、制度的一种绝对的服从与遵守所伴生而来的制度精神。正如隆奕所说，"自然法是与国家制定的实在法相对称的法律，它在西方法治中占据重要地位。它是孕育西方法治的思想渊源，是指引西方法治生长和发展的价值基础"②。

二　多元权力

所谓"多元权力"意指存在多个权力中心，彼此之间可以形成一定程度的制衡与制约，各权力主体间的博弈不仅可以打破专制政治的统治，也可以为民主政治的发展提供现实的基础。多元权力格局的存在，使人们相信可以通过制度的程序性安排来维护自身的利益，既可以通过权力的非独占性来确保借由权力产生的各项制度的权威性与有效性，也可以通过权力主体间的相互制约来消解垄断的产生以破除对权力享有者的个人崇拜。而当人们认识到可以依靠制度而不是某个统治者来处理社会事务时，以及权力并不会因为某一个阶级独占便可以为所欲为时，人们所表现出来的往往是对制度的崇拜与敬畏，而不是对权力以及权力享有者的崇拜与敬畏，这样，建立在正式制度基础上的这种对正式制度的崇拜与敬畏就形成了固化于人们心中的稳固的制度精神。正是从这一意义上说，多元权力格局的存在为西方正式制度精神的产生奠定了坚实的制度基础。具体而言，主要体现在以下几个方面。

（一）权力均势与制衡

西方法治的精神最早形成于古希腊（尤其是雅典）城邦政治逐步确立的过程中，正像以雅典为代表的古希腊城邦国家的诞生一样，法也是在贵族与平民的不断斗争与相互妥协中成长起来的。这个过程反映到法的意志上，即是平民意志对贵族意志的不断否定。尤其在梭伦改制以后，这种否定有了实质性的进展，逐步向取代的方向发展。到伯利克里斯时期，雅典民主式的城邦政治达于极盛，所以，很多后世的史学家和法学家都将雅典政制称为"法治"，视雅典为"法治国"。

---

① 转引自梁治平《新波斯人札记：变化中的法观念》，贵州人民出版社1998年版，第254页。

② 隆奕：《自然法：西方法治的生长点》，《牡丹江教育学院学报》2006年第3期。

　　亚里士多德按照财富的多寡和德行的高下对政体进行了分类，即君主政体、贤人政体、共和政体、僭主政体、寡头政体和平民政体，然而，在这六种政体形式中，亚里士多德并不钟情于某一种政体，因为每一种政体都存在着蜕变的危险，他倾向于在现实中采用贵族制和民主制相结合的政体形式，不让任何一个集团独霸权力，"政治的统治方式也是这样，公民政治依据的是平等或同等的原则，公民们认为应该由大家轮番进行统治。其更原始的根据是，大家轮流执政更加符合自然"①。换言之，城邦应该由法律规定轮流的执政体制，使权力至少在两个等级中间进行分配，避免某一个等级的专政。这种体制是一种混合的、节制的和中庸的政制，是最稳定的城邦制度。② 可见，亚氏的混合政体思想不仅为后世权力分立提供了直接的思想来源，更为重要的是，他开启了人们对权力的认识，权力不能被垄断成为后世思想家在对待权力时所自然依据的一个准绳，权力在"轮番执政"的前提下实现了政治的除魅过程，这样，权力自身所拥有的权威与地位下降到它应有的高度，即不能凌驾于法律之上，它必须要受到其他权力主体的约束，由此，法律、规范层面的制度的地位得到凸显，并逐渐成为人们心中的主要依凭。

　　众所周知，中世纪开始后形成了一种多元权力景观，进而造成了特有的权力均势与张力。③ 首先，王权需要教权的支持和正名，教权则需要王权的封赐和保护，同时，王权和教权又在为争夺社会统治权而斗争。其次，以契约为基础的封君封臣制，相互有忠诚和保护的权利义务，但同时，封君总是凭其优势地位，想方设法巩固和扩大其王权，并加强对封臣贵族的控制。而封臣贵族总是竭力维护自己的传统权力和契约权利。这种斗争是中世纪的一幕重头戏，并促进了代议制的产生和发展。④ 最后，教权与贵族权在利益冲突和权力分割中，既有合作也有对立，即有时二者联合起来反对王权，有时其中一方与王权联合起来反对另一方。可以说，王权与教权、王权与贵族权、教权与贵族权等几种权力主体之间的博弈带来了权力间的此消彼长，既然没有任何一种权力能够将其他权力统合起来，那么权力之间的相互制约就成为必然的选择。正如基佐所言，"既然谁也不能消灭谁，那就必须让各色各样的原则一起存在——

① ［古希腊］亚里士多德：《政治学》，颜一、秦典华译，中国人民大学出版社 2003 年版，第 83 页。
② 参见浦兴祖、洪涛《西方政治学说史》，复旦大学出版社 1999 年版，第 77—78 页。
③ ［法］基佐：《欧洲文明史》，程洪逵等译，商务印书馆 1998 年版，第 22—23 页。
④ 施治生、郭方：《古代民主与共和制度》，中国社会科学出版社 1998 年版，第 438 页。

他们应该在他们之间订立某种协定。大家都同意各自去进行可以属于自己的那部分发展。在别处，当某一个原则占优势产生了暴政时，在欧洲，自由已成为文明因素多样性的结果，已成为它们经常所处的斗争状态的结果"①。

　　文艺复兴运动以来，随着神学政治的不断破除，不少资产阶级思想家借助社会契约论来论证权力不能被某一阶级独享的政治现实，其中以洛克和孟德斯鸠为主要代表。洛克认为，为了防止滥用权力，防止专制制度的恢复，保证国家权力的行使不超出人民委托的范围，权力不仅要分立，而且必须对它们加以限制，使之相互制约。"所以很明显，虽然有些人认为君主专制政体是世界上唯一的政体，其实是和公民社会不相调和的，因而它完全不可能是公民政府的一种形式。因为公民社会的目的原是为了避免并补救自然状态的种种不合适的地方，而这些不合适的地方是由于人人都是自己案件的裁判者而必然产生的，于是设置一个明确的权威，当这个社会的每一成员受到任何损害或发生任何争执的时候，可以向他申诉，而这个社会的每一成员也必须对它服从，只要有人被认为独揽一切，握有全部立法和执行的权力，那就不存在裁判者。"② 同时，他又指出，"谁认为绝对权力能纯洁人们的品质和纠正人性的劣根性，只要读一下当代或其他任何时代的历史，就会相信适得其反"③。在洛克看来，专制政体必然会使社会走向腐化堕落。为此，他提出一些明确的方式来确保权力之间的制衡，如对行政的制约是君权必须服从立法机关，立法机关对行政机关有收回法律的权力和对违法行政及违法外交的机关进行处罚的权力，以及人民有对政府强有力的监督权以及对执行机关的革命权。孟德斯鸠认为，"一切有权力的人都容易滥用权力，这是万古不易的一条经验，有权力的人使用权力，一直到遇有界限的地方才休止"④。鉴于此，他把国家权力分为立法权、行政权和司法权三种，并将它们分别赋予不同的机关。他认为，只有各种权力间彼此能够相制衡的体制才有可能创造一个无私的政体。通过政治权力的划分，以一种权力牵制另一种权力，以一种力量和另一种力量相抗衡，在总体上防止过分扩张和专横地行使政府权力。这实际上是确定了法治原则的重要性和现实性。

　　同时，渗透在权力制衡之中的具体法律规定又把程序意识和规则意

---

①　[法] 基佐：《欧洲文明史》，程洪逵等译，商务印书馆 1998 年版，第 24 页。
②　[英] 洛克：《政府论》(下篇)，瞿菊农、叶启芳译，商务印书馆 2005 年版，第 55 页。
③　同上书，第 56 页。
④　[法] 孟德斯鸠：《论法的精神》上册，张雁深译，商务印书馆 1997 年版，第 154 页。

识深深嵌入人们的头脑当中，使人们坚信，要想对无限自我膨胀的权力进行有效的、合法的制约，必须通过正当的程序设计才能被认可和被接受，因为"程序正当是权力制约的重要机制。程序通过对时空要素的分工，从法律适用的一系列活动中分离出某些权利或权利性质的内容，交由其他主体实施。就公权力而言，这些程序既是对权力的重新分配，又是对权力主体的规范与制约。正当程序以其特有的功能弥补了实体法控制权力的不足，达到了权力与权利的平衡"①。可以说，权力的非独占性不仅在很大程度上遏制了专制独裁政治的产生，并且权力主体间的相互分立更是以现实的力量推动了权力的去魅化，权力不再被看作是唯一的和至上的，拥有权力并不代表拥有一切；相反，权力拥有者必须要受到来自法律和其他权力主体的制约与限制，权力也需要依据明确的制度规定和受到严格程序的限制才能得到充分使用，这种多元权力观的存在对权力的限制、对制度的推崇以及形成相对稳定的敬畏心理无疑起到了巨大的推动作用。

（二）市民社会

一般来说，市民社会理论的发展历史可以划分为三个阶段，同时也是市民社会的三种理论形态，即古典市民社会理论、现代市民社会理论和当代市民社会理论。如果说古典市民社会理论有意无意地将政治社会（国家）等同于市民社会，现代市民社会理论坚持国家—社会的二分法，将市民社会与政治国家看作两个相对独立的领域的话，当代市民社会理论的一个重要特征则是提出国家—经济—市民社会的三分法来代替国家—市民社会的二分法，主张把经济领域从市民社会中分离出去，认为市民社会主要应该由社会和文化领域构成，同时强调它的社会整合功能和文化传播与再生产功能。② 也就是说，早期人们对市民社会的理解与认知往往是停留在与政治社会同构的基础之上的，无论是亚里士多德、西塞罗，还是洛克、卢梭等思想家，他们都在不同程度上强调市民社会或者说国家的重要性，亚里士多德将市民社会理解为"自由和平等的公民在一个合法界定的法律体系之下结成的伦理—政治共同体。"③ 霍布斯认为，人们为了结束彼此敌对的自然状态，通过相互之间订立契约而结成"市

---

① 万高隆、罗志坚：《法治视角下的权力》，《求实》2010 年第 12 期。

② 以上内容参见易承志《市民社会理论的历史回溯》，《云南行政学院学报》2009 年第 5 期。

③ Cohen, Jean L. and Andrew Arato, *Civil Society and Political Theory*, Cambridge, MA.：The MIT Press, 1992, p. 84.

民社会"①。黑格尔第一个明确地将政治国家和市民社会区分开来，提出了现代意义上的市民社会概念。他说："市民社会是处在家庭和国家之间的差别的阶段，虽然它的形成比国家晚。"② 也就是说，后于国家而产生的市民社会是与国家不同的独立的领域。对黑格尔的这一理论贡献，马克思给予了充分的肯定，"黑格尔把市民社会和政治社会的分离看作一种矛盾，这是他较深刻的地方"③。查尔斯·泰勒在考察分析不同历史阶段上的市民社会的模式时也指出，"黑格尔的市民社会并不是那个使用了数个世纪的与'政治社会'具有相同含义的古老概念，而是体现在黑格尔哲学中的一个比较性概念。这一意义上的市民社会与国家相对，并部分独立于国家。它包括了那些不能与国家相混淆或者不能为国家所淹没的社会生活领域"④。就本书而言，我们分析的重点在前两个阶段，因为对制度精神进行理论上的溯源要求我们从历史上而不是当今时代来探寻它的轨迹，故此，本书将重点把握古典市民社会理论和现代市民社会理论对制度精神形成所带来的现实影响。

人们普遍认识到，"实现法治的最大障碍来自于公权力的侵犯，因此，如何有效制约公权力一直是法治的核心实现机制。制约的途径除了公权力内部制衡以外，还必须有来自于社会的制约，如果没有社会制约和平衡，仅仅依靠在政府内部对官员的制约和政府机构之间的制衡并不能从根本上防止专制和腐败"⑤。市民社会中个人、组织等构成了多元的权利主体体系，是制约国家权力的根本力量。个人的自主性、个人的天赋人权一直以来都是保障个体自由、反对国家强权的基本手段。正是在这一观念的指引下，市民才敢于不断地、长期地与国王斗争，并最终取得了城市的自治，城市市民社会得以形成。同时，市民社会与政治国家的分离使得个人权利有了自己的领地，同时也限制了国家权力的范围。市民社会的组织的多元化发展，也形成了对国家权力的有效制约。"历史证明，市民社会的发育、成长及其与国家的分立发展，奠定了西方社会产生法治的深层基础，而市民社会的迟生、积弱及国家对其相当程度的侵吞和同化，则销蚀了东方社会产生法治的社会根基。"⑥ 实践来看，市

---

① ［英］霍布斯：《利维坦》，黎思复、黎廷弼译，商务印书馆1985年版，第31页。
② ［德］黑格尔：《法哲学原理》，商务印书馆1996年版，第197页。
③ 《马克思恩格斯全集》第三卷，人民出版社2002年版，第94页。
④ ［英］亚历山大编：《国家与市民社会》，邓正来译，中央编译局出版社1999年版，第3页。
⑤ 李志君、于向花：《市民社会与法治关系论》，《特区经济》2007年第7期。
⑥ 转引自李志君、于向花《市民社会与法治关系论》，《特区经济》2007年第7期。

民社会的形成端赖于以下几个方面。

1. 个人权利

早在古希腊时期的城邦政治体系中，对个人权利的重视就一直是城邦政治的核心，而关于公民权的争夺就成为个人权利中最显著的一个部分。古希腊历史上的每一次改革基本上都是围绕公民权而展开的，从传说中的忒修斯开始，他把公民权既授予原有居民，又授予外来移民，在雅典建立了统一的政府和议事会，从而为公民权范围的扩展提供了可行性基础；梭伦改革的深刻社会背景便是关于公民权的争夺，当时旧有政治体制已经无法适应日益增长的人口对公民权的要求，新增人口、外来移民等因为不具备公民权的身份便不能参加公民大会进而也就无法参与和影响关乎自身利益的政治决策的制定与产生，为缓解这一矛盾，梭伦首先颁布了解负令，并限制贵族多占土地，将多余的土地分给无权者，这样，普通平民也可以拥有对土地的所有权，这为他们获得公民身份提供了坚实的物质基础，梭伦还把社会中的第四等级（佣工级）纳入公民大会，使之具有投票、发言和选举等基本权利，通过法律来保护私人所有制，保障平民的土地不会因豪富的巧取豪夺而丧失，可以说，梭伦改革大大扩大了雅典公民的范围，使国家拥有更广泛的合法基础；克利斯提尼改革更是打破原有的氏族划分，而按照现有居民的居住地来划分居民，削弱原有的贵族势力，这样，那些游离于氏族之外的雅典人、外邦人以及被释放的奴隶也拥有了公民权，进一步扩大了公民范围；到了伯里克利时代，其最重要的改革就是使公民大会成为城邦政治结构中的核心，因之，公民大会在当时不仅拥有立法权，而且具有内政外交、战与和的决策权等重大权力。①

黑格尔在谈到当时的希腊时这样说道："像享受希腊的那种自由的一个国家是和全体公民处于统一体的，全体公民把一切公众事务中的最高活动都掌握在自己手里，这样一个国家只能是又小又弱的，有时由于内部原因而遭覆灭，有时由于外部原因在世界史的进程中被消灭掉。"② 可见，对希腊人来说，政治是共同体成员对公共事务的共同决定，每一个拥有公民权身份的人都是共同且平等地分享城邦的权利与义务的，这种对权利的积极争取培养了一种政治上的公民参与意识，这种参与意识不仅激发了人们对获取自身应享有权利的主动性，更是极大地锻炼和提升了公民的参政能力，为国家与社会之间的某种对抗或者说权力的均衡创

---

① 参见浦兴祖、洪涛《西方政治学说史》，复旦大学出版社 1999 年版，第 32—35 页。

② ［德］黑格尔：《美学》卷二，朱光潜译，商务印书馆 1979 年版，第 262 页。

造了必要的条件。然而，必须指出，整个古希腊时期对于个人权利的探讨多停留在浅层次上和表象上，即每个人知道有了公民权身份就可以参与城邦的政治事务，于是他们会积极争取并获得这种身份，然而他们并没有从深层意义上认识到这种权利是他们本就应该具备和享有的，在这种只知其然不知其所以然的状态下，他们对公民权身份的热衷与追捧多半是源于自身的利益考虑，是一种本能的应激反应的体现，还没有上升到哲学的高度来考量个人权利的权源这一本质问题，再加上中世纪神学统治下的约束与限制，人们对个人权利的伸张始终不能摆脱神学光环映照下的樊篱，以至于此时的政治思想都是屈尊在神学权威之下，因此，对个人权利进行权源式的分析与阐述实际上始于近代。

　　近代对个人权利的阐述之所以进入较高的层次，关键在于此时期对个人权利的理解已经注重从根本上和来源上进行分析，即"天赋人权"或者"自然权利"观念的产生，也就是说，每个人在现实政治中都拥有一些不可剥夺、不可让与的自然权利，是在一个人刚一出生时就注定享有的，也是其他任何人、任何权力机关无权侵夺的。英国哲学家洛克在《政府论》中对"自然权利"作了个人界定："人们……生来就享有自然的一切同样的有利条件，能够运用相同的身心能力，就应该人人平等，不存在从属或受制的关系"；"人们既然都是平等和独立的，任何人就不得侵害他人的生命、健康、自由或财产。"[1] 卢梭更是在自然权利的基础上提出了人民主权的思想，他认为人人生而自由，天赋人权，国家主权不仅出于民众，而且不可分割。他指出："人是生而自由的，却无往不在枷锁之中。"[2] 在论及法律和权力的关系时他说："……因为法律乃是公意的行为；我们既无须问君主是否超乎法律之上，因为君主也是国家的成员；也无须问法律是否会不公平，因为没有人会对自己本人不公正；更无须问何以人们既是自由的而又要服从法律，因为法律只不过是我们自己意志的记录。……因此，凡是实行法治的国家——无论它的行政形式如何——我就称之为共和国；因为唯有在这里才是公共利益在统治着，公共事物才是作数的。[3] 美国《独立宣言》对"自然权利"作了这样解释："人人生而平等，他们都有从他们'造物主'那边赋予了某些不可转让的权利，其中包括生命权、自由权和追求幸福的权利。"

　　可以看到，对个人权利的倚重与尊崇成为自古希腊时期至今西方政

① ［英］洛克：《政府论》（下），商务印书馆 1997 年版，第 5—6 页。
② ［法］卢梭：《社会契约论》，何兆武译，商务印书馆 1994 年版，第 8 页。
③ 同上书，第 51 页。

治发展的一条主线，近代诸多资本主义国家的建立与兴起正是导源于对个人权利的尊重与维护这一思想渊源，也正是在这一思想指引下，人们才能意识到个人所应具备的天然的权利并与现实政治进行对照，当现实政治与之相悖时，人们便会拿起理论的武器和实践的武器来捍卫和维护自己的正当权益，使得这种政治秩序在基本符合人们意愿的前提下得到遵守和实行，同时统治者也必须要将其纳入现实政治的考量范围，并将这些要求补充进现有的制度设计当中，以确保人们能够接受和遵守这些制度。由此，个人权利在政治秩序确立的过程中扮演了关键的基础性角色，没有对个人权利的认知与寻求，也就无法形成强大而有力的公民社会，自然也就无法有效制约代表强力统治的国家，而在国家与社会二元格局中，弱社会势必会带来强政府，因此，遏制政府的强势以及专制，就必须充分发展社会自身的能力，而个人权利作为构成社会的基本单元无疑起到了支点的作用。仍以卢梭为例，他在提倡个人权利的基础上进而揭示了人类的两种不平等，即自然的或生理上的不平等和精神上的或政治上的不平等。① 通过对各种不平等的政治统治关系的探讨，尤其是以私有制为基础和目的的专制统治，卢梭进行了大胆的抨击和无情的揭露。他认为使人类更加接近于自然本性要求与自然正义的社会组织方法，在于改变现有的政治社会与政治制度的组织原则，创建出一种以公共利益为归依的新型国家制度，并用这种制度重新确立起应有的社会公正，使人类沿着最符合自然的方向前进。② 由此，对个人权利的理论伸张孕育了对现有制度进行改革的内在要求，个人权利的充分享有在很大程度上影响甚至决定了市民社会的成熟程度，并由此影响了社会中多元权力主体间的权力分配与利益关系，从而影响了制度精神的形成与培育的进程。

2. 公民团体（利益集团）

西方共和主义传统中的多元权力观是与共和主义的国家公共性观念和公民平等观念联系在一起的。城邦是早期共和政治的物质载体，它由部落演化而来。在这一演化过程中，原来基于血缘关系的部落成员转变成为城邦的公民，血缘团体所特有的封闭和排外的特点在一定意义上也转移到城邦的公民团体身上。这种"公民团体"的独特性在于对外具有强烈的排他性；但对内而言，具有公民身份的人相互之间是平等的，城邦属于全体公民所有。希腊城邦是一种非常独特的国家形式。其外表特

---

① ［法］卢梭：《论人类不平等的起源和基础》，李常山译，商务印书馆1997年版，第70页。
② 浦兴祖、洪涛主编：《西方政治学说史》，复旦大学出版社1999年版，第276页。

征在于其小国寡民的规模，其本质特征在于其社会政治结构，即它是公民的自治团体，是公民在共同法律下分享共同生活和权利义务的政治体系。① 而这种公民团体的性质也随着人们对市民社会理解的改变而改变，因此，在古希腊时期，人们将这种公民团体等同于政治共同体，然而到了现代社会，公民团体已经成为一个独立于国家并对国家产生重要影响的各种利益集团，它们在现实政治中"不仅可以对公共权力的膨胀有所限制，各利益集团间的相互对抗、相互竞争又可限制利益集团的行为及其权利的膨胀，满足多元社会的要求，因此利益集团可以给民主政治过程提供一种保护"。②

被誉为美国"宪法之父"的詹姆斯·麦迪逊认为，派别（利益集团）是为了某种共同利益而联合起来的一定数量的公民，不论他们占全部公民的多少，而他们的利益是同其他公民的权利或社会的长远的和总的利益相左的。③ 罗伯特·达尔在《美国的民主》一书中认为："从最广泛的含义上说，任何一群为了争取或维护某种共同的利益或目标而一起行动的人，就是一个利益集团。"④ 美国学者戴维·杜鲁门在《政府的进程》一书中认为："利益集团是一个持有共同态度、向社会其他集团提出要求的集团，如果他通过和向政府的任何机构提出其要求，它就变成一个政治性利益集团。"⑤ 从上述定义中可以看出，利益集团一般是指客观上具有共同利益基础，主观上意识到这种共同利益的存在，现实中以联合的方式自觉追求和维护这种共同利益的社会群体。

从理论上来说，利益集团理论主要有四种表现形式：以杜鲁门为代表的多元主义流派，以奥尔森为代表的集体行动理论，以索尔兹伯里为代表的交换理论和以沃克为代表的赞助理论。具体而言，杜鲁门认为利益集团的产生源于社会心理和群体利益的失衡，潜在集团能够建立正式组织保护其共同利益，它注重社会变迁对创建利益集团的干扰作用。奥尔森认为，大集团面临"搭便车"的困扰，只有通过选择性激励才能采取集体行动，他强调经济激励的诱导作用。索尔兹伯里的交换理论则认为，集团领导者具备强大的动员能力，可以将无组织集团转变为有组织

---

① 丛日云：《古代希腊的公民观念》，《政治学研究》1997 年第 3 期。

② David B. Truman, *The Governmental Process: Political Interest and Public Opinien*, Alfreda Knopf, Inc. 1st ed, 1951, p. 37.

③ ［美］汉密尔顿：《联邦党人文集》，程逢如译，商务印书馆 1997 年版，第 47 页。

④ 李寿祺：《美国的利益集团与政治》，世界知识出版社 1988 年版，第 3 页。

⑤ David B. Truman, *The Governmental Process: Political Lnterest and Public Opinien*, Alfreda. Knopf, Inc. 1st ed, 1951, p. 37.

集团，它突出组织者的领导作用。但奥尔森和索尔兹伯里都忽略了利益集团产生所必需的基本条件：无论是实施选择性激励还是组织者的领导动员，它们都离不开经济资源的支持。在索尔兹伯里之后，政治学家沃克提出了赞助理论（patronage theory），从创建利益集团所需物质基础的角度进一步发展了集团理论。沃克将利益集团的产生和维持同社会经济条件相联系，认为利益集团的出现在很大程度上取决于各种社会赞助，它们来自私人、基金会以及其他社会经济组织。①

应该说，无论是哪种形式的集团理论，实际上都内含着这样一种逻辑，即政治社会多中心分权体系的存在与发展。在西方政治社会这一独特的语境中，由于个人权利的不可侵夺客观上刺激了人们对个人利益的捍卫与维护，而为了让这种维护切实体现在现实政治世界中，人们就必须通过个体之间的联合即构建一个利益共同体来实现这一目的，以便与代表强权的国家权力之间可以形成一种势力的某种均衡，进而通过这种相对均衡来牵制和制约国家政策的制定与实施，从而在结果意义上真正实现自身利益的切实保障。同时，这种利益集团的产生又在实践中推动了市民社会的快速发育与相对成熟，因为只有当利益集团形成一定的社会影响力并且有资格与国家相对抗时，国家的强力才能得到一定程度的缓解，否则，利益集团得不到社会的重视或人们的信任而无法成为人们维护利益的重要途径时，利益集团也就无法实现对国家权力的某种牵制，因此，如果说市民社会的出现与渐趋成熟是构成西方多元权力体系并奠定西方法治理念进而成就正式制度精神的现实基础的话，那么公民团体或者说利益集团的存在则为市民社会得以与国家权力抗衡提供了坚实的组织基础。

综上，我们认为，西方社会正式制度精神的形成主要导源于自然法和多元权力这两大要素，自然法将人的理性奉为圭臬，并借助法律这一规范性的形式将这种理性传递给社会与公众，这就意味着人们对法律遵守的同时就是在实践并遵从自己的理性，法律成了理性的代名词，依靠法律并相信法律这一规范性的载体成为人们思考和解决问题的首要选择；多元权力体系中各权力主体间的相对均势与制衡迫使权力受到限制，其中对个人权利的推崇与市民社会的形成又在理论上和实践上共同推动了权力的多元化趋势和非独占性特征，权力只有符合规范性的制度要求以及正当性程序，其行使才能得到人们的认可，权力的自我膨胀特性在程

---

① 参见高春芽《理性选择革命与现代西方集团理论的发展——利益集团形成机制的视角》，《教学与研究》2010年第10期。

序的限制下极大地消解了人们对权力的热衷与崇拜，取而代之的是人们对正式制度与正当程序的信任与依赖，由此，在自然法和多元权力的综合作用下，催生了人们对法律、对程序的信心与信念，并最终形成了人们对正式制度充满敬畏的制度精神。

小　结

有关东西方不同文化的比较性研究已有不少学者进行过深入的研究，徐大同在对中西方文化进行比较的基础上，指出二者的区别在于"中国文化注重治国之道，而不注重制度的研究。对治国方法的研究，是中国传统政治文化十分重要的内容。……与中国不同，西方传统政治文化注重对制度问题的研究。……一般来说，西方各个历史时期的思想家都是通过对国家一般理论的探讨，而达到对理想政治制度的认识"。① 梁漱溟曾专门提道："西方的学术思想，处处看去，都表现一种特别的色彩，与我们截然两样，就是所谓'科学的精神'。"② 随后，他又提到，"西方人的社会生活处处看去都表现一种特别色彩，与我们截然两样的就是所谓'德谟克拉西的精神'"。③ 陈独秀亦将东西文化的不同进行了多种角度的阐释，"五方风土不同，而思想遂以各异。……东西洋民族不同，而根本思想亦各成一系。……西洋民族以个人为本位，东洋民族以家族为本位。……西洋民族以法制为本位，以实利为本位；东洋民族以感情为本位，以虚文为本位"。④ 沃特金斯认为，"远东各民族思想的特点，是尽可能不去做明确的逻辑区分，强调的是表面上仿佛互不相干的现象具有内在的统一。这种现象，反映的是由伦理而非法律维系的社会正常的需要。……相反，西方思想的特点则为争讼。……法律思想的目标，在于尽量清晰地给概念做出定义，在实际的案例当中择要分辨最纤细的差异"。⑤

上述东西方文化的差异在实践中必然带来两种不同形态的制度精神的生成，西方的制度精神始终以正式制度本身为本位，强调法治和秩序，

---

① 马德普主编：《中西政治文化论丛》（第一辑），天津人民出版社 2001 年版，第 22 页。

② 梁漱溟：《东西文化及其哲学》，上海人民出版社 2006 年版，第 39 页。

③ 同上书，第 46 页。

④ 陈独秀：《独秀文存》，安徽人民出版社 1987 年版，第 27—29 页。

⑤ ［美］弗里德里希·沃特金斯：《西方政治传统——现代自由主义发展研究》，黄辉、杨健译，吉林人民出版社 2001 年版，第 6—7 页。

因之强调正式制度的重要性，在实践中的表现便是正式制度的发达；东方的制度精神始终以非正式制度为本位，强调认知和中庸，因之强调非正式制度的重要性，在实践中的表现便是"人情"的发达。正如潘伟杰所言，"在西方是人本主义基础上的民主理念和法治主张，在中国则是民本主义基础上的专制理念和人治主张。法治与人治不是对立，而是互补。传统中国社会的民本思想的一个典型特征是君主把人民看成是国家的'私产'，而不是一个对等的政治主体。所以君主与臣民的关系便演化为一种伦理关系，由此把政治奠基于伦理之上，并将其看作是人伦关系的一个环节。民本主义催生法律伦理化，使法律沦为一种世俗的工具，其品质与现代法治的信仰相抵牾，以致在精神关怀上制约着中国宪政制度的确立和现代法治的建立"。[①]

　　同样，中国的非正式制度精神虽然由礼治走向了人治，不符合现代民主的发展趋势以及治国理念，然而它在属于它的那个时代却缔造了一个超稳定的帝国体系；西方社会的正式制度精神虽然强调法律和制度的重要性并催生了现代民主意识的萌芽与发展，然而在走向现代化的今天，它也面临着国家与个体之间关系的困境与挑战，因此，客观地说，两种不同形态的制度精神各有千秋，利弊相伴，而对于这两种制度精神进行理论上的探寻，不仅可以帮助我们梳理制度精神的形成脉络与发展轨迹，也可以帮助我们认清各自发挥作用的时空条件，以便我们有针对性地了解和把握制度精神的内在逻辑。

---

①　参见潘伟杰《宪法的理念与制度》，上海人民出版社 2004 年版，第 294 页。

第三章 制度精神的特点与功能

在对制度精神进行了历史和理论的考察后，我们可以看到中西制度精神的不同理念与诉求，并由此形成了不同的社会发展轨迹。那么，接下来我们要探讨的问题是，制度精神有哪些特点，以及它具备哪些功能，对于这些基本理论问题的回答将有助于我们更为清晰地理解和把握制度精神的内涵和外延。因此，本章重点分析两个内容：一为制度精神的特点；二为制度精神的功能。希望从这些问题的探讨中逐步廓清我们对制度精神的理解和把握。同时，由于本书一再强调制度敬畏是本书的重点所在，因此对于制度精神的特点与功能分析都是建立在制度敬畏这一层面上的。

第一节 制度精神的特点

我们认为，制度精神的特点主要包含以下三个方面：

一 制度精神的内在稳定性

在制度精神这一理论体系中，制度敬畏是非常重要的一块内容。而民情作为一种历史的产物，其对制度敬畏的产生有着关键的支撑作用，因为人们对制度文本的敬畏与服从的心理离不开现实生活中的民情传统，这种民情是带有法治的色彩还是礼治的色彩，对人们行为习惯的养成有着直接的引导作用。就民情来说，其自身的生成过程往往需要相当长的一段时期，犹如一个人的习惯的养成，它往往不是由制度、法律约束而成的，而是由人的内在心理感觉和意识作用而成的，因此，制度精神具有内在稳定性的特征。然而，我们必须要看到，制度精神并非不可改变，它具有一定程度的可变性。从某种意义上说，长期性代表着稳定性，而可变性代表着不稳定，这看似一个矛盾体，但实际上正是这种辩证的存在才构成了真实的制度精神。

（一）稳定性的两个方面

制度精神的这种稳定性特征包含两个方面：一是制度精神在生成过程中的长期性，二是制度精神在生成以后发挥作用上的长期性。

先来看第一个方面，关于制度精神生成的长期性，正如"法规必定是一般性的，而行为则是个别的。由此可以得出，有时，在某些情况下法律应当有所变化。但我们从另一角度考虑这一问题时，对此应当极其慎重，轻率地变法是一种极坏的习惯。当变法的好处微不足道时，还是让现存法律和统治方面的一些弊端继续存在为好；如果变法使得人失去顺从的习惯，那么公民得到的还不如失去的多。……法律无法强迫人们顺从，只有习惯才能这样。而这只能通过长时间的变化才能达到"。① 沃特金斯曾言：一种稳固的思维方式的形成并不是天生就有的，而是需要后天的训练与养成。而这种后天习性的养成又是经过不断地强化与实践而最终形成的，从苏格拉底的对话录中记载的对规定范畴与区分实例的争辩的过程，到罗马人在战胜地中海世界的其他对手成为当时的主导力量以构建庞大帝国的过程中所形成的特殊的职业法律人员，再到查士丁尼时期编撰的最具影响力的系统法典，西方的法治传统至此已经形成了一个稳固的根基与基础。② 可以这样说，制度精神不同于制度的地方就在于，制度可以在很短的时间内设计出来并付诸实施以指导人们的具体行为，但制度精神则需要较长的时期来改变人们内心的想法与观念，进而改变人们的具体行为。

再来看第二个方面，制度精神在生成以后发挥作用上的长期性。因为制度精神需要一段历史时期的培养与塑造，而当人们一旦形成适合社会发展的民情时，这种习惯或者说传统对社会的发展而言便凸显其强大的生命力。举例而言，西方的法治传统由来已久，从柏拉图晚年的变化即可窥见一斑，壮年时期写就的《理想国》因为其充满了激情与幻想而变得有些不切实际，以至于晚年的柏拉图又以"第二等好的理想国"来进行修正和完善，如将哲学王治国的人治理念改变为依靠稳定的法律来治理国家、取消共产共妻制度等，对法律的依赖成为整个西方政治发展中的一条主线。沃特金斯也说，"古代对于法治社会的试验，却对西方的

① ［古希腊］亚里士多德：《政治学》，颜一等译，中国人民大学出版社 2003 年版，第54—55 页。

② 参见［美］弗里德里希·沃特金斯《西方政治传统——现代自由主义发展研究》，黄辉、杨健译，吉林人民出版社 2001 年版，第7—15 页。

历史进程产生了决定性的影响。罗马帝国灭亡之后，数百年来动乱频仍，贫困交加，人民时时缅怀往昔黄金时代的和平与繁荣，彼时整个文明都服从法律的统治。不论何等黑暗，人们却始终不放弃恢复往日荣耀的希望。现代世界是兴起于旧世界的废墟之上，却依然紧密联系着古代城邦的法律概念"①。同样，在中国漫长的封建历史长河中，儒家思想所宣扬的礼治与人治传统始终贯穿在历代帝王的治国理念之中，虽然偶尔在个别历史朝代有些微变化，但总的趋势却是儒家思想稳居统治阶级的思想宝座。可见，一个国家的风俗习惯等传统因素因其根深蒂固于人们的心中以及思维方式当中，"任何人都不能同过去完全脱离关系，不管他们是有心还是无意，都会在自己固有的观念和习惯中混有来自教育和祖国传统的观念和习惯"②。这种相对稳定的观念指导着人们可能多变的行为，使得他们的日常行为都有形或无形地受到这种观念的影响，进而规约和引导着他们的实践与行动。

（二）可变性的双重取向

从历史上看，尽管制度精神的形成往往是一个民族、一个国家历史积淀的长期结果，并因为这种长期性而保有很大程度的稳定性，但是制度精神并不是一成不变的，它仍然可以随着社会条件的变化而发生相应的变化。如曹沛霖所言，"制度是人们在长期的历史发展中创造出来的，只要人们有意识地进行改造，其形式和精神都是会逐渐发生变化的"③。制度精神的这种变化实际上也是制度精神的阶级性体现，即制度精神始终是服务于统治阶级的利益的，任何时代的制度以及在此基础上形成的制度精神都不能脱离这一时代背景。制度精神的这种变化在实践中表现出了双重的发展取向，即哲学上所谓的"量变"和"质变"，量变并不改变事物本身的性质，只是对事物自身发展的不断修正和补充；质变则是对事物本身的一种颠覆和推翻，是一种新事物代替旧事物的发展形式。从制度精神的可变性特征来看，亦具备这两种不同的变化。

首先，制度精神的"量变"取向。"只要人类生生不息，只要社会的各种其他条件还会（并且肯定会）发生变化，就会不断地产生新的习惯，并将不断且永远作为国家（只要国家还存在）制定法以及其他政令运作

---

① ［美］弗里德里希·沃特金斯：《西方政治传统——现代自由主义发展研究》，黄辉、杨健译，吉林人民出版社2001年版，第18页。
② ［法］托克维尔：《论美国的民主》上卷，董果良译，商务印书馆2006年版，第49页。
③ 曹沛霖：《制度纵横谈》，人民出版社2005年版，第43页。

的一个永远无法挣脱的背景性制约因素而对制定法的效果产生各种影响。"① 既然制度精神的形成需要较长的时期才能完成，这便使得制度精神具有相对的稳定性，不会随着社会条件的变化而轻易发生大根本的变化，但可以是一些微的不会影响其性质的变化。

以中国为例，我国历来倡导礼仪治国，用道德教化来使民众配合帝国的统治，但是儒家的这种道德教化并非铁板一块，而是随着不同朝代的变迁进行了相应的调整，儒家对"礼"的重视贯穿封建社会始终，但对"礼"的理解却随着社会的变迁而发生了变化，孔子强调"体用并重"，即把"礼"的形式和实质看得非常重要，但是如果面临二者择一的情况时，孔子则明确提出要把握"礼"的实质。宋代以程朱为代表的理学兴盛，程朱理学是宋明理学的主要派别之一，也是理学各派中对后世影响最大的学派之一。其由北宋二程（程颢、程颐）兄弟开始创立，其间经过弟子杨时，再传罗从彦，三传李侗的传承，到南宋朱熹完成。总体来看，他们把"理"或"天理"视作哲学的最高范畴，认为理无所不在，不生不灭，不仅是世界的本源，也是社会生活的最高准则。朱熹还把理推及人类社会历史，认为"三纲五常"都是理的"流行"，人们应当"去人欲，存天理"，自觉遵守三纲五常的封建道德规范。但是到后来，理学发展越来越脱离实际，成为于事无补的空言，成为束缚人们手脚的教条，成为"以理杀人"的工具。以至于蔡尚思痛批道："程朱派理学家最不讲理，最无良心，阳儒阴法，以理责人，甚于以礼责人；以理杀人，甚于以法杀人。"② 儒家的"礼"由最初维护秩序的工具竟演变成了可以吃人、杀人的工具，实非孔子所愿。不过，无论经历了怎样的变化，它们统统都举着"儒家"这面大旗。

其次，制度精神的"质变"取向。质变是使事物性质发生改变的一种变化。制度精神可以发生质变，即可以由一种状态完全转化到另一种截然不同的状态。仍以中国为例，儒家在封建帝王的思想宝座上占据了两千年的位置，终因其难以适应社会的巨大变化而在与西学的竞争中获得完败，以"打倒孔家店"为旗号的新文化运动彻底将儒家思想赶了下来，代之以西方的法治、民权、自由等现代政治的发展理念。这种巨大的变化成为现代中国为谋求自由、解放和幸福的一条主要路径，然则至于这种从西方借鉴来的路径是否继续走下去或者怎么走下去，却也是当今中

① 苏力：《送法下乡：中国基层司法制度研究》，中国政法大学出版社 2000 年版，第 262 页。

② 蔡尚思：《中国传统思想总批判》，李妙根导读，上海古籍出版社 2006 年版，第 104 页。

国面临的一大问题。关于这一问题，笔者还会在后面的章节论及，此处暂且不谈。然而，此处值得一提的是，中国由传统国学向西学的转移虽然是现代化进程中的被迫选择，然而那种一味抱守传统思想的残缺而采取闭关锁国的思维模式已经落后于时代的发展，传统的人治思想和权力本位在当今实现现代化的目标当中显得格格不入，如果不调整和改变这种传统的制度精神，那么中国的现代化道路将会走得异常缓慢而艰辛。

二　制度精神的持续自觉性

实际上，自觉性与主动性内在地联结在一起，成为制度精神的一个鲜明的特征。一旦这种价值体系形成并固化在人们的头脑当中，就会推动人们的自觉意识与主动心理，使得他们能够主动积极地参与到制度的实践当中。更为重要的是，这种自觉性是持续性地存在于人们的头脑当中，它不会因为某一种突发的行为而轻易地发生改变，对人们的日常行为有着极强的暗示与引导作用。一般来说，制度精神的这种自觉性主要体现在以下几个方面。

（一）思想上的自觉

制度精神作为一种价值体系，它在形塑人们的精神观念与价值取向上有着强大的规约作用，这种规约可以让人们自身的思维模式走向稳定化和成熟化，并最终形成人们思想上的自觉意识，即人们会自觉按照制度的要求去践行制度的具体规定，较少去违反制度或突破制度的界限，在他们看来，遵守制度是理所应当的一件事情，不是出于制度的强迫性规定或惩罚性举措，而是出于人们自愿地遵守和履行。人们在观念上的这种自觉的特性为制度精神的实现与贯彻提供了强大的内在动力。戴雪在提到英国宪法的演进过程时指出，"法律主治"或者说"法律的至尊性"是英国宪法中的一条精义所在①，它存在并运行于英国宪典的整体。这种将法律至上的理念和原则深深嵌入英国人的观念当中，形成了他们守法崇法的习惯与传统，而法律精神与英国人的习惯两相结合，便牢不可破。同样，中国的礼教传统也深深植根于人们的思想当中，使得他们养成了高度自觉的意识与习惯，在这种"思维依赖"的前提下，自觉地遵守制度或典则便在人们的观念中得到不断强化与印证，从而加深了人们意识上的自觉性。

（二）行为上的顺从

思想上的自觉终究还是无法测度的，它只有转化为具体的实践行为，

---

① 参见［英］戴雪《英宪精义》，雷宾南译，中国法制出版社 2001 年版，第 422 页。

我们才能判断出这种自觉的意识的确在引导着人们的日常行为。故此，行为上的主动服从与遵守是制度精神得到体现的现实依据。只不过这种行为上的主动对于东西方两种截然不同的制度精神而言，其实际的效果也是各不相同的。西方的法治精神强调将法律、制度放到首要位置，人们对法律、制度的服从带来的是个人利益的保障以及民主意识的生发，中国的人治精神由于强调将礼治和人治的因素摆在突出位置，人们对礼治和人治的服从与依赖带来的是制度权威的破坏、专制理念的强化和个人利益的被剥夺。辜鸿铭曾经指出，"旧式的中国人给你留下的最深刻的印象，我想应该是：他们身上没有丝毫的蛮横、粗俗或邪恶。借用动物学上的术语，我们可以说，真正的中国人是一种被驯化了的动物"①。秦德君也说，中国国民文化中有"臣民文化"的特质或形态，即"消极顺从，迷信权威、慑服权威和依赖权威，主体精神严重匮乏和缺失。……千年传递的'皇权'观念、无处不在的'官本位'。单位体制中极为强健的权力型行政文化和时常被片面利用的所谓'组织观念'，都与'臣民文化'有着千丝万缕的联系"②。换句话说，西方人对制度、法律的敬畏使人们自觉服从制度的安排并生发出浓郁的民主气息，中国人对权力的敬畏使人们自觉服从权力持有者的个人倾向而调和出浓厚的人治色彩。然而，无论哪种层面的制度精神都在潜移默化中和更深层次上引导和规约着人们的日常行为，使之按照制度文本的内在要求从事相应行为。沃特金斯强调，"儒家思想特有的力量，在于它能够将理性成分和仪式成分，以独特的方式结合在一起。重复的习惯远比理性的训诫更能够决定人的行为。传统的宗教力量，一大部分乃建立于各种不同的仪式上面，这些仪式使得宗教的力量以具体方式，表现于人类的日常生活当中"③。

　　实际上，思想上的自觉与行为上的顺从是一个紧密关联的逻辑链条，因为有了思想上的自觉才会体现在具体行为上的顺从，而行为上的这种顺从又在很大程度上使得思想上的自觉得到不断强化并稳固下来，由此才能形成一种相对稳定的价值体系内化于人们的观念与行为当中。从这个意义上讲，自觉性是制度精神所具有的一个独特而鲜明的特征，正是这种对人们思想与行为的持续主动的影响与规约，成为衡量制度精神存在以及有效与否的一个关键考量因素。

---

① 辜鸿铭：《中国人的精神》，杨华青译，天津教育出版社 2007 年版，第 15 页。
② 秦德君：《中国公民文化：道与器》，东方出版中心 2011 年版，第 51 页。
③ ［美］弗里德里希·沃特金斯：《西方政治传统——现代自由主义发展研究》，黄辉、杨健译，吉林出版社 2001 年版，第 219 页。

三 制度精神的相对独立性

制度精神虽然要借由制度来展现自身的力量，但是这并不意味着制度精神可以与制度文本同步发展，它具有自身的独立性，即使制度文本因为某种原因消失或变更，以及制度精神的实施环境已发生重大变化，制度精神也可以继续存在并发挥强大的影响力，并且这种影响力可以体现为积极与消极两个方面。

（一）积极方面

制度精神的积极的独立性体现在其对民众与社会的影响。当制度文本因为某种因素发生变更，并且这种变更是与人民和社会利益相违背的情况下，制度精神可以凭借其强大的社会心理基础来对现实变化的制度产生一种反作用力，它可以与该制度形成某种程度的潜在对抗，通过习惯的力量或道德的力量来影响人们的观念与行为，从而加剧与现实制度之间的紧张关系，并最终迫使制度文本发生变更。即使当制度文本因为某种原因消失时，制度精神也不会随着文本的消失而立刻消亡，而是随着时代的变迁伴着人们的心理惯性而继续保持固有的传统与秩序，尤其当社会处于转型期时，旧制度已破新制度未立的过渡期中，制度精神可以在一定程度上继续发挥其潜在的影响力，使社会发展与人民生活不致因制度的不健全而走向混乱和无序。西方社会在经历了古希腊罗马政治发展的辉煌时期之后走向了衰落，并历经长达 10 个世纪的中世纪神学的漫长统治，然而贯穿在整个西方社会的法治精神并没有因此而遭到破坏和消解，在后来的文艺复兴运动中随着人性的解放与人文主义的兴起，使得西方的法治传统再一次登上了人们意识形态的主流，沃特金斯坦言，"纵然限制如此，古代对于法治社会的试验，却对西方的历史进程产生了决定性的影响。罗马帝国灭亡之后，数百年来动乱频仍，贫困交加，人民时时缅怀往昔黄金时代的和平与繁荣，彼时整个文明都服从法律的统治。不论何等黑暗，人们却始终不放弃恢复往日荣耀的希望。现代世界是兴起于旧世界的废墟之上，却依然紧密联系着古代城邦的法律概念。……时至今日，我们仍然从这一角度构想社会问题，正出于景仰远古时代对于西方世界长久不变的影响"①。

（二）消极方面

当旧的制度文本因为不能反映社会发展的客观情况而变更或调整时，

---

① ［美］弗里德里希·沃特金斯：《西方政治传统——现代自由主义发展研究》，黄辉、杨健译，吉林出版社 2001 年版，第 18 页。

原先建立在旧的制度文本基础上的制度精神却无法迅速及时地进行调整，从而表现出与制度文本的某种脱节，进而呈现出落后于时代发展的滞后性。一般情况是：新的制度文本首先通过内容的强制性规定而以一种外在的力量来约束和制约人们，之后，在时间的推移和实践的发展共同作用下，与制度文本相适应的制度精神才会慢慢得到培育，并在文本的实施过程中不断得到调整和补充，最终达到制度精神与制度文本、制度精神与社会环境的恰当的融合；然而，在这种新的制度精神与制度文本进行磨合的过程中，旧的制度精神并不会自行消失，这种停留在人们的思想、精神层面的思维定式还需要足够的时间来转移和打破，再加上新的制度精神的产生还需要一段较长时期的培育，在这"新旧交替"的过程中，旧的制度精神便会因此大行其道。托克维尔深刻指出，"人们的精神不论有什么革新，事先都必须接受一些早已为它规定下来的重要原则，使其最大胆的设想服从于一些只会推迟或阻止其行动的清规戒律"[1]。中国封建社会时期的人治理念至今仍然影响着现代中国的思维方式和行为方式，使得一些设计出来的制度因为人情因素的存在而难以得到有效的执行，便是一个鲜明的例证。所以，从这个意义上说，制度精神的这种滞后性将会对整个社会发展的进程产生一定的影响，而这种滞后性的消除同样需要足够长的时间来加以消弭。

可以说，制度精神的独立性特征恰恰是一个事物的两面，独立性既可以对社会发展产生积极的影响，也可以产生消极的影响。积极的影响可以使制度精神独立发挥应有的作用，即使不存在制度文本或者制度文本仍处在设计阶段时，仍可以保证基本的社会秩序；消极的影响则往往带来对社会发展进程而言的滞后性。独立性带来了滞后性，而滞后性又强化了独立性。制度精神的这种"辩证"的特点使得我们在分析具体制度时必须要考察制度的时空背景与历史条件，这样我们才能对制度精神做出一个相对客观的评判。

第二节　制度精神的功能

在明确了制度精神的相关特点之后，我们还要进一步分析制度精神的功能，即它能够发挥什么样的作用，而这种作用是不是社会发展所必

---

① ［法］托克维尔：《论美国的民主》上卷，董果良译，商务印书馆2006年版，第338页。

须，抑或可有可无，对这一问题的回答，将有助于我们进一步明确制度精神的内在价值及本研究的意义。关于制度精神的功能，我们认为，制度精神对一个国家、一个社会的发展与完善有着不可或缺和不可替代的作用，是缓和国家—制度—个人三者之间复杂利益关系的重要精神要素，没有恰切的制度精神，制度难以发挥调节国家与个人之间关系的秩序维持并形成规则共识，一旦社会秩序得不到有效维持与巩固、人们没有统一的可认可的规则共识来指导现实生活，势必会影响国家与社会、国家与个人之间的二元互动。此外，制度精神本身作为一种价值体系，有极强的现实针对性，即制度精神的生成就是为现行制度发挥实效、社会制度建设整体进步而服务的，它既不像制度文化那样宽泛而失却了发展的重心，也不像制度伦理那样宏大而落入道德空谈的泥淖。它就是为现行制度建设提供可行的、有效的精神支撑的价值体系，是应对我国当前制度建设所面临困境的一条关键路径。因此，对制度精神的研究与探察就不仅必要，而且迫切了。在笔者看来，制度精神的功能主要体现在以下四个方面。

一 行为上的引导与限制

（一）引导行为

制度精神作为一种价值体系，无论是正式层面的制度精神，还是非正式层面的制度精神，都对每个个体的行为起着重要的引导作用。这里的"引导"主要强调制度精神对人们具体行为的一种预判作用，即在制度精神的影响下，人们的行为将会受到制度精神的倾向性影响而表现出一定程度上的可预期性，即在普遍情况下人们在行为上所形成的某种共识。制度精神正是通过对人们行为上的这种引导来预测人们可能的行为方式并进而实现对社会秩序的调整与构建的。

就正式制度精神而言，对正式层面的制度所具有的敬畏心理不仅意味着对现实制度的遵守与依赖，也会体现在对未来设计的制度的遵守与依赖，即只要属于规范层面的正式制度，人们的这种敬畏心理会自然而然延及所有规范的制度，这样，他们的行为方式在一定程度上就具备了一定的稳定性与确定性，即多数情况下，他们会按照正式制度精神的要求运用法律、制度的方式来维护自身权益。因为制度正是通过建立普遍的规则来引导行为者进行策略决策时构建与社会的互动的。简言之，"制度通过如下两个机制来通过构建社会互动和保证行为人遵守规则：（1）提供关于其他行为人选择的信息；（2）其他行为人对不遵守规则给予制裁的威胁"①。也就是说，制度在为全社会提供统一的行为准则时在很大程度上减少了人们行为的不确定性，或者说引导人们的行为向着制度精神所要求的那个方向发展。

就非正式制度精神而言，对非正式约束的敬畏心理实际上是在削弱正式制度权威的同时，将人们的行为引导到制度以外的途径和方式上，虽然这同正式制度精神相比，恰恰是在一定程度上降低了人们具体行为的可预测性与相对稳定性，但人们这种行为的不确定性的增加则是受到非正式制度精神的引导和影响所致。如以中国社会为例，如果个体的正当权益受到公权力的侵害，那么人们可能选择找关系、走后门这种方式，也有可能采取因无门路可找而无奈放弃的方式，还可能采取拦路喊冤的方式，也有可能采取一些极端的方式如自杀、自残等来处理这些问题。这样，就大大增加了人们行为的多样性与不可测性，从而降低了人们行为的确定性与可预判性。然而我们必须要注意的是，虽然两种形态的制度精神所带来的结果不尽相同，但在引导人们的行为取向这一点上二者却是一致的。即都是受到不同形态的制度精神的影响，才使得他们的行为出现了符合制度精神要求的表现形式与发展趋向。由此，制度精神在形塑人们的具体行为的过程中就起着重要的引导作用。

（二）限制行为

如果说制度精神对人们行为上的引导是对人们行为的一种正向的肯定的话，那么制度精神对人们行为的限制则是一种否定意义上的行为趋向，即在制度精神的框约下，行为人只能选择与此相适应的行为方式来解决各种社会问题，他们很难选择其他不同的行为方式，因为这种迥异的行为方式是当前制度精神所不能支撑的，由此导致的结果往往是，即使选择了这种不同的行为方式，也往往因为不能起到维护自身权益的作用而不得不放弃。

亚里士多德在其著作《政治学》中提出了著名的法治的定义："法治应该包括两重意义：已成立的法律获得普遍的服从，而大家所服从的法律又应该本身是制定得良好的法律。"② "良法"和"普遍服从"构成了亚里士多德法治观的基本内核，前者是前提，后者是法治所要达到的状态。而这种对法律、对制度的服从实际上就暗含着对个人行为的一种限制与框定。因此，在一个正式制度比较发达且受到尊重的地方，人们会

① ［美］杰克·奈特：《制度与社会冲突》，周伟林译，上海人民出版社 2009 年版，第 56 页。

② ［古希腊］亚里士多德：《政治学》，吴寿彭译，商务印书馆 1996 年版，第 199 页。

将制度作为解决问题的首要途径，这不仅是因为制度化的途径的确可以帮他解决现实问题，还因为非制度化的途径或者没有发展起来或者即使发展起来也没有市场，因为与正式制度这一制度化的途径相比，后者更具有合法性与确定性，因而也就更容易成为人们青睐的解决问题的方式。非制度化的途径则存在着人为因素的影响而使得结果存在不确定性与不公正性，这种不确定性与不公正性的存在也就降低了人们对这种方式的依赖度与信任度。

反观中国，人们的行为由于受到非正式制度精神的影响而受到极大的限制，这主要体现在他们对行为方式的选择上，在一个非正式约束发挥主要作用即正式制度得不到尊重与贯彻的地方，人们即使在内心里希望通过正式制度的途径来解决问题也难以选择这种方式，因为人治因素的存在会使得结果出现不确定性的可能性大大增加，实践中往往会出现人们依靠非正式的途径解决了问题，但依靠正式制度的途径则会久拖不决，并且当这种情况并非个案而是呈普遍性存在时，人们的行为方式在选择时就受到极大的限制，使得他在更多情况下只能选择当前最有可能帮助他解决问题的那种方式，尽管存在着诸多的不确定性，如时间期限的不确定以及最终结果的不确定，但是与其他方式相比较而言，非正式制度途径已经是一种比较有效的处理方式了。因此，两种不同形态的制度精神借助各自不同的影响力而在实践中限制了人们从事具体行为时可选择的行为方式。

二　心理暗示与观念支撑

无论是哪种形态的制度精神，实际上它们不仅引导和限制着人们的具体行为选择，更为重要的是，它们还会对人们的思维方式及心理产生重要影响，这种影响一方面可以让人们在思维上形成一种被不断重复和强化的惯性思维，不过此时的惯性思维并不一定是人们的一种积极主动的行为，也存在一种可能，即人们受到传统习俗的影响而习惯性地承接了传统的处理方式，但并没有在心理上主动地认知和把握，毋宁说是处于一种被动接受的状态。另一方面则可以让人们在心理上产生一种"自觉"意识，进而通过这种自觉人们可以积极地选择自己的行为，使自己的行为在更大程度上符合制度精神的内在要求。

（一）惯性思维的养成

从比较的视角来看，中国传统社会重权轻法、权大于法的人治观念根深蒂固。在中国传统封建社会的历史长河中，王权高于一切，权力支配法律，法律服从于权力，法律成为王权得以实现的御用工具。"几千年来，'礼'支配着法律实践活动的内容和形式，它不仅被法典化、制度化，使古代法律制度每个方面都散发着不平等的气息，而且制约着人们的思维方式。"① 在这样一种惯性思维的熏染下，人们的日常行为便带有了"人治"的色彩与痕迹，行为上的不断重复就带来了人们观念上的强化，当惯性思维形成并作用于人们的头脑之中时，这种以人治为特征和表现的制度精神就为人们的行为尤其是将来的行为提供了某种心理暗示，尽管这种心理暗示有时是消极的，不是出于行为人自身的主动认知，但是这种心理暗示的作用仍然很大，以至于在实际的政治生活中会影响正式层面的制度的贯彻与遵守。正如梁治平等所言，"中国固然制定了不少的法律，但人们实际上的价值观念与现行法律是有差距的。而且，情况往往是，制度是现代化的或近于现代化的，意识则是传统的或更近于传统的"②。

　　然而在西方，法律和制度在政治、经济和社会生活中具有至高无上的崇高地位。自古希腊罗马以来，西方人一直深受自然法等观念的影响，中世纪占支配地位的神学也依然没有将这种对制度的敬畏与遵奉所展现的制度精神打破。孟德斯鸠在分析古代法律的时候指出，如果人民有着良好的品德，那么在很大程度上便可以简化刑罚，使得法律更易于得到遵守和执行。他进一步举例说："罗马的人民性格正直。这种正直有很大的力量，所以立法者常常只要向人民指出正当的道路，让人们依从就够了。对他们似乎只要劝告，并不需要命令。"③ 这里的"品德"显然就是使法律得到遵守和执行所需要的制度精神。而正是有了这种制度精神的存在，具体法律的实施与执行就能够较容易地获得人们的依从与遵守，这其中，如果没有"品德"的形成，换句话说，没有"品德"支撑下的惯性思维的养成，法律的执行与遵守也就不会如此容易。虽然此时的遵守其实在更多情况下是一种"路径依赖"式的遵守，即他们不需要或者也不知道要去分析制度本身的合理性，而是受到惯性思维的影响，只知一味遵从制度而忽视或漠视了对制度本身合法性与合理性的质疑。这样，制度精神在观念上初步塑造了人们的惯性思维，并进而在实践中直接影响他们的具体行为。

---

① 李霞：《传统法文化观念与现代法治理念的"二元冲突"》，《理论学刊》2004 年第 4 期。

② 梁治平等：《新波斯人信札》，贵州人民出版社 1988 年版，第 101 页。

③ ［法］孟德斯鸠：《论法的精神》上册，张雁深译，商务印书馆 2005 年版，第 100 页。

（二）"心理自觉"的生成与巩固

既然惯性思维的养成还只是人们观念当中的"不知不觉"所带来的习惯性行为，这也就意味着一旦当人们"有知有觉"后，制度精神本身会出现两种可能：一种可能是得到更加主动的积极的提倡与拥护；另一种可能则是面临被主动抛弃的危险。即当人们认识到对正式制度或非正式制度的遵奉与敬畏已经不能符合时代的发展以及维护人们切身的利益时，相应的制度精神就会发生转变。然而，实际上，我们知道，制度精神的这种转变往往不是自发产生的，因为制度精神本身的稳定性以及独立性会让制度精神自身具备强大的社会影响力，即使在制度精神不能反映社会发展的趋向时也仍会继续发挥原有的影响力。也就是说，制度精神在实际的发展过程中都倾向于让自己不断内化在人们的心中并巩固下来，而不是主动采取"革命式"的方式而变革自己。因此，从这个意义上说，制度精神往往都会倾向于将人们的心理取向与自身内在要求吻合在一起，或者说，让人们由消极的、被动的惯性思维转变为积极的、自觉的心理观念来巩固制度精神的稳定性与长期性。

因此，如果我们把遵守制度最初看作是对人们行为的一种限制和强迫并且需要被动履行的话，那么通过制度精神的协助，人们可以慢慢将这种限制和强迫转化为内心的道德意愿，并外化为一种自然的行为习惯，最终固化成为一种主动履行和自觉遵守的精神信念了。可见，制度精神正是通过这样的模式来不断强化人们的内心信条，使人们养成自觉遵守的道德共识与观念支撑，进而外化在人们的具体行为中以影响社会的整体走向与发展。

三　国家与社会之间的二元互动

制度精神因为在对个体的行为方式与思维方式上有着重要的引导与影响作用，个体作为组成社会的基本单元，就会对社会的整体演进以及国家与社会之间的关系调整起到重要的协调作用。

（一）对社会秩序的调整与规约

在由单个个体所组成的社会中，个体的行为表现与思维取向对社会秩序的生成与维系起着重要的保障作用。在制度精神的作用下，个体的行为表现往往受到制度精神的有效制约而表现出一定程度的合社会性，即制度精神的生成总是与当时的特定社会环境融合在一起的，在这种融合的过程中，人的行为与社会的发展趋向存在一定程度的兼容性，也就是说个体行为的表现会比较符合社会发展的要求而有助于社会秩序的构建与维系。如同"一个民族或社会群体的法律文化传统，具有整合或凝聚该民族或社会群体的功能"①，制度精神也具有这样一种维系社会秩序的功能。"古代中国的儒家，能够将其伦理原则纳入日常家庭生活的惯例当中，因之能成功地将这些原则，变成中国人的第二天性。"② 这种伦理原则就深深嵌入了以父家长为中心、以嫡长子继承制为基本原则的宗法族制当中，"在历代王朝的政治统治中，建立在血缘氏族基础上的宗法制度产生了家国同构的奇妙效应。当国家稳定时，国家组织原则的信息在宗法家族中长期保存，而当国家危机时，宗法族制便成为国家修复的基础"③。因此，尽管这种非正式制度精神在很大程度上抑制了人们的民主权利、破坏了社会公正，但由于它对人们的行为以及思维形成了巨大的规约与威慑，以至于社会的整体秩序并没有被频繁地破坏，整个封建社会时期，在很大程度上是处于一个超稳定的统一体的状态，其社会秩序的整体构建与维系断离不开非正式制度精神的调整与规约。

同样，在西方的法治社会中，对制度的敬畏与崇拜也通过人们行为的验证与观念的强化而对社会整体秩序的发展与演进提供了调整与规约的作用。只不过与中国不同的是，西方社会的血亲关系并没有牢固树立起来，而是随着财产关系的确立而不断被削弱和打破的。曹沛霖指出，"从西方文明发展史看，从氏族社会向奴隶社会过渡时，明显地保留了以血亲关系为基础的氏族社会组织的民主制，并在原始民主制转变为奴隶主民主制的过程中，不断地削弱和破坏血亲关系，代之以财产和地域关系。……可以说，在西方，从氏族社会到政治社会和以后的发展，总的趋势是一个削弱血亲组织的过程。……文艺复兴，连同以后的资产阶级革命、工业革命，对血亲关系进行了一次又一次的荡涤，民主制也随之一步一步地前进。可以说，现代西方民主制的建立是基于破除血亲关系这一前提的，其发展也与血亲关系的不断破除同步而行"④。这种"公民范式对臣民范式的取代，意味着一种新的人际关系的产生和新的制度创新时期的到来"⑤。因为从现实意义上看，"这种身份系统具有独特的契约性质，它已经开始表明人与人之间的关系要通过契约来实现了，不断地

---

① 黄文艺：《当代中国法律发展研究模式、传统与过程》，吉林大学出版社 2000 年版，第 118 页。

② ［美］弗里德里希·沃特金斯：《西方政治传统——现代自由主义发展研究》，黄辉、杨健译，吉林出版社 2001 年版，第 225 页。

③ 马庆钰：《中国传统政治文化的发展逻辑》，《政治学研究》1998 年第 2 期。

④ 曹沛霖：《制度纵横谈》，人民出版社 2005 年版，第 35—40 页。

⑤ 潘伟杰：《宪法的理念与制度》，上海人民出版社 2004 年版，第 111 页。

打破以血缘关系为基础的制度安排，逐步形成以财产关系为基础的制度安排"①。对制度的敬畏取代了对血亲的敬畏，社会秩序也在这种敬畏中获得了新的发展取向，人们通过践行制度精神的要求而维系和调整着基本的社会秩序。

制度精神可以借助制度将人们对制度的遵奉与敬畏传递给社会与公众。对制度的遵奉也就意味着对现有社会规则的认可与遵循，而当人们都按照既有的社会规则来规约自身的言行时，整体的社会秩序也就得以建立和维持了。正如罗尔斯所言："一个组织良好的社会是一个被设计来发展它的成员们的善并由一个公开的正义观念有效地调节着的社会。因而，它是一个这样的社会，其中每一个人都接受并了解其他人也接受同样的正义原则，同时，基本的社会制度满足着并且也被看作是满足着这些正义原则。"② 制度精神本身作为一种价值体系对人们行为上的引导和心理上的暗示起着重要的影响作用。而这种影响又为社会秩序的建立提供了直接的行为基础。"规则——尽管在某些时候会带来冲突——减少了冲突的机会，因为它们用明确的界定来代替普遍性的权利和义务，从而减少了含混不清的事物的数量。它使人们有可能利用一系列被视为合法的优先权来给生活以秩序。"③

（二）对国家治理方式的影响与渗透

个体对社会发展的影响又必然与国家产生密切的关联，或者说国家的治理方式与社会秩序之间的调整有着密不可分的联系。制度精神可以运用自身的理念要求凭借个体的行为表现以及社会的整体演进来影响国家的治理方式，将其理念渗透到这种治理方式当中，使之在国家与社会之间形成一种有效的互动机制。

在中国的传统政治文化当中，道德是作为人的行为的最高准则而被历代统治者所提倡的，并且道德和政治是紧密结合在一起的，因此，对道德的重视与引导就自然牵连到对政治的服从与尊重。"在德礼政刑四种方法中，德政历来被置于首要的位置。……以血缘关系为纽带的宗法关系和在这一基础上形成的伦常的政治文化，对于维护专制王权起到极为重要的作用，因此也就格外受到统治阶级的推崇，而被置于至高的地

---

① 潘伟杰：《宪法的理念与制度》，上海人民出版社 2004 年版，第 97 页。

② ［美］约翰·罗尔斯：《正义论》，何怀宏、何包钢、廖申白译，中国社会科学出版社 2005 年版，第 455 页。

③ ［美］道格拉斯·C. 诺思：《制度、制度变迁与经济绩效》，杭行译，格致出版社、上海人民出版社 2008 年版，第 54 页。

位。"① 可以说，在礼教的约束与规范下的中国民众已经养成了顺从、卑微的性格特点，这种国民性格的出现为统治者制定各项制度并加以贯彻实施无疑起到了自觉维护与忠实遵守的社会效用。当制度精神成为人们日常生活和交往中的天性时，他们便会自觉按照制度文本的相关要求来履行和践行制度的具体规定，虽然人们最初的践行可能是被迫的，但是制度精神会运用自身强大的力量使人们从强迫服从转为自觉服从，把行为上的强迫变成习惯上的自然。

在西方社会中，法治理念的传承催生了民主的产生与发展，但是"只有当人们首先熟知法治的各种传统时，我们才有理由期望他们会成功地运作或维持民主的统治机制"②。换句话说，民主统治机制的运转离不开人们对法治的理解与尊重，或者说离不开人们内心对制度本身的依赖与信任，否则如果人们都对制度失去信心，转而寻求制度以外的路径来解决现实问题，那么整个民主制度体系就会遭到一定程度的破坏，国家在推行民主治理的过程中也就必然会遇到障碍与挑战。博登海默曾经说过，"法律不能变成一个数学或故弄玄虚的逻辑体系。当它的规范性标准和普遍性使法律不会过于变化不动或转瞬即逝时，它的安排必须按照人类社会生活的需要和公正的需要定期地得到评价。因而，法律自治只能是一种不完全的自治。凡是使法律完全摆脱它的外部社会力量的影响，以求保卫法律内部结构的企图，都是注定要失败的"③。可以说，正式制度或规范层面的制度如果离开了民情、习惯等外部因素的影响与作用，这种制度是无法得到执行和人民的认可的。可见，离开了制度精神的庇佑，再强大、再全面的法律也不能得到有效的贯彻，国家意志也就难以得到较好的实现，因此，在这一点上，制度精神可以有助于国家治理方式与治理理念在现实中得到确立与传袭。

四　制度精神的消极功能

基本上，上述所言都是从积极的角度来分析制度精神对社会发展的意义与作用，但这并不是说制度精神不存在对社会发展的消极方面。实际上，制度精神本身也会对社会发展产生一些消极的功能，这主要体现在以下两点：

---

① 马德普主编：《中西政治文化论丛》（第一辑），天津人民出版社2001年版，第26页。

② ［英］弗里德利希·冯·哈耶克：《自由秩序原理》（上），邓正来译，生活·读书·新知三联书店1997年版，第143页。

③ ［美］博登海默：《法理学》，张智仁译，上海人民出版社1992年版，第225—226页。

第一，对人们思想的禁锢。

就中国而言，两千多年的封建帝制把人们对"礼"、"权力"的敬畏根深蒂固地内化到人们的思想当中，使得人们更多地受到非正式制度的强力约束，以至于中国历史上出现"以理杀人"、"以礼杀人"的局面，因为人们的思想被禁锢在一种极端的认识层面上，对此，梁漱溟评价道："中国弥天漫地满是义务观念，在西洋世界上却活跃着权利观念。"① 这种只知尽义务而鲜有享权利的观念形成了禁锢人们思想的来源，如"贞洁烈女"的观念，一旦社会中有人敢于"僭越"或者挑战这一观念，他必然会受到当时社会舆论的整体谴责，在某些地方还会运用更加严厉的惩罚来强化人们对这一约束的绝对服从；此外，在社会主义现代化快速发展的今天，民主、法治等思想已开始逐步树立起来，可是在现实生活中仍然会受到传统人治思想的影响与干扰，可以说，建立在非正式制度基础上的制度精神一旦社会的习俗、惯例发生了巨大的改变，制度精神就会表现出对新的思想的不适应性，并且要对新思想的形成与培育起到观念上的阻碍作用。同样，对于西方社会建立在正式制度基础上的制度精神，虽然它形成了对正式制度的一种遵奉与敬畏，有利于民主的发展与个人权利的维护，但是它却也同样消解了个体与国家之间的紧密联系，它把人们的思想禁锢成这样一种境界：当国家侵犯到我个人的利益时，我必须运用制度毫无保留地捍卫我的权益，哪怕这种捍卫会损害国家的利益和社会的利益。可以说，西方过度的个人主义已经把人们的思想带到了另一种极端，个人权益至上，它所带来的严重的社会后果便是，在国家与社会和个人之间关系的这一链条上，个人利益的至尊性导致个人这一链条的脆弱性，而这种脆弱性会极大地威胁到社会和国家的整体利益和安全。美国频发的校园枪击案、挪威震惊世界的爆炸枪击事件等，实际上都是个人这一链条上的脆弱不堪所致，因为他们只看到个人利益，而没有考虑到国家和社会的利益，因此，西方的正式制度精神也在经受着巨大的考验。

第二，对社会发展的潜在束缚。

对我国来说，非正式制度精神由于天然地与民主、权利相对抗，这使得我们的现代化进程遇到了极大的挑战，在这种制度精神的影响下，官本位意识浓厚、人情因素占据很大权重成为人们日常交往的首要准则并由此破坏了公平、公正氛围的形成与营造，与当今民主的发展趋势背

---

① 梁漱溟：《中国文化要义》，学林出版社 1987 年版，第 93 页。

道而驰。"中国的圣贤先哲所构筑的那套礼治秩序，恰恰不是为了人的尊严与自由，反过来是压抑和抹杀人的自由与个性。……礼治秩序对社会中的个体实现了精心巧妙的组织与确定，然而可惜的是它对个体的组织与确定，不是让他们最大限度地发挥生命的潜能，不是让个体自我负责地实现生命的过程，相反却把个体'长幼有序'地固定化，使其身在其中而不能动弹，没有个性的出路。"① "整体主义价值原则及其与专制主义的联姻，严重束缚了中华民族的发展。"② 反观西方，以个人主义作为人生哲学基础理论，形成了西方的个人主义和自由主义人生观。这种人生观主张人是独立的个体，享有独立的权利。在过度强调个人利益至上的社会环境中，对国家利益的忽视与漠视正成为西方社会社会发展的"瓶颈"，托克维尔曾说："个人主义是民主的自然产物，它会拖着个人远离公共生活，使他沉溺于私生活领域，使人们彼此疏离，其结果必然会削弱社会的凝聚力，个人主义的发展，也为国家政治权力无节制、无休止地发展和膨胀提供了危险的机会。"③ 尼斯贝特也对个人主义对社会的危害进行了生动的描述："在 19 世纪谈个人主义信念，使人想到的是开发西部边疆、拓荒探险的开拓精神；今天谈起个人主义，却只能使人想到在社会中被异化的人们——从孤独胆怯的老人到盗窃犯、恐怖分子的一幅幅暗淡的景象。个人主义已经发展成癌症，它使社会不再是由人们的共同志趣、共同利益汇集而成，而是蜕化成为一片被孤独邪恶以及以掠夺为生的人们所占据的热带丛林。"④ 每个个体都把自己看成是目的，而把对方看成是实现目的的手段，以至于恩格斯严厉地批评道："（这种关系）使主体从属于谓语，使整体从属于部分，因此把一切都弄颠倒了。"⑤ 此外，"西方近代革命以来确立了以个人主义为价值归宿的宪政制度安排，确认了一种新的政治文明体系，但并不意味着资本主义社会已经解决了人类的所有问题，成为不可替代的制度设计；相反，由于这种合法性是建立在市民高度同质化的基础上的，从而具有了一种脆弱性，对市

---

① 刘再复、林岗：《传统与中国人》，安徽文艺出版社 1991 年版，第 154 页。
② 刘晓虹：《试论中国传统价值体系中的整体主义及其在近代的变革》，《兰州大学学报》（社会科学版）2000 年第 5 期。
③ 转引自［英］史蒂文·卢克斯《个人主义》，阎克文译，江苏人民出版社 2001 年版，第 9 页。
④ 转引自叶良茂《"集体主义过时论"辨析》，《道德与文明》2002 年第 5 期。
⑤ 《马克思恩格斯全集》第四十六卷上册，人民出版社 1956 年版，第 675 页。

民社会任何一个组成部分的否定，都可以引发西方国家的合法性危机"①。因此，从这个意义上来看，东西方两种不同形态的制度精神是难分胜负的，各有利弊，且在社会发展的今天，它们已经遇到了各自发展所面临的"瓶颈"和障碍，由此对各自的社会环境又起着不可避免的负面影响。

小　结

实际上，在制度精神的诸多特点当中，自觉性是制度精神的一个鲜明又突出的特点，正是自觉性的存在才能够确保制度精神对人本身在思想和行为上的双重指导意义。然而，我们必须再次明确，制度精神的这种自觉性特征之所以能发挥如此巨大的作用，至少需要两个因素：一是时间，二是传统。前者是这种自觉性可以稳定地存在于人们心中的一个必不可少的客观要素，没有时间的积累，制度精神往往是短暂而不稳定的；后者则是自觉性得以实践化的基本物质条件。埃德蒙·伯克与托克维尔以不同的视角发现了传统与现代之间的张力对制度变迁的意义。在他们看来，传统及其所代表的价值内核可以为一个社会在急剧变革的过程中提供最低限度的整合基础。② 并且，事实是，一个由于成功的制度创新而实现法治社会的文明体，在很大程度上将永远是一个与社会长期积淀下来的习俗紧密相连并受习俗制约的社会。因为"如果一个民族爱护并遵从法律——因为这些法律出自一个神圣的源头，是它所崇拜的一代代先人的遗产，并与它的道德观念水乳交融——那么法律就会使它品德高尚，而且，即使这些法律并不完善，但是同仅仅根据权力的命令而实施的更好的法律相比，仍然会产生更大的美德，以及随之而来的更大的幸福"③。当然，制度精神的其他特点也都同等重要地发挥着各自的作用，它们共同推动制度精神由一种理念转化成一种现实，进而发挥其重要的社会功能。

此外，尽管制度精神本身存在着对社会发展的负面影响，但问题的关键实际上并不是它是否会对社会发展起负面影响，因为任何一种制度

---

① 参见陈周旺《正义之善——论乌托邦的政治意义》，天津人民出版社 2003 年版，第247—250 页。

② 潘伟杰：《宪法的理念与制度》，上海人民出版社 2004 年版，第165 页。

③ ［法］贡斯当：《古代人的自由与现代人的自由》，阎克文等译，商务印书馆 1999 年版，第266 页。

精神随着时间和实践的发展总会日益暴露出自身的弊端而使得这些弊端一再消解本身原有的优势,所以真正重要的是,在何种情况下,什么样的制度精神可以对社会发展起正向的积极的作用,制度精神到底是如何逐步而缓慢地影响着人们的思想与行为,它会受到哪些因素的影响与干扰,我们该如何创造有利的条件来让制度精神与制度文本保持一致的发展方向,我们应该如何培育此种制度精神,等等。对这些问题的回答,也就成为后面章节所要探讨的重点问题。

第四章 制度精神的选择与生成

　　中国和西方因为在历史发展的长河中出现了不同的分叉点，使得各自形成了不同的制度精神与诉求，然而我们很难说二者孰优孰劣，因为尽管西学在近现代获得了惊人的并且主导的力量，其对科学、民主、制度的推崇使得其一度占据社会发展的主流，成为世界各国争相效仿的对象，而中国的儒制传统虽然给古代中国带来了灿烂的文明却给近代中国带来了几乎灭顶之灾，但是我们也要看到西方社会发展中所面临的困境与挑战，如个人主义至上带来的社会责任的缺失、对个人利益的过度重视带来信仰的迷茫、对制度的程序性迷恋带来的社会公正的缺乏，等等。因此，我们要培育的制度精神就不单单是二者的简单组合，而是在借鉴基础上的一种有机的融合。或者说，中国确立宪政制度的过程就不仅是一个告别传统制度的过程，而且是一个超越现代西方法律制度的过程。……它宣示着与传统国家制度不同的价值以表明对人类制度文明的接受，强调着与西方制度不同的理性以表明对西方制度文明的审视，从而赋予中国推进宪政制度建设的独特内涵和价值取向。我们必须有自己的制度安排和价值选择。[1]

　　本章重点研究的内容有两个方面：一是在当今时代条件下，从中国政治制度体系的视角来看，我们需要什么样的制度精神来推进我国的社会主义现代化建设以及和谐社会的构建；二是制度精神从生成模式上来看存在哪些类型。对于这些类型的具体分析将有助于我们对制度精神的整体的构建过程有一个明确的认知，并对引导我们当前的制度建设和制度安排提供一定的借鉴。

---

　　① 参见潘伟杰《宪法的理念与制度》，上海人民出版社 2004 年版，第 278 页。

第一节　正式制度精神：我国当下的必然选择

既然制度精神分为非正式制度精神和正式制度精神两个层面，并且这两种形态的制度精神又分别是在中西方社会深厚的时代背景下所孕育而成，那么在社会主义现代化的今天，在当下的中国，我们应该运用何种形态的制度精神来为社会发展以及人民利益服务呢？正如本书开篇所言，在当前我国的政治场域中，为什么会出现有些设计很好的制度在实践中并不能取得较好的社会效果，以及某些从西方社会借鉴而来的制度形式在我国的土壤中就难以生存，出现"淮北为枳"的现象。这些问题的背后其实是制度精神在其中起着关键的引导作用，而要改变上述制度在实践中出现的困境与问题，笔者认为，其关键在正式制度精神。正是由于人们对正式制度缺少足够的敬畏与尊重，才使得人们在很大程度上既不会按照制度的具体要求来做出行为，也会刻意用行为上的不遵守来表明对制度的不尊重。这种对正式制度敬畏心理的缺失使得人治因素在人们的日常行为中占据较大的比重，由此破坏了制度本身的权威，并进而影响了中国的民主化与法治化的进程。因此，从这一意义上说，我国当前重点要培育的是西方社会的正式制度精神，这也是我们当前社会发展面临的必然选择。具体而言，原因在于：

一　民主发展的内在要求

在被誉为第一部论述民主制度专著的《论美国的民主》中，托克维尔早已指出贵族制度的必然衰落和平等与民主发展的势不可当。他说，"平等的逐渐发展，是事所必至，天意使然。这种发展具有的主要特征是：它是普遍的和持久的，它每时每刻都能摆脱人力的阻挠，所有的事和所有的人都在帮助它前进。"[①] 时至今日，民主已经成为各个国家为自己统治汲取正当性和合理性所必不可少的一个基本原则。"现在世界上正出现一种新的风气，它想在人类的当下境况中找到一致的方面，甚至还想找到一种已经露出端倪的世界公民身份。人们也越来越多地从这样的背景出发，来看待民主所使用的语言，以及它带给人类的希望。……随之而来的是，人们把民主看成了实现个人与集体愿望、表达利益要求、

---

① ［法］托克维尔：《论美国的民主》上卷，董果良译，商务印书馆2006年版，第7页。

培育市民社会的根本手段。"① 换句话说，当一个国家没有依照民主的原则和理念来进行社会的治理时，那么这个国家往往会因为违反民主的趋势与要求而受到国家内部甚至国际社会的质疑与谴责。因此，民主已是当今社会发展的大势所趋，它既为社会发展提供方向性的指引，也为国家建设提供原则性的规约。政治建设与发展必然要在民主的前提之下才能取得公认的和有效的进步与完善。

由此，在正式制度精神和非正式制度精神两者之间进行两相比较时，我们会发现，前者比后者更容易催生和推动民主观念的形成与发展，理由如下：

1. 民主与程序

"要实现民主，就不能仅在法律里面规定权利，还必须为各种民主权利的行使规定程序。"② 程序是保障实体权利得以实现的一个重要的法制条件，没有程序的规定，许多权利可能会因为缺乏可操作性而不能实现。因此，可以这样说，程序是法治社会为民主提供的最主要和最重要的物质条件。

从理论上来看，由于正式制度精神是建立在正式制度基础之上的，那么这种制度精神所带来的便是对正式制度的敬畏与服从，也就是说，当人们在现实生活中遇到自身利益受到损害或侵犯从而要维护自身利益时，他们的求助对象是按照严格程序制定出来的相关制度，这种对程序上的民主的追求成为现代民主的一个典型表现。尤其在熊彼特那里，民主只有通过制度的程序性规定才能得到充分的展现，为此他断言："民主原则仅仅意味着，政府的统制手段应交给获得了比任何一个竞争的个人或集团更多的支持的那些人。"③ 因此，"民主是一种政治方法，也就是说，民主就是为达到——立法或行政方面的——政治决策而实行的某种形式的制度安排。"④ 他进一步解释道，"民主的方法"就是"某些人通过竞取人民选票而得到做出决定的权力"的方法。⑤ 可以说，熊彼特的理论对于近期民主理论的重要意义不言而喻，尤其对于"民主方法"的描述以及谈到在民主方法中参与的地位，在最近的民主理论中几乎广为接

---

① ［日］猪口孝、［英］爱德华·纽曼、［美］约翰·基恩：《变动中的民主》，林猛等译，吉林人民出版社 1999 年版，第 2 页。

② 袁付平：《法治、人治与民主》，《山东大学学报》2003 年第 1 期。

③ ［美］熊彼特：《资本主义、社会主义与民主》，吴良健译，商务印书馆 1999 年版，第 341 页。

④ 同上书，第 302 页。

⑤ 同上书，第 337 页。

受，这些观点也都可以从达尔（Dahl）、萨托利（Sartori）、艾克斯坦（Eckstein）等当代民主理论家身上找到踪迹。① 以达尔为例，达尔便是从制度这一维度直接对体现民主的各项制度进行了如下规定：在他看来，判定一个制度是不是民主化的，可以依次用这五个标准去衡量检验。这五个标准是：（1）有效的参与；（2）投票的平等；（3）充分的知情权；（4）议程的控制；（5）成年人的公民资格。② 显然，这些制度安排都是从正式、规范层面上来谈的那些正式制度，正是建立在这些具体制度安排的各项程序基础上，民主才能借由这些制度得以充分地展现出来。

反观非正式制度精神，由于它建立在非正式制度的基础之上，它体现的是对传统习俗、惯例等非正式约束的一种遵奉与敬畏，意即当人们在现实政治中遇到自身利益受损时，他们会主动并首要依靠这些习俗惯例等非正式制度来维护自身的权益，而不是首要寻求正式制度的庇护，随之而来的往往是对正式制度所确立的社会规则的一种破坏与消解，正式制度被弱化至少会带来两种不良的社会后果，一是专制，二是腐化。当社会的秩序与人际关系的调整主要依靠非正式制度而不是正式制度来规约的情况下，人本身的主观性和随意性被无限放大，尤其当他处于拥有一定权力的条件下更是如此，权力会因为这种人为因素的影响而变得不可预知和无法确定，由此也带来了难以预期的行为和不可控的后果，进而为专制的产生与生长提供了土壤。腐化作为正式制度弱化的伴生物，是随着人情关系的浓厚而衍生出来的社会产品，在一个依凭法律来处理人际关系和社会事务的国家，腐化是难成气候的，因为正式制度的明确而具体的规定会让一切在公开透明的环境下运行，人们很难通过人为的方式和手段去改变法律上确定的结果，就算有也属于少数情况，然而，在一个由人治占主导地位的国家里，只要拥有足够的必要的社会资源，就可以凭借这些资源以及繁杂的人情网络来改变本已确定的事实和行为，进而使得资源与财富向少数握有资源和关系的人聚集，当这些人更主要地运用资源和关系来为自己谋私利时，腐化就不可避免了，社会的正义与机会的平等受到极大的挑战，人们不是依靠和相信自己的能力立足于这个社会，而是依靠和相信人脉人情立足于这个社会，在这种情况下，社会得以维持其正常运转和稳定秩序的基本规则便遭到了破坏，其结局不是社会的崩溃便是政权的瓦解。这样，不公正的情况便会出现，社会

① ［美］卡罗尔·佩特曼：《参与和民主理论》，陈尧译，上海人民出版社 2006 年版，第 5 页。

② ［美］罗伯特·达尔：《论民主》，李柏光、林猛译，商务印书馆 1999 年版。

生活往往不是以明确的标准通过严格的程序来加以调整，而是以关系的亲疏远近和利益的主观分配来进行，社会因为不是按个人实际能力并提供公平机会来维持基本的秩序，而是按个人的人脉关系并提供排他性的、非竞争性的机会来维持基本的秩序，由此，只能催生和诱发专制政治的形成与发展，与民主政治的发展趋向实际上是背道而驰的。

可以这样说，"在西方是人本主义基础上的民主理念和法治主张，在中国则是民本主义基础上的专制理念和人治主张。"① 刘世军认为，"民本思想在中国传统政治的主流中是与专制思想相互依存的，圣君贤相以身作则，教化庶民，上行下效，最后达到一种无为而治的理想，这是中国传统思想中根深蒂固的死结"②。民本思想在弱化正式制度的权威或者说使制度走向伦理化的过程中无疑起到了重要的推动作用，由此正式制度沦为人们在调节社会伦理关系方面的一种辅助的工具，人际关系伦理化使得人们在现实生活中遇到问题首要的解决方式并不是法律，因为他们知道法律不能帮他们解决实际问题，而是人情世故、人脉关系，从某种意义上说，这种伦理化而非法治化的处理方式最大限度地阻滞着正式制度在社会生活中的独立地位与独立价值，正式制度得不到应有的尊重必然会模糊道德与制度之间应有的界限并降低正式制度自身的权威，而被道德化的非正式制度也往往随着道德、人情的发展而践墨随世，杨鸿烈明确指出，"中国向来是道德与法律的界限没有十分清楚的。……中国的法典范围尽管甚广，而凡道德思想之著于经义而未被法典包括，或法典之所定而未能符于经义者，则经义之效力往往等于法律，或且高于法律"。③ 蔡尚思亦将孔学思想与民主政治之间的关联进行了深刻剖析，他得出的结论是，孔学思想是反民主政治的，"如果儒家孔孟等是民主主义者或有民主主义的思想，那我就宁愿做一反民主主义者，来和他们对立"。④ 虽然对于中国封建时期是否具有民主的性质抑或是彻底的专制还存在着争议，但是我们可以从比较意义上看，与西方社会相比，我国封建时期的政治特征总的表现为专制而不是民主这一点还是可以肯定的。因此，从这个意义上说，正式制度精神所体现的对正式制度的敬畏与遵从，更有利于民主观念的产生与发展。

①　潘伟杰：《宪法的理念与制度》，上海人民出版社 2004 年版，第 293 页。
②　刘世军：《近代中国政治文明转型研究》，复旦大学出版社 2000 年版，第 149 页。
③　杨鸿烈：《中国法律发达史》上册，上海商务印书馆 1930 年版，第 4 页。
④　蔡尚思：《中国传统思想总批判》，李妙根导读，上海古籍出版社 2006 年版，第 88 页。

2. 民主与权利

民主不仅体现在一系列经由明确具体的程序所规定的各项制度安排上，还体现在公民个人权利的拥有与实践上。权利观念在西方产生于古代的希腊罗马，那时候的思想家们在探索宇宙的本源和规律后将之延伸到现实的政治生活，把政治秩序的建立看成是人类社会发展的必然需要，个人的权利与道德深深地嵌入到实际政治生活当中，成为古希腊政治学发展的一条主线。虽然后来的西方社会经历了所谓漫长的"黑暗的"中世纪，神学政治观主导着现实政治，个人权利成为上帝的附属品，但是文艺复兴以后，人文主义者们开始用"人的眼光"来观察社会和国家，逐渐摆脱了神权的控制与阴影，而随着近代一大批资产阶级学者的涌现，如洛克、卢梭等，"天赋人权"的观念成为近代资产阶级发展壮大的一个主流价值观。人天生是平等的，每个人都有与生俱有的、不可剥夺的权利。政治社会与公共权力的目的就是维护和促进个人的权利。① 个人权利至上成为政治社会的流行术语，也成为人们心中坚定不移的信条。这对开启民智、推动民主发展等方面有着无法忽视的积极意义。徐大同便将西方近代的政治传统总结为"权利政治观"，认为"权利政治观是西方近、现代政治思想的主流"②。达尔也认为，"尽管与规模因素联系不大，但个人权利的增加无疑是古代民主与现代民主之间一个最为显著，甚至是令人吃惊的特征"③。近代资本主义的发展更是将个人权利推到了至高无上的地位，因为正式制度的发达与相对完善使得个人权利的享有与实践都能获得制度上的保障，而建立在个人权利基础之上的民主也因此获得了长足的发展。

反观我国，对非正式制度的敬畏与崇拜转化在现实政治生活中就是用一系列"仁义道德"的礼制传统来束缚人们的思想，使得他们不仅从行为上更是从心理上彻底地默认了个人权利被压制的合理性与合法性。虽然"仁义道德"的提倡与宣教在历史上的一定时期内为维护帝国的长期稳定起到了必要的维系作用，但同时也带来了只重国家利益而漠视甚至无视个人利益的专制治理模式，这种治理模式在宋明时期遇到了挑战，一度出现"以理杀人"的社会现象，即人们为了服从这些礼仪道德的约束，必要时要求人们放弃生命来维系，这种漠视生命的极端现象充分体

---

① 参见徐大同《西方政治思想史》，天津教育出版社 2005 年版，第 8—9 页。

② 马德普主编：《中西政治文化论丛》（第一辑），天津人民出版社 2001 年版，第 57 页。

③ ［美］罗伯特·达尔：《民主及其批评者》，曹海军等译，吉林人民出版社 2006 年版，中译文导言，第 5 页。

现了个人权利的现实脆弱性。同样，新中国成立初期个人权利也遭遇到了严峻的挑战，个人没有也不允许追求个人层面的任何利益，而且如果谁要通过这种方式首先获得财富与地位的改变反而成为社会批判的对象，这种对个人权利的极端漠视实际上为所有人构建了一个庞大的"利维坦"，对个性以及个人利益的严格禁锢既是构成"利维坦"的核心与关键，也是最终导致"利维坦"坍塌的内在决定力量。因此，对个人权利的忽视与弱化往往导致专制的盛行与发展，而西方由于体现了足够的对正式制度的尊重而维护和保全了个人权利，进而推动民主的向前发展。

从实践意义上说，制度安排及其所体现的制度精神代表了政治社会的基本秩序和取向。① 非正式制度精神与正式制度精神各自来源于东西方两种不同的社会并形成了两种截然不同的政治取向与社会准则，正是东西方两种不同的社会形态真实地印证了两种制度精神的内在特性与本质，为我们展示了民主与专制的不同背景与特点，从而为我们客观准确地分析提供了可信赖的现实基础。因此，从比较的视角而言，我们可以得出这样一个结论：正式制度精神无论在制度建构上还是在个人权利保障上，都优于非正式制度精神而更能推动民主观念以及民主实践的发展。而在当今民主成为世界性发展潮流这一趋势影响下，努力培育正式制度精神便成为我们政治建设的必然选择。

二　法理政治的迫切要求

众所周知，人类社会的政治发展经历了重大的转型与变迁，这种变迁主要体现在"政权的合法性基础已经由神秘天意转向了公民意志；政治成员的社会关系也由'身份走向契约'；政治权力架构也由血缘性伦理政治走向了平民性法理政治"②。法理政治的出现使得现代社会的政治发展走向出现了某种程度上的趋同性。虽然"不同的政治类型具有不同的价值基础，而同一价值基础可以有不同的政治表现形式；价值基础的变化对于政治发展而言具有先导性和引领作用，价值基础的共性由于经济生活方式的同质化趋向而日益成为社会政治发展中的思想资源，因而竖立其上的法理政治亦成为现代化社会的共同走向"③。因此，在这一趋势的影响下，按照正式制度精神的内在要求来加强人们对制度、对法律的信任与敬畏就成为当前我国政治发展的一种迫切要求了。

① 潘伟杰：《宪法的理念与制度》，上海人民出版社 2004 年版，第 215 页。
② 潘自勉：《论法理政治及其价值基础》，《社会科学》2000 年第 7 期。
③ 同上。

前已论及，我国制度精神的主要表现形式是非正式制度精神，它所带来的专制色彩以及对个人权利的漠视等都不利于我国当前的政治文明与制度建设。"一个国家的公共制度的发展，如果试图为社会发展提供规则，那么它就必须在自我革新与不断开放中进步。"① 显然，如果依旧按照原有的非正式制度精神来引导我们的现实政治而不懂得自我革新或调整，那么现实政治的发展必然会走向与民主发展相反的路径。可喜的是，我们早在 1997 年就提出了"依法治国"的重要治国方略，力图构建一个政治文明的现代化法治国家。正是有了这一方向性的指引，我们的制度精神建设才有了现实的依凭。为了配合并共同实现依法治国这一重要方针，我们也必然要以正式制度精神来指导和塑造我们的政治文化与社会风俗。综合来看，我国政治发展的现实情况主要体现在以下几个方面：

1. 非正式制度精神"有余"

费孝通认为，中国基层社会是乡土性的，或者，用社会学家的话说，是所谓"礼俗社会"，在这种社会里，是"规矩"而不是"法律"在规约着乡村社会的整体秩序，而这种"规矩"便是"习"出来的"礼俗"，它不需要有形的权力机构来维持，它需要的是传统和习惯。这种秩序注重修身和克己，依靠调解来解决纠纷，打官司被视为丑事，讼师更为众人所不齿，与这种秩序相配合的是一个缺少变化的社会，或者，用更加确定的说法，一个前现代的社会或传统社会。而在"法治"这一面，基本的规范是法律，法律依靠国家的强制力量来实施并从外部对人的行为加以约束，法律同时着眼于个人权利的保护，因此鼓励人们主张各自的权利，亦不以涉讼为耻，律师在这样的社会中占有重要的位置，与此相配的社会是一个变迁很快的社会，也就是现代社会。② 也就是说，传统的中国社会一直是用人们对习俗惯例这些非正式层面的制度的敬畏与遵从，在这种基础上形成的制度精神早已潜移默化在人们的行为与观念之中，成为中国传统社会的主要精神特征。以至于梁治平认为，"根据一般流行的见解，传统的中国社会，从政治学的方面看，是一个'人治'的社会，从社会学的方面看，是一个'礼治'的社会，而无论'人治'还是'礼治'，在今天都不具有超越时代的意义，因为归根结底，它们只是另一种社会、另一个时代的范畴。在讲求自由、民主和法治的现代社会里面，这些范畴既不具有正当性，也无法成为一种积极的精神资源"③。因为从

① 潘伟杰：《宪法的理念与制度》，上海人民出版社 2004 年版，第 303 页。
② 参见费孝通《乡土中国》，生活·读书·新知三联书店 1985 年版，第 5—60 页。
③ 梁治平：《从"礼治"到"法治"》，《开放时代》1999 年第 1 期。

客观意义上看，"礼治"与"法治"是分属两种不同情态社会环境的秩序类型，那么当社会情态发生改变了，与之相匹配的秩序类型也必然要做出调整，才能始终与不断变化的社会情态相吻合。因此，在以民主、平等、自由为主要价值取向的现代社会里，"过多"的"礼治"与"人治"所维系的封闭的落后的社会秩序已经不能适应飞速发展的社会情境，并且当这些非正式层面的制度精神已经成为阻碍社会发展的消极的精神资源时，改变它就成为势所必然的选择。

2. 正式制度精神"不足"

相对应的是，当非正式制度精神出现"过剩"的情况，正式制度精神就必然面临"短缺"的窘境。中国传统政治思想倡导"君权同体、家国同构"，君主就是权力的代表，国家就是无数个家庭的组合，听从父命也就意味着要听从君命。

"以吏为师，以君为师确认皇帝及其臣下——各级官吏的思想和行为，是全体社会成员的思想、行为的准绳和楷模，把统治者的意志普遍化为社会的意志，使思想从属于政治，用权威来裁决认识，各种学说、理论和主张只有为王权和专制秩序服务，并为统治者所首肯，才有存在和发展的余地。这造成了士人对行政权力的严重的依附性，造成了文化、教育对政治的绝对从属性，迫使社会成员最大限度地服从政治系统中枢的权力意志，保持行为以致思想的一致性。"① 由此也必然带来人们对权力、对人的敬畏，而不会产生对法律、对制度的敬畏。

正式制度精神的"先天不足"使得我国现代政治发展面临重大的挑战，"官大于法"、"权大于法"的现象仍然存在，对个人权利的漠视与不尊重使得个人在于国家之间关系调整的过程中因为处于劣势而难以有效维护自身正当权益，程序正义的缺失使得我国的司法实践面临重大考验，冤假错案、屈打成招成为法律实践中难以杜绝的现象，等等。实际上，在这些现象的背后，都隐含着这样一种逻辑，即正式制度精神的"不足"严重影响着我国当前法治建设的现代化进程。为此，就需要将这种精神有针对性地树立并培育起来，以应对当前政治建设中的困境与挑战。陈明明也提到，21世纪中国政治发展面临着一些挑战，其中，实质民主与形式民主的分离成为政治发展迫切需要解决的一个问题，他提道："在计划体制下的中国，民主通常被解释为阶级民主，……而且在理论上它被升华为一种抽象的'公意'，在国家吞噬社会的情况下，又被解释为国家

---

① 金太军：《论中国传统政治文化的政治社会化机制》，《政治学研究》1999年第2期。

意志，结果走向自己的反面。这是旧体制下民主最大的悖论。……公民政治的基础是普选制，普选制的精神是无差别原则的权利平等，只要是公民，没有剥夺政治权利，政治系统就应对他们开放。这就使发展形式民主提上议事日程。"① 这里所说的"形式民主"就是指向能够实现程序正义的各类正式制度安排，而这些制度安排恰恰是我们当前政治制度建设中所欠缺的。因为正式制度精神的养成端赖于具体的正式制度形式，没有这些程序性的制度作为保障和基础，正式制度精神也就无从得到体现。

三 制度体系构建的必然要求

胡锦涛同志在"七一讲话"中专门指出：中国特色社会主义制度，是当代中国发展进步的根本制度保障，集中体现了中国特色社会主义的特点和优势。我们推进社会主义制度自我完善和发展，在经济、政治、文化、社会等各个领域形成一整套相互衔接、相互联系的制度体系。② 习近平强调，法规制度带有根本性、全局性、稳定性、长期性。要贯彻全面深化改革、全面依法治国的要求，加大反腐倡廉法规制度建设力度，把中央要求、群众期盼、实际需要、新鲜经验结合起来，本着于法周延、于事有效的原则制定新的法规制度、完善已有的法规制度、废止不适应的法规制度，努力形成系统完备的反腐倡廉法规制度体系。③ 胡鞍钢等认为，加快社会主义政治民主制度建设的时机已经成熟，建立社会主义政治民主制度应当成为今后中国政治体制改革的主题之一，无论国家的意识形态和政权形式如何不同，所有国家在本质上都是"公共权力"的制度安排，为此，他们提出了构成国家基本制度建设的一整套制度体系的八大机制，分别是：强制机制、汲取机制、共识机制、监管机制、协调机制、表达机制、整合机制、再分配机制。④ 以此来构建一系列相对完整的基本制度体系，也只有将正式制度首先确立起来，建立在此基础之上的制度精神才能得到切实有效的展现。然而，我们必须明确，正式制度的确立只是制度体系构建过程中的较为容易的第一步，更为困难和更为

---

① 陈明明：《新世纪中国政治发展面临的挑战和希望》，《探索与争鸣》2000 年第 3 期。
② 参见胡锦涛"七一讲话"全文，http：//www. zmmc. com. cn/Home/srCompanyContent. as-px？ id = 19669&type = 6。
③ 习近平：《加强反腐倡廉法规制度建设让法规制度的力量充分释放》，新华网，http：// news. xinhuanet. com/politics/2015 – 06/27/c – 1115742379. htm，2015 年 6 月 27 日。
④ 胡鞍钢、王绍光、周建明：《第二次转型：国家制度建设》（增订版），清华大学出版社 2009 年版，第一版前言，第 10—14 页。

关键的还在于将人们对正式制度的这种敬畏之心渗透到制度体系之中。这不仅重要，而且必要。因为从理论和现实的角度来看，正式制度有着自身内在的不可克服的缺陷：

1. 文本制度的有限性

任何制度都不会十全十美，再好的制度也会存在这样那样的缺陷，因为"没有任何法律制度——不论它是法官创制的还是立法机构制定的——可以被起草得如此完美，以至于没有留下争论的空间"①。因此，制度文本由于其既不能囊括社会生活中的所有真实场景，也不能预知人们的未来行为，它只能从抽象意义和普遍意义上对人们的行为进行规约，不可能事无巨细地涉及人们的一言一行、一举一动，这就使得制度文本必然会对社会现实与社会生活有所疏漏，虽然这种疏漏是一种必然的存在，而疏漏的部分则会因为缺少制度文本的"合法"支撑而无从依凭。亚里士多德曾明确指出，"公正和公道是一回事，两者都是善，公道更好些。困难的根源在于，公道虽然公正，却不属于法律的公正，而是对法律公正的一种纠正。这里的原因在于，法律是一般的陈述，但有些事情不可能只靠一般陈述解决问题。所以，在需要用普遍性的语言说话但是又不可能解决问题的地方，法律就要考虑通常的情况，尽管它不是意识不到可能发生错误。法律这样做并没有什么不对。因为，错误不在于法律，不在于立法者，而在于人的行为的性质"②。因此，制度文本的有限性使得制度并不能解决所有的问题，现实生活中的各种突发事件、两难事件等往往也会因此失去合法的判断依据，进而对社会生活带来一定的负面影响。

2. 文本制度的迟滞性

制度是一种规则，它要反映并调整人们之间的生产关系、社会关系，需要将人与人之间的交往规则以一种共通性的模式让大家共同遵守，这就不得不把其上升为一种制度的形式，使这种模式不是临时性的权宜之计，而是需要人们恪守的必然的行为准则。然而，"从制度的供给和需求的角度来看，制度供给相对于需求而言总是滞后的，因为人们对制度的需求会随着技术进步、环境的变化和意识形态的调整而在较短时间内发生变化，但制度供给却是有一定刚性的。因为制度供给需要一个相对较

---

① ［美］富勒：《法律的道德性》，郑戈译，商务印书馆2007年版，第67页。
② ［古希腊］亚里士多德：《尼各马可伦理学》，廖申白译，商务印书馆2006年版，第160—161页。

长的学习、设计、实施和磨合的时间过程"①。因此，制度的具体规范便难以及时准确反映社会现实而必然落后于时代的发展，再加上制度文本本身的更改或撤销往往还需要通过一定的程序才能实现，其中便有一个时间上的过渡，这些因素使得制度文本在其被制定之初就注定了延迟于社会发展的千变万化。同样，对于非正式层面的制度而言，那些由传统传延下来的习俗、惯例在面对社会中出现的新情况、新问题时，亦不能做到随时调整和更新，总是要出现一定程度的滞后与迟缓。

3. 文本制度的刻板性

制度一旦被制定出来，就带有了强制性与合法性的外衣，也就必然会对人们的现实行为进行引导与纠正，当人们的行为与制度的规定不相符合时或违背制度的具体规定时，惩罚便会作为一种有效的方式加以运用。但是，因为社会生活千变万化，制度本身不可能容纳所有的社会现实或再现社会场景，对于人们的各种可能的行为，制度又不可能提前做出预判，这就使得制度文本有时在对社会现实进行某种评判时往往显得"似是而非"、"僵化刻板"。固定的文字与不变的规定在应对活生生的社会现实面前变得捉襟见肘，制度文本也因不能准确及时地作出回应而遭到社会的质疑与批评。英国学者拉斯基曾说过这样一句意味深长的话，"制度是活的东西，是不轻易将它们的秘密透露给刻板的文字的"②。可以说，制度文本的这种刻板性是制度得以顺利有效运行的一大障碍。

可以说，文本制度作为一种形式载体，要想与社会现实紧密贴合在一起，还存在一定的距离，这也是所谓的"应然"与"实然"之别。那么，如何应对制度文本所必然产生的这三种缺陷并以此尽量弥合理论与现实之间的这种裂痕呢？笔者认为，其关键还在制度精神。梁启超曾言，"盖现代社会，本由多世遗传共业所构成，此中共业之集积完成，半缘制度，半缘思想，而思想又为制度之源泉。过去思想，常以历史上的无上权威无形中支配现代人，以形成所谓国民意识者。政治及其他一切设施，非通过国民意识之一关，断不能收效"③。可以说，唯有制度精神，才能在民众无制度可依凭的情况下引导民众做出合理适当的行为，才能让制度的实施者们找到对纷繁复杂的现实生活进行合理判断的准绳，才能让制度文本不会因为脱离社会现实太远而遭到人们的质疑从而继续维护基本的社会秩序。

---

① 周冰、靳涛：《制度滞后与变革时机》，《财经科学》2005 年第 3 期。

② 转引自曹沛霖《制度纵横谈》，人民出版社 2005 年版，第 5 页。

③ 梁启超：《先秦政治思想史》，东方出版社 1996 年版，第 7 页。

然而，必须明确的是，我们对正式制度精神的强调与优先培育并不意味着全然放弃我国原有的非正式制度精神，因为非正式制度精神作为本土生成的精神形态势必会对正式制度精神的本土化产生重要影响。虽然我们无法明确给出一个可以量化的数据来参照执行，但是我们也必须清醒地认识到，"任何单一的价值，不论是自由还是正义。如果被看作是绝对的压倒一切的，并且被严格运用的话，就可能导致极端"①。如果我们一味强调正式制度精神的重要性，而忽视甚至抛弃非正式制度精神，那么这种极端的做法将注定是有害的。

第二节　制度精神的生成模式

在明白了我国当前的制度选择之后，我们还有必要了解一下制度精神的生成模式，通过对不同的生成模式的分析来有针对性地培育我们所需要的制度精神。一般来说，无论是哪种形态的制度精神都有两种生成模式，一种是本土生成，另一种是外来移植。英国学者拉斯基在研究美国总统制时曾经说过，政治制度"形式上的外表，在任何一个时刻，都和事实上的本体，是不同的。因此，深入本体，往往是不容易的。一部分，这是受了材料本身的复杂的掩蔽，正如一般制度现象所受到的掩蔽一样。政治的行动过程，很像是一座冰山，浮在水面上的，可能只不过是下面本体的一小部分"②。因此之故，曹沛霖认为，"政治制度的比较研究，还应该重视研究制度背后的制度。任何政治制度都是一定历史和环境条件下的产物，同时，它还有一个被选择的问题，因此，它既是生成的，也是创造的，只有把握了政治制度的这两个方面，才能够对制度背后的制度有所认识"③。

一　制度精神的本土生成

前已述及，制度精神作为一种精神产品，相对于制度文本的具体规定所产生的立竿见影的效果而言，其形成过程是比较漫长的，这种漫长的过程与产生这种制度精神的大环境和适宜的土壤是分不开的，这就为

---

① ［美］丹尼尔·贝尔：《资本主义文化矛盾》，赵一凡等译，商务印书馆 1985 年版，第388—389 页。

② 转引自曹沛霖《制度纵横谈》，人民出版社 2005 年版，第 10 页。

③ 曹沛霖：《制度纵横谈》，人民出版社 2005 年版，第 11 页。

由本土产生并创造出来的制度精神提供了以下一些潜在的特点：

（一）天然的自适性

这是本土生成的制度精神的最大优势，因为从这一国家土生土长的人情风俗、习惯传统等土壤中生长出来的制度精神这一"果实"带有天然的自适性，因为制度精神就是这些习惯、文化、价值观等因素综合作用出来的必然产物。这种自适性使得制度精神能够以最恰当的比例和关系与一个国家、一个民族的发展逻辑内在地联结在一起，以良好的适应力来引导和规约着人们的社会生活与日常行为。黑格尔提道，"民族的宗教、民族的政治制度、民族的伦理、民族的法制、民族的风俗以及民族的科学、艺术和技能，都具有民族精神的标记"①。"除了一切人所共有的准则而外，每个民族的自身都包含着某些原因，使它必须以特殊的方式来规划自己的秩序。"② 大到一个国家、一个民族，小到一个地区、一个城市，都会因为各自不同的人文地理环境和社会条件而发展出风格迥异的治理理念与文化价值观。而这种价值观在绝大多数情况下因为和产生这种价值观的社会土壤难以分开，致使它必然带有很大程度的独特性与排他性，也就是说，根植于一定的社会环境下的制度精神与这一环境能够形成良好的融合与恰切的共存，但是一旦放到另外一种全新环境的时候，制度精神的这种适应力则变成了一种排斥的力量和因素，它将会因失去合适的生存环境和必要的土壤而难以发挥自身的强大影响力。

辩证法告诉我们，任何事物的发展都具有两面性的特征。亚里士多德就曾说过，"人能做好事，也同样能做坏事，每一潜能就包含着这两端；同一潜能致人健康也致人疾病，致静也致动，建设也破坏，引动建设也引发破坏"③。制度精神的适应力也不例外。当制度精神与所在的社会环境相适应时，制度精神便能发挥巨大的效力，相反，当制度精神与所在的社会环境不相适应时，或者说制度精神已经失去了得以存在的必要的社会条件，制度精神在多数情况下就成为阻碍社会发展的观念因素了。然而，从实践意义和比较意义来看，本土生产的制度精神在适应性上无疑要优于非本土生成的制度精神。因为"一切良好的制度的这种普遍目的，在各个国度都应该按照当地的形势以及居民的性格这两者所产生的种种对比关系而加以修改；应该正是根据这种对比关系来给每个民

① ［德］黑格尔：《历史哲学》，王照时译，生活·读书·新知三联书店1956年版，第104页。

② ［法］卢梭：《社会契约论》，何兆武译，商务印书馆1980年版，第71页。

③ ［古希腊］亚里士多德：《形而上学》，吴寿彭译，商务印书馆2007年版，第207页。

族都确定一种特殊的制度体系，这种制度体系尽管其本身或许并不是最好的，然而对于推行它的国家来说则应该是最好的"①。英国历史学家汤因比说："一种文明系统中不会致害甚至会致福的因子，逃离这一文明框架的制约而参与到另一文明的系统中去，就有可能对这一文明系统产生致命的危害，因为，这一文明没有它的相因的机制，因而'一个人的佳肴'，完全可能成为另一个人的'毒药'。"② 可见，本土生成的制度精神无疑在适应性方面占据着绝对的优势。

(二) 超强的稳定性

正是由于制度精神在本土生成过程中的缓慢性使得它一旦形成就带有超强的稳定性。这种稳定性实际上体现在两个方面：一方面是制度精神对社会发展的长期的广泛的影响力，一如西方的法治精神对西方政治社会的深远影响和中国的礼治精神对我国政治社会的渗透，这些精神都深刻地烙印在各自的国家和人民的行为中和观念里，这种精神内化的过程在时间的作用下被不断强化，使得每个身处这一社会之中的人们都形成了一种相对固定和成熟的行为方式与思维方式，制度文本因为被赋予了这样的制度精神而表现出足够的适配性，只要制度精神的本质没有发生根本变化，制度文本都会通过不断调整自身来适应制度精神的发展。"政治制度是现实的，每一制度，必须针对现实，时时刻刻求其能变动适应。任何制度，断无二三十年而不变的，更无二三百年而不变的。但无论如何变，一项制度背后的本原精神所在，即此制度之用意的主要处则仍可不变。于是每一项制度，便可循其正常轨道而发展。此即是此一制度之自然生长。"③ 制度精神便具有了相对固定的影响力并使这种影响力得以持久、稳定地展现出来。

另一方面是由制度精神的这种稳定性所衍生出来的，即制度精神的艰难的转变性和较强的抗干扰能力。由于制度精神内化在人们的思想与行为中，换句话说，这种精神已经根深蒂固地存在于人们的日常行为中，人们可以时刻并且自然地将这种精神表现出来，那么一旦这种精神不能适应社会的发展而需要进行彻底的、本质的改变时，这种改变将是十分艰难和复杂的。中国现代化的社会转型便是一个鲜明的例证，辛亥革命以来，中国一直在寻找一条适当的道路来壮大自己，现实已经证明，精

① [法] 卢梭：《社会契约论》，何兆武译，商务印书馆 1980 年版，第 70 页。
② [英] 汤因比：《文明经受着考验》（下），沈辉等译，浙江人民出版社 1985 年版，第 203 页。
③ 钱穆：《中国历代政治得失》，生活·读书·新知三联书店 2001 年版，第 53 页。

神层面的道德礼教是难以对抗物质层面的坚船利炮的，于是向西方学习和借鉴我国历来匮乏的法治传统与科学精神便成为主导我国社会发展的一条主线，然而，时至今日，我们依然很难确定地说，我们已经完成了这一历史性的任务，因为西方的制度形式在引入我国之后遇到了固有精神的极大挑战，制度走样甚至发生变质的情况屡见不鲜，"等级制度和专制制度维系着古代民本主义，从而阻滞着法治和民主的生成"①。因此，要想有效扭转以往的人治思想代之以符合时代发展的法治思想仍需要一定的时间来进行必要的磨合，正所谓"新的制度必须有新的价值观念、思维和行为模式与之相适应，否则不可能赋予新制度以真实的生命力，失败和畸形发展的悲剧性结局也就不可避免"②。

（三）地缘政治的不可复制

地缘政治是政治地理学的一个基本概念，瑞典学者 R. 谢伦在吸收德国地理学家拉采尔的思想的基础上，于 1917 年发表的《作为生命形态的国家》一书中提出"地缘政治学"这一名词，他根据各种地理要素和政治格局的地域形式，分析、预测世界或地区范围的战略形势和有关国家的政治行为。他把地理因素视为影响甚至决定国家政治行为的一个基本因素，这种观点为国际关系理论所吸收，对国家的政治决策有相当的影响。虽然我们不能从绝对意义上来看待地缘政治的这种独特性与排他性，但是至少我们可以从相对意义上来理解地缘因素对一国政治实践的影响与作用。由于东西方分处不同的地理环境并形成了各自不同的风土人情与社会环境，而这种环境又是不可复制和不可替代的，因为我们不可能完全原样地把西方的地理人情照抄过来，这就使得我们在吸收和借鉴西方制度精神的过程中必须要考虑两种情况：

一种情况是地缘因素的排他性。也就是说，制度精神是在这一独有的地理环境中生长而成的，那么在其他异样的地理环境中往往难以适应，或者说在其他有别于这一独有地理环境而生成的制度精神在这一环境下往往会表现出严重的"水土不服"，这一点前面已经论及。可以说，制度精神的本土生成内在地决定了其本身所与生俱来的排他性。从这一角度来看，中国的制度建设在西方社会找不到制度性的渊源。实际上，制度精神的这种内生性既可以成为推动社会发展的精神条件，也可以成为阻碍社会进步的观念因素。

另一种情况是地缘因素的适配性。也就是说，制度精神虽然要依赖

---

① 潘伟杰：《宪法的理念与制度》，上海人民出版社 2004 年版，第 296 页。
② 陈旭麓：《近代中国的新陈代谢》，上海人民出版社 1992 年版，第 254 页。

独有的政治地理环境而生成，但这并不是说这种环境不能发生改变，我们可以根据社会发展的需求对制度设计和制度安排进行有倾向性的选择与塑造，使得当前的社会环境能够适应我们所需构建的制度精神，以改变旧有制度精神对社会发展的落后与保守的不适应。换句话说，我们若要重构新的制度精神，就必须要首先改变社会环境，因为社会环境与制度精神之间只有存在必要的适配性才能确保制度精神的正常运行，制度精神也只有在合适的社会环境中才能够发挥自身的效力。

二 制度精神的外来移植

关于制度移植，亨廷顿提出过一个著名的案例："16 世纪的英国政治制度的主要成分恰恰是当它在母国被抛弃时被移植到新世界的，并在那里生根，获得了新的生命。这些成分本质上都是都铎时代的那一套，因此明显带有中世纪的烙印。"① 这在一定程度上说明了制度移植不仅是可能的，而且在某些后发国家来说往往是无奈而必然的。相比于制度精神的本土生成，外来移植这一模式可以有效克服本土生成的内在缺陷，即通过引入外来的制度精神来有效改造本土已经老化蜕变、难以适应时代发展与社会进步要求的制度精神。将外部的制度精神嵌入一个国家的成长当中，既会带来极高的政治效率，使得该国追赶先进文明的步伐一步步提高和逼近，但同时也会带来极高的政治风险，使得该国一旦植入的方式方法与本土社会环境存在较大冲突与对抗时而引发失败和畸形的悲剧结果。可以说，这种模式具备高风险高回报的特点，植入成功可以让一个国家一个民族较快地步入先进文明的行列，比本土生成这种模式要使用的发展时间而言具有很大的优势，但植入不成功甚至失败也可以让一个国家一个民族出现适得其反、无所适从的无奈结局。

（一）"与时俱进"的理论特质

一般来说，制度精神需要进行外来移植就意味着原有的制度精神已经不能符合和适应当时当地的社会发展环境而暴露出其内在的缺陷与弊端，为了破除原有制度精神对不断变化的新环境的消极影响，用一种新的"与时俱进"的制度精神来替换旧有的落后的制度精神便成为一种现实可行的选择。这也成为移植模式最显见的优势。之所以说这种选择是现实可行的，主要基于以下几点：

---

① ［美］塞缪尔·P. 亨廷顿：《变化社会中的政治秩序》，上海人民出版社 2008 年版，第80 页。

1. 移植的必然性问题

马克思在《资本论》中说:"工业较发达的国家向工业较不发达的国家所显示的,只是后者未来的景象……一个国家应该而且可以向其他国家学习。"① 对于正式制度精神和非正式制度精神来说,虽然它们的初始状态都是内生于一个国家,它们与这个国家的社会发展是高度契合在一起的,只有这种相互一致和相互支持的制度安排才是富有生命力和可维系的,但是一旦这种制度精神不能随着社会环境的发展而及时做出调整进而表现出对社会发展的负面作用时,也就是说,当一个国家内部的制度精神不再适合社会发展的方向和趋势时,就需要对这种制度精神进行改变甚至重构,有时则需要将外来文化中的带有普适性的价值诉求融入本国的制度精神当中,中国当前政治制度在演进过程中由于受传统非正式约束的影响而渐入僵局,进而使得制度移植成为政治制度向前推进的某种必然选择。如章兴鸣所言,"中国传统政治制度形成后,便有着自身发展的惯性,从建立之时起,它就沿着专制集权不断强化的路径巩固发展。君主专制集权制度的不断强化,一方面,维持了中国传统社会的长期稳定,促进了中国古代物质和精神文明的繁荣发展;另一方面,这一自我强化过程也逐渐趋向极端,并由社会发展的动力机制蜕化成为社会发展的主要阻碍力量。到传统社会的后期,政治制度在社会发展中的负功能日益突出地显露出来,最终导致了政治制度演进的僵局"②。

然而,单靠法律或制度是难以将这种制度精神稳固下来的,因为法律或制度可以约束人们的行为,但无法触及人们的内心,制度精神只有内化在人们的心中,才能获得稳固的形式。为此,只有用习惯来改变习惯,即将新的制度精神以习惯的形式灌注和渗透到人们的日常生活当中,借此改变他们旧有的行为模式与思维方式,那么新的制度精神便获得了生存的基础。孟德斯鸠有言:"法律是立法者创立的特殊的精密的制度,风俗和习惯是一个国家一般的制度。因此,要改变这些风俗和习惯,就不应当用法律去改变。用法律去改变的话,便将显得过于横暴。如果用别人的风俗和习惯去改变自己的风俗和习惯,就要好些。因此,一个君主如果要在他的国内进行巨大的变革的话,就应该用法律去改革法律所建立了的东西,用习惯去改变习惯所确定了的东西;如果用法律去改变应该用习惯去改变的东西的话,那是极糟的策略。"③ 就中国发展的实际

① 《马克思恩格斯全集》第四十四卷,人民出版社 2001 年版,第 8—9 页。

② 章兴鸣:《近代中国政治制度移植的必然性分析》,《云南社会科学》2003 年第 5 期。

③ [法]孟德斯鸠:《论法的精神》上册,张雁深译,商务印书馆 2005 年版,第 371 页。

而言，我们当下所需要的正式制度精神与本土生成的非正式制度精神可谓南辕北辙，两种相反的制度精神形态很难在同一个"母体"中产生，为此，将西方社会的这种正式制度精神移植到我们的社会环境中应该是一种必然的选择，同样，对于西方社会而言，如果他们想要改变自身的正式制度精神，就需要通过借鉴和移植中国的非正式制度精神来进行弥补和重构。

2. 移植的时长问题

我们知道，本土生成的制度精神虽然在适应性方面具有无可比拟的优越性，但它的形成过程往往不仅漫长，而且曲折，其中要经历无数次的试错、调试和磨合，才能最终形成一种相对稳定的制度精神以符合并推动现实社会的发展，这个时间我们既无法预知，也无法进行有效控制；然而，对于外来移植的制度精神而言，这种制度精神形成的时长相较于本土模式而言要短得多，虽然我们也清楚地认识到，移植来的制度精神在适应异国社会环境时同样也需要一个较长的过程，也有可能会因为"水土不服"等原因同样需要一段磨合期，但是我们必须承认，在相对意义上来说，本土生成的制度精神除了要有不断试错与调整的磨合期外，还需要自身在制度设计和制度安排上的不断修正与完善的一个"完善期"，在这个时间段内，制度精神会随着制度设计的改变而进行有针对性的调整，直到具体的制度设计符合社会发展要求以及制度精神的内在要求为止。然而，对于移植来的制度精神而言，可以省去这个"完善期"，因为它不需要经历这个阶段，当它被引入过来的时候就已经是发育得相对成熟和完善的形态，换句话说，我们可以采取"拿来主义"的态度把他们相对成熟和稳定的一整套制度精神体系借鉴过来，既包括它的精神理念，也包括具体的制度设计，对于植入国而言，便少了具体制度与现实社会磨合以求得制度的成熟与完善的那段时期。因此，从这个意义上说，外来移植的制度精神在时间上要短于本土生成的制度精神，这样也就更有利于一个国家以更快的节奏发展本国的经济并始终跟上时代的步伐。并且，我们还可以对这种移植的过程进行全盘的规划，在适当的时候进行必要的引导与控制，即我们可以发挥我们的主观能动性来对移植的过程进行积极的干预，以确保制度精神能够按照预先设定的逻辑逐步推进。

（二）嵌入与磨合

然而，我们不能忽视和否认的一点是，外来移植终究是一种外部的强行嵌入，它不是内生的，这种强行的嵌入的过程就必然会存在一个磨合的过程。如果把握不好，这种磨合的结果有可能颠覆外来移植这一模式本身。我们必须看到，"即使能从国外借鉴良好的正式规则，如果本土的（indigenous）非正式规则因为惰性而一时难以变化，新借鉴来的正式规则和旧有的非正式规则势必产生冲突。其结果，借鉴来的制度可能既无法实施又难以奏效"①。这种情况可以说是外来移植模式最大的问题所在。

显然，对于我国而言，我们需要通过外来移植的方式将西方的正式制度精神嵌入到我国社会之中，如果要想获得较高的成功率或者说契合度，实际上是非常复杂的，正如富勒所言，"知道蜂蜜、葡萄酒、藜芦、烧灼和切除的功效是很容易的事情。但是，要知道如何、对谁以及何时适用这些疗法，却丝毫也不比做一位医生容易"②。尽管如此困难，我们仍然要迎难而上，试图在这纷繁复杂的现象背后找到一些带有普适性和共通性的认识，来为我国的制度精神体系的建构提供一点绵薄之力。

1. 制度化关联的实施机制

青木昌彦指出，所谓制度化关联（institutional linkage）是指促使制度产生并反过来由制度维系的不同域的关联。③ 换句话说，制度化关联实际上是一个整体，在社会嵌入的过程中如果缺失了这种关联，即没有与之相匹配的其他制度来共同支持和维系所嵌入的制度，那么这种嵌入的效果将大打折扣。易继明提道，"法律移植必须有一个逻辑前提，那就是对'植体'与'受体'的彼此了解"④。同样，制度精神的移植若要成功，也需要对植体与受体进行充分的了解，即我们不仅要把握植体本身的多重因果链条，看到制度精神以及塑造这种制度精神的背后的条件因素，还要看到受体的可承受能力与发展程度。因此，我们对正式制度精神的引进，就必须注意到制度化关联之间的相互关系，"如果一种机制为了达到某种社会目标被设计出来却无法自我实施，那就需要附加一种额外的实施机制"⑤。这种额外的实施机制便是支撑和维系这种机制存续下去的关联机制。具体到中国的情况来说，西方的正式制度精神作为一种外来移植的方式嵌入到我国的社会环境中，我们既不能单纯引进它的观念形态即对正式制度的敬畏心理而忽视具体的制度设计，也不能只引入

---

① ［日］青木昌彦：《比较制度分析》，周黎安译，上海远东出版社2001年版，第2页。
② ［美］富勒：《法律的道德性》，郑戈译，商务印书馆2007年版，第110页。
③ ［日］青木昌彦：《比较制度分析》，周黎安译，上海远东出版社2001年版，第212页。
④ 易继明：《私法精神与制度选择》，中国政法大学出版社2002年版，第238页。
⑤ ［日］青木昌彦：《比较制度分析》，周黎安译，上海远东出版社2001年版，第7—8页。

它的成熟精良的制度设计而忽视了支撑它的观念形态，同样，我们也不能只看到正式制度精神本身而忽视背后支持这种观念形态的风俗习惯、宗教等非正式因素的存在。同时，我们还要看到，在"受体"而言，移植来的这种制度精神对于民众与社会的可接受程度以及社会发展的整体进度，当一种文明移植到另一种文明体系当中，这种移植的效果可能会因为与"受体"社会发展程度不相适应而适得其反。因此，在借鉴西方的具体制度设计时，我们需要充分考虑制度在实践过程中的现实可行性。

概言之，我们不仅要吸收西方社会的正式制度精神这一观念形态，还应该将渗透这一理念的具体制度设计以及他们的风俗习惯等非正式约束也要借鉴过来，使得这些制度之间能够形成一个有效的沟通与联动，它们的相互支持与互补可以为移植而来的制度提供强大的生命力与良好的运行环境，并结合自身发展实际来有选择性地引入制度精神的相关要素，力求使得这种嵌入与我国的社会发展环境存在较高的吻合度。诚如刘廼诚所言，"当今世界文明各国，莫不依据本国之过去经验，利用他国之实施结果，采用适合国情之政制"①。

2. 强有力的统治阶层

胡适在分析并总结日本传统政治体系转型成功的三个关键因素时指出："就我所见，日本西化的成功，有三个因素起了最重要的作用。其一，它拥有一个强有力的统治阶层，几乎所有的改革与现代化运动的杰出领导人都出自其中……"② 林尚立等也提道，"支撑性主体力量的存在与否，决定着传统政治体系转型的成与败。对于政治体系转型失败的后发现代化国家来说，这其中的问题并没有因为传统政治体系彻底自我毁灭而消失。……问题的关键在于，没有这样的支撑性主体力量，新的政治体系就确立不起来，现代化发展就无法得以启动和展开。既然社会自身的结构不能孕育这样的支撑主体，那唯一的路径就是通过人为的努力在现实的社会中去组织和创造这样的力量，否则，现代化必将是胎死腹中"③。这里，所谓"支撑性主体力量"也就是我们所说的强有力的统治阶层，之所以要加上"强有力的"这一形容术语，意在强调统治阶层本身的执政能力与执政基础是否能够足以与外来精神形态抗衡并引导这种文明的发展走向而不是完全被这种外来文明所同化而放弃了自身民族的特性。制度精神的移植无疑迫切需要有这样一种支撑性主体的存在，它

---

① 刘廼诚：《政治建设与制度精神》，国民图书出版社 1941 年版，第 64 页。
② 胡适：《中国的文艺复兴》，外语教学与研究出版社 2001 年版，第 156 页。
③ 林尚立等：《政治建设与国家成长》，中国大百科全书出版社 2008 年版，第 31 页。

能够在恰当的时候发挥必要的协调与引导的作用，使得这种移植不会因为本国文化的内在惰性而难以发挥效用，也不会因为植入的精神形态过于强势而侵蚀掉本国原有的精神形态。

因此，对于像中国这样的后发现代化国家而言，如果缺乏一个强有力的统治阶层，那么在植入西方制度精神的过程中，往往会因为没有正确的预知、判断和适时的引导，而使植入的制度精神出现偏差，进而导致失败。潘伟杰在提到西方宪政民主政治时指出，"后发国家中的精英只是充满激情地看到宪法在西方社会里所结的'果'，却不能冷静地从社会、经济、历史、文化诸多方面来探寻它的'因'，因此，他们简单地得出结论，只要将宪法及其制度安排从西方拿到后发国家中来嫁接就不仅可以建立主权国家而且也可以发展宪政民主政治。实践证明，用这种乐观的浪漫主义态度来对待后发国家的立宪问题肯定要碰壁"①。实际上，我们要引入西方的正式制度设计与安排并不是一件难事，因为我们只需要把原文原汁原味地搬过来即可，但是真正的困难在于如何让这些正式制度发挥它原有的效用，这就需要统治阶层运用他们的智慧和力量来进行统筹安排与具体规划了，因此，从这一意义上说，制度精神的外来移植如果离开强有力的统治阶层的支持与引导，这种移植的效果与可持续性将遇到挑战。

3. 非正式制度精神的合理渗透

亨廷顿在列举俄罗斯、土耳其、墨西哥和澳大利亚现代化转型失败的原因时指出，"当澳大利亚踏上追随亚洲的征途时，其他无所适从的国家——土耳其、墨西哥和俄国——正试图把西方融入它们的社会，并把它们的社会融入西方。然而，它们的经历强烈地昭示了本土文化的力量、复原力和凝聚力，以及它们自我更新和抵制、遏制、适应西方输入的能力。尽管对西方的拒绝主义回应是不可行的，但基马尔主义②的回应并不成功。如果非西方社会要想实现现代化，它们必须走自己的道路，而不是西方的道路，并仿效日本，充分利用自己的传统、体制和价值观，在此基础上实现现代化"③。林尚立也强调，"任何一个有历史的社会，其现代化发展都不能脱离其自身的历史。对于许多后发的现代化国家来说，虽然其现实的发展已完全不在其传统的历史逻辑上，但是其发展之根依

---

① 潘伟杰：《宪法的理念与制度》，上海人民出版社 2004 年版，第 159 页。

② 基马尔主义在这里是指对待西方化和现代化的一种全面拥护的态度和主张。——笔者

③ ［美］塞缪尔·P. 亨廷顿：《文明的冲突与世界秩序的重建》，周琪等译，新华出版社 1998 年版，第 166 页。

然连接着其历史的血脉"①。同样，我们在将西方的正式制度精神引入我国的同时，绝不意味着已经全然忽视甚至抛弃原有的非正式制度精神，相反，我们必须要正视并合理运用这些非正式制度精神，使它与植入的正式制度精神形成一定程度的互补，抵消它对正式制度精神的阻碍与冲突。毕竟，我们不可能创造一个完全等同于正式制度精神所由生的那个特定的场域，我们若想让嵌入的正式制度精神在一个全新的迥异的社会环境中生存，就必须要把这种制度精神改造成适合我国社会环境与土壤的精神形态，为此，就必须要让两种不同形态的制度精神不同程度地融合在一起，通过将非正式制度精神合理地渗透在移植来的正式制度的设计当中，使得这种制度设计可以在中国的特定场域中发挥有效的作用，唯有如此，我们才能真正将移植来的制度精神切实地嵌入到我国的社会环境当中，使它转换成为一种内生的力量能够在更高程度上与我国的环境相契合，这可以说是外来移植模式的必然归宿，如果外来移植模式不能完成这种转换，那么这种移植终究在社会环境的外围而无法深入并融合到这一环境当中，由此也就难以发挥其应有的社会影响力与效力。

小　结

走向现代化是摆在当前各国面前一条无可回避的道路，而中国的现代化建设由于历史与传统的原因注定了它的开放之路，即它无法也不能从内部生产出适合现代社会发展的要素，如法治、民主等，因此摆在它面前的一条可行的路径便是通过外来移植将西方社会发展日臻成熟和完善的正式制度精神体系纳入中国的政治图景当中，这既是我国当下现实政治的迫切要求，也是适应时代发展的逻辑使然。只不过，在这种移植的过程中，我们要想让这种移植与我国的社会环境实现较高的融合与契合，我们就必须借助和运用治理者的智慧与力量、原有非正式制度精神的有效渗透来改造移植过来的正式制度设计以及支撑这些制度的背后的东西，使之转化成为我国自己的东西，除非它能完成这种有效的转化，否则，移植的过程与结果都将面临严峻的考验。

---

①　林尚立：《政治建设与国家成长》，中国大百科全书出版社 2008 年版，第 8 页。

第五章　制度精神的践行

　　一项制度无论在理论上设计得多么完美，如果不放到现实生活中去接受考验和验证，那么这种制度就只能如空中楼阁一般而无法产生任何实际的效果。制度是为人民服务的，只有落到实处，让民众感受到制度的现实约束的威力与所提供的便捷，民众才会真心服从制度，并自愿接受制度的安排。党的十八大明确强调"要把制度建设摆在突出位置"。可以说，如何切实有效地将制度落到实处，落到百姓身上，让他们既感受到制度的威力而自觉约束自身的行为，又能感受到制度的红利而享受生活的便捷与良好的社会秩序，是制度设计者们始终要考量的核心要素，而与这些正式制度相伴生的制度精神更是有着重要的助推作用而应该得到足够的重视。

　　前已述及，制度精神包含制度立意与制度敬畏两大核心要件，而且由于制度立意是依托于每一个具体的制度文本背后而使得我们面对浩如烟海的制度文本而难以逐个细细加以考察，由此本书的重点一直在强调制度敬畏是我们研究的核心。但这并不表示我们就对制度立意弃之不顾，实际上，我们也提到，制度敬畏与制度立意往往是密不可分的，如果没有人们对制度立意的率先遵守，在以后的制度实践中透过时间的力量来不断强化和巩固人们遵守制度的意识和观念，又何来本书所一直努力构建的稳定的制度精神呢？因此，对制度精神的践行进行深入研究，是离不开对制度立意的考察与探求的，也正因如此，本章将重点对制度立意的产生过程以及如何借助正式制度在实践运行中发挥其应有的作用进行重点考察与探讨，力求为制度精神从理论走向实践提供具体的参照。

第一节　制度精神的伴生

　　每项制度都会有与此制度相伴生的制度精神①，制度文本在设计之初就包含了之所以这样设计和安排的精神在其中，也就是我们提到的制度立意，由于制度立意也是制度精神的一种表现形式，所以本章将把重点放在制度立意上来考察制度精神的实践运行。而要考察制度精神的实践运行，就必须依托现实的文本制度，从文本制度的设计、产生、试用、运行、反馈等相关环节来进行细致深入的研究。但是，这里需要注意的是，正式制度精神与非正式制度精神二者的区别，正式制度精神是依托于有形的制度文本而生的，它会随着制度文本的消亡而消失。而非正式制度精神则依托于人们日常生活中的习俗、传统等惯常的行为模式而生，具有较强的稳定性。不过，正式制度精神由于依托于有形的制度文本而获得了合理性与合法性的外衣，但非正式制度精神则有可能因为习俗传统的保守与顽固而不一定具有合理性与合法性。因此，依托正式制度的制度精神就成为我们研究的重点。

　　我们知道，任何一项制度都不是凭空产生的，一定是先有需要这种制度的诉求，并且当这种诉求积累到了一定的程度，才需要从规范的高度将这种诉求通过制度文本的方式来加以疏导和界定。如果这种诉求没有达到一定的高度，或者说人们只是偶尔在生活中会产生这种诉求，那么也就不需要如此"兴师动众"地去设计什么制度了，可见，正是现实生活中人们的这种合理的必要的诉求的存在，才让制度文本从空想完成了到白纸黑字状态的转换，也才最终去影响千千万万受该制度影响的人们。而这其中的人们的"诉求"，恰恰是制度立意得以产生的一个最重要的思想来源。

一　诉求——制度精神的思想基础

　　所谓诉求，是正式制度产生以前的人们对将要生成的正式制度的普遍期盼与吁求，而当正式制度以文本的形式产生之时，诉求也就转变成了制度精神而获得了合法的表现形式。因此，可以说，诉求是制度精神

---

①　本章所说之制度精神指的便是制度立意，在接下来的论述中，二者在概念上可以具有互通性，也就是说当我们在说制度精神的时候，除非有特别说明，我们也是在说制度立意。——笔者

得以产生的最重要的思想基础。

简要来说，诉求具有以下几个特征：

第一，有效性。并不是所有的诉求都能顺利转化成制度文本背后的制度精神，有些诉求因为达不到上升为制度规范的高度，而继续以诉求的形式呈现，有的诉求还会随着时间与条件的变化而慢慢消失。不管诉求的最终归宿是哪种结果，不可否认的是，诉求一经产生，便会带有一定的有效性，这种有效性将随着诉求最终的命运而有所增减。

第二，合理性。存在即合理，一种诉求之所以存在，其背后一定暗含着支撑其存在的合理性因素和逻辑，不管这种合理性是否被社会大众所接受和认可，或者被管理者所接受和认可，都不妨碍诉求内在合理性的存在。

第三，影响性。诉求的产生必然会对制度的实施产生影响，这种影响力可以大到迫使管理者改变和调整现有制度安排，或者催生一种新的制度，即便不能改变现有的制度安排，至少也会以潜在的、非正式的方式对制度的实际运行发挥一定的影响力。因此，诉求带有一定的影响性，毋庸置疑。

前已论及，制度精神由于依托制度文本而具有了合理合法的外在特征，由此，制度精神形成过程中内含的诉求也就带有了同样的性质。当然这里的制度文本不包括那种明显不正义的"恶法"，希特勒在纳粹时期所指定的反对屠杀犹太人的法律，其中也包含着"德意志人是世界上最优等的民族"这一精神在内，但显然这种"恶法"不仅违背正义，更违背人道，因此，类似此等"恶法"并不在我们探讨的范围之内。

一般来说，从产生方式来看，诉求可以分两种，自上而下的诉求和自下而上的诉求。所谓自上而下的诉求，指的是制度在产生之前多是借助了上层管理者的力量由制度设计者和相关参与者进行推动和主导的诉求，这种诉求多是管理者们出于日常管理的需要以便增强对被管理者的一定的管理与控制的能力而产生的制度安排，对于管理者一方而言，带有明显的主动性。所谓自下而上的诉求，指的是制度在产生之前多是借助了社会的力量由社会大众进行推动和主导的诉求，这种诉求多是社会大众在日常生活中出于便利和便捷的目的而希望催生一些更为合理的制度安排，对于管理者一方而言，带有一定的被动性。

不过，在现实生活中，这两种诉求之间并不是截然分开的两条线，相反，两者存在很多不同程度的融合，自上而下的诉求中，也可能会同时存在来自社会大众同样的诉求，而自下而上的诉求中，也可能同时存在来自管理层的同样的诉求。以我国 2013 年开始实施的交通安全法为例，之所以对酒驾、醉驾等行为进行了严格的处罚规定，其诉求不仅来源于社会大众因此类行为所带来的社会危害的积极干预，同样也来源于管理者出于构建更加安全和谐的交通环境而采取的必要举措。而之所以从 2013 年才开始对此种行为进行严格的处罚，恰是因为现实生活中希望避免此类"马路杀手"带给广大人民的生命和财产安全的巨大威胁而产生的一种强烈的诉求所催生的。

但是，必须铭记的是，只有当这种诉求积累到足够上升为制度规范的高度，才会转化成文本状态的制度形式，由此，借由文本而生的制度精神才会得以形成与传播。如果这种诉求没有达到这样的一种高度，那么可能会面临两种情况：一是诉求继续积累，直到达到制度文本形成所需要的那种程度；二是无法继续积累，转而通过非正式制度的途径成为非正式制度精神的一部分。

那么，诉求如何才能达到改变或催生制度文本的高度呢？这取决于以下几个要素：

首先，诉求不能超越现实社会人情伦理的考量以及国家宪法的范畴。

不能超越人情伦理的考量，是说这种诉求不能违背人与人之间的基本交往常识和交往逻辑，如果一种诉求的产生带来的结果是相关人在制度的约束下变得比之前无此制度时更加不便和不利，以至于管理者和受此制度影响的普通大众都认为制度带来的无奈与困境要大于制度本身的红利与益处时，这种诉求就难以存活；不能超越国家宪法的范畴，是说这种诉求不能违背现有法律的一般性和普遍性规定，不能违背宪法的精神，诉求本身就是在催生一种新的制度，而新的制度的产生往往同时会带来旧有制度的调整或消失，因此，诉求必须符合国家宪法的原则和精神，不能与其相抵触，否则这种诉求不会上升为制度规范的高度，但是如果这种诉求确实给相关人带来了一定的利益与便利，那么这种诉求可能最终转化为非正式制度精神而继续存在下去。中国漫长的封建社会时期所遗留的人治色彩与处事传统在今天这样一个民主法治的社会里依然会不同程度地存在，只不过是以非正式的方式呈现出来，便是源于这种诉求本身与法理不容的特性所造成的。

但是现实生活中也存在这样一种情况，人们往往对现有的制度文本是不满意的，认为这样的制度实在不能与现时的实际相匹配，进而会产生一种错觉，即不合理的诉求真实存在于现有的制度当中，那么明明诉求不合理，为什么还能以制度文本的方式存在呢？一般来说，主要有两个方面的原因：

一是时间带来的诉求之间的冲突。从制度设计的角度来看，一种制度本身一般内含一种诉求，正是由于这种诉求的存在才催生了这种新的制度。但是，随着这一新的制度在实践中的推行，又产生了一种新的诉求，并与原有的诉求即制度精神形成一种对抗的紧张关系，由此便引发了两种不同诉求之间的冲突，新的诉求因为在制度实施过程中产生，往往带有更加符合制度发展与现实需要的特性，原有的制度精神因为依托于不能随着环境变化而及时调整的制度文本而必然带有僵化、落后的性质，因此，两种诉求之间产生冲突和张力便势所必然。而对于新的诉求能否战胜原有的制度精神而上升为新的制度精神，则要取决于两种诉求之间的对抗程度，一般来说，对抗越激烈，给社会带来的影响越大，就越容易引起管理层的重视而采取相关措施来对文本制度进行调整，一旦对文本制度进行了相应的调整，也就意味着新的制度精神取代了旧有的制度精神。

实际上，所谓"不合理的诉求真实存在于现有的制度当中"，并不是说诉求本身是不合理的，排除"恶法非法"这一因素，任何制度文本在生成之前都一定包含着一定的合理性，之所以最后变成了不合理是因为制度在具体实施过程中随着外在条件的变化而不断发生变化，这种变化往往是文本制度所无法给予及时的调整的，因此，最初合理的诉求慢慢就演变成了不合理的诉求。从这个意义上讲，任何诉求在产生之初都必然带有其内在的合理性，正是这种内在合理性的支撑，才让制度获得了以文本这一形式来进行呈现的文本资格。

二是管理者层面的刻意为之。在现实生活中，有些制度在最初被设计出来的时候，其诉求可能是不被社会大众所认可和接受的，不过这并不妨碍这种诉求本身的合理性，因为管理者恰恰是为了社会管理的需要而制定和设计这样的制度，这样的制度在推行过程中势必会受到社会大众的不理解、质疑甚至指责，但是说到两种诉求之间到底孰优孰劣，可能是一个见仁见智的问题，至于这种张力和冲突的最终结果会如何，是管理者迫于社会大众的压力而改变制度，还是社会大众无力改变现行的制度而寻求制度以外的方式来变相遵守该制度，则要取决于管理者与社会大众之间的利益平衡了。

其次，诉求的现实影响力。

诉求能不能得到官方的认可和支持，进而上升为文本形式的制度，很大程度上要看这种诉求在现实生活中所产生的影响力，也就是人们对希望改变旧有制度或催生一种新的制度的心理愿望与政治吁求到底有多强烈，只有当民众的呼声已经足以影响到了制度的具体实施，他们会用自己的行为模式来对抗现有的制度安排，或者现实中出现了越来越多因为僵化遵守制度而带来的损害人民和社会利益的事情，那么此时的诉求应该说，已经在社会上形成了一定的影响力，如果得不到及时的关注和引导，这种影响力可能会对现有的制度安排乃至社会发展产生不利的影响。因此，当这种影响力已经得到管理者的关注使得管理者认为有必要对现有制度安排做出相应调整时，那么这种诉求离制度精神就更近了一步。

二　官方认可——制度精神的政治基础

然而，即便诉求已经满足了上述两大要件，即诉求本身没有超越宪法的范畴和人情伦理的逻辑，同时也具备了较大的影响力，但是如果得不到官方的认可与支持，它就只能始终处于非正式的潜在状态，不能上升为制度精神。只有得到了官方的认可与支持，诉求才算是获得了最重要的政治资格。

我们知道，正式制度与非正式制度的一个最鲜明的区别就在于前者是得到官方认可与支持的，由此，正式制度精神与非正式制度精神也借由各自依托主体的性质而获得了不同的身份。那么，当诉求一旦获得官方认可之后，诉求转化为制度精神就已经进入官方的程序了。这里所说的"官方认可"，并不仅仅指官方口头上和形式上对诉求做出回应，还包含官方进一步的研究、论证，直至最终制度文本的产生这一系列环节。因此，我们可以将官方认可分为以下几个阶段：

（一）官方回应——制度设计纳入官方视野

一种制度在以文本的形式呈现以前，必须获得官方的回应，即官方作为管理者，对来自官方或民间的诉求做出有效回应，以一种积极的姿态对现有的制度进行调整，或者变更现有制度，进而催生一种新的制度来适应时代的发展。而此时，文本形式的制度开始正式进入官方的视野，由官方进行主导和全程掌控。

（二）制度设计者的推动——制度设计的文本基础

在官方做出积极回应后，接下来官方还需要本着负责的态度对制度设计进行严格的把关，无论是国家、法律层面的一些比较大的、重要的制度，还是一个企业、一个部门里的一个小的制度规范，这些制度的生成都不是单个人能够完成的，都需要相关部门通力合作，才能孕育出符合社会发展要求的制度文本。

需要注意的是，在当今社会，随着信息化时代的加速发展，个体在现实社会中参与政治、参与社会的意识、能力与方式都在不断发生变化，这就要求作为制度设计者的管理方，在推行或调整任何一项制度之前都需要做好充分的准备工作，以便新的制度在今后的实施中能够得到较为顺利的推行，其中，比较重要的准备工作便是官方为制度设计而开展的相关工作，例如，征集民意为制度的修订与创设提供夯实的群众基础；邀请相关领域的专家学者参与制度的起草或修订过程；在一定范围内进行先行尝试等，有了这些充足的准备工作，将在很大程度上保证文本以后的实施效果。

（三）正式实施——制度精神正式生成

一般来说，当制度设计者经过反复论证、专家研讨、先行尝试等阶段后，官方将对之前的诉求进行制度上的回应，这种对制度的回应主要有三种表现样态：

一是对现有制度进行局部调整。如果这种诉求只是针对现行制度中的某些部分展开，那么管理者无须对整个制度进行改变，只需要对其中引起争议的部分进行调整便能有效缓解或平息因此而引起的争议，这种情况便是我们所说的制度回应的表现样态之一——对现有制度进行局部的调整。不过需要注意的是，由于制度自身的滞后性效应，制度总要在实施一段时间后根据实际的结果再做出相应的调整，所以必然存在一个时间差，因此，对现有制度的调整往往不是一蹴而就，正所谓"制度的确立是一种政治力量对比的产物"。有时囿于社会发展、管理者意愿、制度反馈过程等多种因素的影响，因此，要对制度进行调整可能需要较长的等待期。

二是彻底取消现有制度。但是，如果这种诉求针对的是整套制度，认为现行制度已经严重落后于时代的发展或者是严重违背了制度设计之初的内在精神，那么此时就需要对现有制度的存在合理性进行论证，若该制度存在的意义已经明显弱于、小于该制度带来的损害，也就是说，此制度在实践中运行的结果是伤害远大于意义，那么就应该彻底取消现有制度的运行。这样才能在一定程度上缓解来自社会的争议与指责，否则如果任由这种争议与指责继续下去，管理者不采取任何积极有效的举措，那么势必会对国家的健康发展、民众的正常生活秩序带来难以估量的负面影响。以收容遣送制度为例，我们知道，收容遣送源于新中国成立初期，是在特定的历史条件下形成的计划经济时期的产物，从最初对游民的收容发展到对外流灾民、流浪乞讨人员的救助、教育、安置和遣返。1982 年国务院发布《城市流浪乞讨人员收容遣送办法》的主要目的是救济、教育和安置城市中的流浪者，最初是用来对涌入城市的无业人员和灾民进行收容救济的带有社会福利性质的措施，是一种社会救助和维护城市形象的行为。1992 年年初，国务院《关于收容遣送工作改革问题的意见》的出台，收容对象被扩大到"三无"人员（无合法证件、无固定住所、无稳定收入），即无身份证、无暂住证和无务工证的流动人员。要求居住 3 天以上的非本地户口公民办理暂住证，否则视为非法居留，须被收容遣送。此后，经过各地和有关部门的不断博弈，收容遣送制度逐渐在实践中脱离原来社会救助的立法原意，逐渐演变为限制外来人口流动，沦为一项严重威胁人权的带有惩罚性的强制措施。随着收遣适用对象的扩大，收容站亦都以生活费、遣送费、城市增容费等名目收费，被滥用于乱收费、勒索、非法拘禁、强制劳动。再加上 2003 年 3 月孙志刚案件的发生，许多媒体详细报道了此一事件，并曝光了许多同一性质的案件，在社会上掀起了对收容遣送制度的大讨论，引发了对收容遣送制度的反思和抨击，并发展为违宪审查机制的讨论。先后有 8 名学者上书人大，要求就此对收容遣送制度进行违宪审查。于是，在这种举国舆论的强烈呼求下，已施行 21 年的《城市流浪乞讨人员收容遣送办法》终于在 2003 年被废止。可见，正是由于来自社会的强烈诉求以及该制度本身存在的意义已经远远低于其造成的社会损害，才最终导致了这一制度的被废止。

三是催生一种全新的制度。实际上，催生一种全新的制度往往和取消现有制度是密不可分的，虽然并不总是如此。从社会管理的角度来看，制度的管理是不应该出现空白的，有空白就意味着给一些人提供了违法犯罪的空间，因此，为了社会管理的需要，原有不合理的制度被取消之后，势必要求催生一种新的制度来替代，以便不影响社会管理的正常生活秩序。仍以收容遣送制度为例，这项制度在 2003 年被废止的同时，国务院总理温家宝签署国务院令，公布了《城市生活无着的流浪乞讨人员救助管理办法》，以自愿的接受救助制度取代强制性的收容遣送制度，自此，新的制度被催生出来，以新的姿态和精神继续影响着千家万户。

无论是改变原有的制度还是催生一项新的制度，都会涉及制度精神的变化。因此，随着新制度的产生，原先的诉求也就顺理成章地转变成了制度背后的立意，即制度精神，这样，制度精神便能够借助正式制度而发挥影响与作用了。

第二节 制度精神的具体运行

正式制度被制定出来之后，制度精神就随之产生了，接下来我们将重点探讨制度精神也就是制度立意是如何借助正式制度来发挥作用，以及制度精神与正式制度之间的相互关系等问题。

一 制度精神与制度文本之间的表现样态

一般来说，制度精神（制度立意）伴随制度的施行会呈现出三种表现形式：

第一，制度精神与制度文本相一致。

制度精神与制度文本相一致的状态是指制度文本最初的立意得到较为忠实的继承与呈现，二者在制度发展的总体走向上处于一致的方向和状态。这里的"一致"并不是说完全的一致，可以允许制度文本与制度精神之间存在一定的偏差，但是这种偏差不会影响二者在未来发展走向上的一致性，即制度精神对制度文本的偏离不会影响制度的发展走向，或者说这种偏离是在社会和民众可接受的程度与范围内，那么两者之间便依然是一种相对一致的关系。

举例来说，关乎国家发展走向的一些根本的、重要的制度如人民代表大会制度，这一制度作为我们国家的根本政治制度，其背后的制度精神显而易见，就是要充分体现人民主权、一切权力属于人民的制度优越性与制度自信。虽然在施行的过程中出现过诸如代表比例、代表构成等细节上的再讨论，但这丝毫没有影响制度所要体现和传递的制度精神。因此，从这个意义上说，尽管制度在实施的过程中会因为外在环境、人为干预等各种因素的干扰而发生变化，但只要制度所承载的精神没有受到大的损害，那么制度文本与制度精神之间的关系可以被认为是一致的。

第二，制度精神与制度文本相偏离。

制度精神与制度文本相偏离的状态是指在制度文本实施的过程中，制度的实际效果与制度精神之间出现了不一致的偏离现象，虽然在总体方向上是一致的，不是相反的，但是如同轨道上的列车一样，制度已经开始偏离原有的轨道了，制度精神不能很好地借由现有制度来呈现，相反，现有制度的发展趋向只会让实际结果与最初的制度精神越走越远，不过，这种情况还没有严重到彼此的"分崩离析"，也就是说，制度的实践效果还没有引起社会与大众的集体声讨与质疑，不至于出现彻底变更现有制度这种局面，只需要对现有制度的某些部分进行相应的调整就能够让制度文本符合最初的制度精神。当出现这种情况的时候，可以说，便是制度精神与制度文本相偏离的一种表现了。

举例来看，计划生育作为我们国家长期的一项基本国策，可以说影响着每一位中国老百姓的现实生活，其背后的立意也十分明确，就是要控制人口的数量，提高人口的素质。然而，随着老龄化问题的日益突出，"一对夫妻只生一个孩子"这一制度的规定在今天已经不能有效应对日益严峻的老龄化现象，如果不对这一制度进行一定的调整，那么显然不能很好体现在控制人口数量的同时还要提高人口素质这一制度背后的精神，因此，从"单独二孩"到"全面二孩"的逐步放开，恰恰是对现有不合宜的制度进行的一种与时俱进的调整，使之与制度精神更加吻合，由此把偏离于既定轨道的某些制度规定进行修改、调整或补充，进而回归到与制度精神发展相一致的方向上来。

第三，制度精神与制度文本相背离。

制度精神与制度文本相背离是指制度精神与制度文本处在相反的发展方向上，即制度文本的施行不但没有体现和传递应有的制度精神，反而是损害和破坏了这种制度精神，使得二者之间出现了一种"南辕北辙"的冲突与张力，而且这种冲突与张力已经随着制度实践在现实生活中的累积而变得日益突出，它的继续存在不仅会招致社会与民众的普遍质疑与指责，更为重要的是，它会导致两种可能的结果：或者导致制度文本最终发生重大的调整或变更以符合制度精神，或者更改制度精神以催生新的制度文本。

当然，这种制度精神与制度文本之间的背离并不是一蹴而就的，它有一个缓慢发展的过程，只不过在这个过程中，存在着一些极为重要的"制度拐点"[①]，需要引起我们的高度关注。简单来说，制度拐点就是指那些推动制度朝好的或坏的方向发展的相关事件，它们的出现为制度发展方向的改变提供了风向标。

仍以收容遣送制度为例，这项最初以救济、教育和安置城市中的流浪者为目的的收容遣送制度，其制度背后的精神不可谓不好，还应该说是带有社会福利性质的一种救助制度，出发点完全是为了维护弱势群体

---

① 拐点，是数学的一个概念，又称反曲点，在数学上指改变曲线向上或向下方向的点，本书使用这一概念主要是指在制度实践中推动制度朝好的或坏的方向发展的事件，因为拐点的存在，使得制度在以后的发展中慢慢改变了它原有的方向。——笔者

的利益，而为何如此好的立意最终会演变成乱收费、勒索、非法拘禁、强制劳动，甚至非法剥夺他人生命这样的一种结果，便是源于制度在实践过程中出现的"拐点"，也许这个促使"好的"制度变成"坏的"制度的"拐点"很难查考，但有一点是确定的，即当一些人率先把这种救助变成侵犯人身安全的严重威胁，并且得不到及时的纠正与惩办，反而得到更多的默认与效仿时，这个拐点就出现了，之后，制度将会慢慢丢失它本来的制度精神，而凸显它与制度精神完全背离的实践结果，当然，制度精神与文本之间的这种冲突不会一直下去，它会因为另一个拐点的到来而重新界定二者之间的关系。收容遣送制度之所以于2003年被废除，是源于之前发生的一个引发社会舆论广泛关注的孙志刚案件，正是有了这个"拐点"的出现，最终才一步步导致收容遣送制度走到了历史的尽头。而新的救助管理办法的出台，在回归原有救助精神的基础上，用自愿来取代强制这一制度规定更加符合现实的发展，制度文本与制度精神再次回归到一致的发展方向上来。这便是当制度文本与制度精神相背离时，通过变更制度文本来配合制度精神的一种情况。

此外，还有一种情况需要进行说明，即当制度文本与制度精神相背离时，会通过更改制度精神来催生新的制度。以司法制度中的审判原则为例，在1996年中国对刑事诉讼法典进行修改前，我国司法审判的原则多为"有罪推定"，即指未经司法机关依法判决有罪，对刑事诉讼过程中的被追诉人，推定其为实际犯罪人。其背后的制度精神可以描述为："罪疑则从轻，其逻辑在于：当猫虎不辨之时只关不杀，即使枉了猫，也起码没放虎归山；枉猫还是纵虎，两害相权取其轻！"① 应该说，"有罪推定原则曾经在世界上大多数国家的司法制度中发挥作用，人们不愿坏人逃脱法律惩戒的朴素心理是完全正常的，在情绪上可以理解。然而，随着时代的变迁，有罪推定早已被证明是一种落后而有害的观念。这种观念不仅制造了许多冤假错案，而且变相鼓励了酷刑与逼供行为"② 。因此，这种逻辑虽然看似有些道理，但在司法践中，这种对当事人的"有罪推定"不仅会带来一些冤假错案、屈打成招等危害人身权益的事情，更严重背离了社会主义社会的法治精神与法治理念，为此，1996年3月中国对刑事诉讼法典进行修改时，虽然没有明确使用"无罪推定"的字样，但在第十二条明确规定"未经人民法院依法判决，对任何人都不得确定有罪"。这一表述，被认为是包含了"无罪推定"原则的基本内容。"其

① 沈泽龙：《从"有罪推定"到"疑罪从无"》，《时代潮》2003年第8期。
② 杨鑫宇：《"疑罪从无"要从法律走进人心》，《中国青年报》2014年11月28日。

逻辑在于：存疑就不能定罪，不能定罪就谈不上从轻或从重。"① 相应地，采用"疑罪从无"的原则，将"使公安司法机关更加谨慎主动，从根本上是有利于完成刑事诉讼任务，有利于国家长治久安的。这不啻为中国刑事司法文明的一个突破"②。值得提及的是，2012 年修改后的刑诉法更是重申了坚持疑罪从无原则的极端重要性，并通过增加和完善相关制度来进一步体现刑诉法无罪推定原则的精神。由此，制度精神从"有罪推定"到"疑罪从无"的根本性转变，便是制度精神与制度文本相背离时产生的另一种结果。

需要指出的是，上述三种状态之间并不是截然分开的，而是彼此关联的一个动态过程，有时它们会相互交织在制度实施的各个阶段，可以这样说，制度精神与制度文本保持一致的状态在制度实施的初期最容易形成，制度实施的时间越长，制度精神与制度文本随着外在环境、各种相关要素的变化而越难以保持一致，可能会出现偏离甚至背离的现象。而且上述三种情况并不必然带来相应的结果，也就是说，制度精神与制度文本发生偏离或背离时，并不必然就会带来制度的调整或变更，因为制度的滞后性与程序性使得制度的调整或变更往往涉及诸多因素而难以及时反映现实生活，并且也存在很多人都认为某一制度文本或者其背后的制度精神不合理的情况，但是这种制度或制度精神还是会继续存在下去，即使制度精神与制度文本出现了背离，现实社会都有可能不会发生太大的变化，因此，制度精神的存在并不必然会带来制度的有效改变。此外，在这三种状态中，最值得注意的应是第三种状态，即制度精神与制度文本相背离的情况，因为前两种状态中，制度精神与制度文本的发展方向至少都是一致的，但制度精神与制度文本的背离则是相反的路径，如果不给予足够的关注与引导，这种背离的情况可能会给社会发展的秩序与稳定、人民利益的维护与支持方面带来无法估量的负面影响。因此，应该得到应有的重视，以便不断地改进制度或制度精神来适应时代的发展。

二 制度精神运行的影响因素

在了解了制度精神与制度文本之间的表现样态之后，接下来有必要对影响制度精神发挥作用的要素进行分析，即哪些主要因素会对制度精神作用的发挥起到推动作用或者阻碍作用，同时，制度精神是如何从最

---

① 沈泽龙：《从"有罪推定"到"疑罪从无"》，《时代潮》2003 年第 8 期。
② 同上。

初与制度文本相一致的状态慢慢转变成相偏离甚至相背离的状态，等等，对这些问题的探究将有助于我们站在动态的视角上窥见制度精神发生变化的运动轨迹。

实际上，影响制度精神运行的因素是多方面的，也许不可能对每一要素都能进行全面细致的分析，但至少我们能够罗列出其中较为重要的几项要素。具体来说，对制度精神作用的发挥起到推动作用的因素主要有以下几个方面：

第一，制度文本的简洁明确。制度文本是简洁明确的，还是模棱两可的，将在很大程度上影响制度自身的权威性，如果文本所规定的规则、程序烦琐，涉及责任主体时又模棱两可，势必对制度精神的运行产生阻碍，孟德斯鸠曾言"法律不要精微玄奥；它是为具有一般理解力的人们制定的，它不是一种逻辑学的艺术，而是像一个家庭文案的简单平易的推理"①。正如习近平总书记所指出的那样，"不管建立和完善什么制度，都要本着于法周延、于事简便的原则，注重实体性规范和保障性规范的结合和配套，确保针对性、操作性、指导性强"。其中，"于事简便强调的则是制度在实践中、操作中要可用、易用、好用，不烦琐、不深奥、不昂贵，从而增加制度的吸引力与适用性，减少制度负产出、制度被闲置等问题"②。刘廼诚同样认为，"政治制度须能适应社会之实际需要，符合民众政治知识和经验，简易而便于运行，始能真正确立，始能真正实现其真正目的"③。因此，清晰明确的制度文本会为制度精神的正常运行提供可靠而坚实的基础。

第二，违背制度精神的行为能够得到及时纠正。在制度文本实施的过程中，难免会因为制度本身的漏洞而遇到钻制度空子的现象，因此，当行为人不按制度所设计的规则程序而是寻找制度以外的方式来处理问题，进而对制度精神造成了一定程度的损害时，如果这种损害的行为能够得到及时的关注与纠正，在制度精神与制度文本发生偏离的初期就能够得到有效遏制，如同习近平总书记所说，法规制度的生命力在于执行。贯彻执行法规制度关键在真抓，靠的是严管。……不以权势大而破规，不以问题小而姑息，不以违者众而放任，不留"暗门"、不开"天窗"，

---

① ［法］孟德斯鸠：《论法的精神》上册，张雁深译，商务印书馆2005年版，第208页。
② 邓联繁：《制度建设的新路向》，《学习时报》2014年5月9日。
③ 刘廼诚：《政治建设与制度精神》，国民图书出版社1941年版，第64页。

坚决防止"破窗效应"。① 因此，只有制度上的破窗效应及时得到纠正与完善，制度精神才能够始终与制度文本保持一致的方向并发挥积极的作用，而不会与制度文本渐行渐远。

第三，制度受众普遍的观念认同。美国当代著名法学家哈罗德·J. 伯尔曼（Harold·J. Berman）在他的名著曾经说过这样一句话："法律必须被信仰，否则它将形同虚设。"此外，他还提道："没有信仰的法律将退化成为僵死的教条；而没有法律的信仰却将蜕变成为狂信。"② 可以说，伯尔曼坚定地认为，法律作为一种文字上的规范和条文，如果没有公民们良好的守法意识以及对法律制度的肯定与认同，那么再好的法律也只不过是一纸空文。一项制度在具体施行过程中如何做到不走样，忠实地呈现出其背后的制度精神，很大程度上源于受该制度影响的人们的普遍心理态度，对现有制度观念上越认同，行为上就会越遵从，反之，观念上越不认同，表现在行为上便越有可能对制度进行有意破坏。因此，制度精神的健康运行离不开制度受众的内在心理态度，认同度越高，遵守现行制度的可能性越大，制度精神就越能够发挥积极的引导作用，反之亦然。

第四，制度反馈机制运行通畅。制度反馈是衡量制度文本实际践行效果的重要依据，也是判断制度精神是否得到呈现的重要标尺。一个良好而顺畅的制度反馈机制，能够将制度在运行过程中出现的问题、遇到的困境或障碍及时地上传给制度的管理者，管理者通过对这些制度运行过程中的信息的整理与分析，适时地调整和变更制度的设计与安排，使之能够跟上时代与社会环境的变化而确立更加理性的制度精神。因此，好的制度反馈机制能够在很大程度上保障制度精神的合理性与合宜性，为推进制度体系的建设以及增强制度自信都会起到有益的推动作用。

第五，制度拐点的积极推动。这里的制度拐点单指能够推动制度向好的方向转变的重要事件。从经济学角度来讲，制度可以被看作是一种政治产品，要想"卖得好"，即得到大家的积极支持与遵守，也需要进行一番"宣传"与"推广"，要想让这种宣传与推广深入人心，给民众留下深刻印象，就需要制造一些积极的制度拐点，来为制度精神的普及与深化打下深厚的民众基础。早在战国时期，商鞅为了让自己的变法主张能

① 习近平：《加强反腐倡廉法规制度建设 让法规制度的力量充分释放》，新华网，http://news.xinhuanet.com/politics/2015-06/27/c_1115742379.htm，2015年6月27日。
② ［美］哈罗德·J. 伯尔曼：《法律与宗教》（第一卷），梁治平译，中国政法大学出版社2003年版。

够得到民众的信任而顺利推行下去，采取"徙木立信"的方式而获得了立竿见影的效果，这可以说是一种以较小的投入而带来较大的回报的制度尝试。不独商鞅，在中国历史上依靠或设计某些"拐点"来树立法律和制度权威的事例不在少数，其目的便是希望通过这样一个标志性的事件来引导民众的心理认知与社会舆论，以增加该制度在民众心目中的权威性与正当性。当然，这里的制度拐点也可以是被动发生的不利事件，只要管理者能够正确地处理，不利事件就会转"危"为"机"，对制度精神的维护与运行起到积极的作用。但如果管理者没有抓住这次机会，没有很好地处理这次危机，那么制度精神将遭受巨大的冲击，而给社会带来难以估量的影响。以 2006 年发生在南京的彭宇案为例，本是好心搀扶摔倒的老太太，没想到反被对方讹诈，但最重要的不是这一点，而是审理此案的法官说的一句话，"你要是没撞她为什么要扶她"，就是这句看似稀松平常的一句话，不仅严重地冲击了人们的道德底线，更是在很大程度上让中国的道德水平出现了明显的倒退，依据这句话而做出的审判所带来的负面效应，是许多当事者始料不及的。彭宇案作为一个拐点，由于司法部门没有正确恰当地处理好这个事件，而给社会带来了难以想象的不利后果。作为政法部门应引以为戒，深刻反思和汲取教训，努力提高司法办案水平，营造良好的社会道德环境。而汲取此案的一个深刻教训，就是要注重司法裁判对社会主流道德取向的引导作用，要把正确的价值判断和社会主流价值观有机融入司法裁判全过程。要通过正确恰当地处理社会上发生的"拐点"事件，使制度能够借由这一事件的处理方式而朝着更加积极的方向去发展。唯其如此，制度精神才不会背离制度文本而走向它的反面。

同理，对制度精神作用的发挥起到阻碍作用的因素便是上述这些因素的对立面，即制度文本的模糊不清、放任违背制度精神的行为不断发生、制度受众观念上的不认同或低认同、制度反馈机制的不顺畅以及对制度拐点的不当处理，等等，这些因素都会对制度精神的正常发挥起到阻碍的作用，应得到管理者的高度重视。

那么，对于制度精神从最初与制度文本之间的一致状态又是如何一步步转变成偏离乃至背离的状态呢？当然离不开上述那些阻碍制度精神发挥作用的因素，但是如果抽丝剥茧进行更深一步的探究，在这些因素的背后还存在着一些与之相关联的延展性因素，恰是这些因素的存在，对制度精神的变化起着重要的影响甚至决定作用，这些因素至少包含以下三个方面：

第一，制度关键人的素质与智识水平的限制。

所谓制度关键人，是指那些在制定、执行、审判等各个环节对制度产生重要影响的关键人物，他们因自身素质与智识水平的限制，所做出来的不当的决策或行为在一定程度上给制度的实施带来了负面的影响，这些不当的决策或行为一旦与社会舆论联结在一起，即舆论所掀起的社会大众对制度实施不当决策的强烈质疑或谴责将引发一系列连锁反应，当广大受众看到受到制度不公对待的当事人的遭遇时，会增加他们对该制度的不信任感，制度的不信任感增加也就意味着人们自觉遵守该制度的积极性会大大降低，制度得不到遵守，制度背后的精神就得不到体现，由此，制度精神与制度文本之间的一致关系被打破，偏离或背离的现象也就随之形成了。

制度关键人的角色和地位非常重要，在人与制度这一动态关系中，制度的静态作为常态往往带有滞后性与不完善性，而人是动态的、灵活的，对制度的实际效果可以进行积极干预的，他们在制度的各个阶段和环节可能会起到重要的示范引领作用。

在制度制定阶段，如果主导制度设计的关键人物在素质与智识水平上处于一个较高的阶段，那么制定出来的制度相对更全面和周到，得到制度受众支持的概率也就更高些。但是如果囿于自身智识水平的局限而制定出考虑不周、缺乏灵活性的制度，势必会影响制度受众接受并遵守该制度的心理意愿与行为期望。孟德斯鸠曾经提道，如果法律制定出来实施后的效果与法律初衷适得其反，那么就要从源头上对这些制度的设计与安排慎之又慎，他举例说，"有一些法律条款就连立法者本人也不太了解，这些法律甚至与立法者的初衷背道而驰。法兰西法律规定，当一种利益有两个受益者，而其中一受益者死亡后，该利益便归未死的受益者享受。制定这些法律的目的无非是为了减少讼案，但却引起了相反的效果；人们看到僧侣们就像英格兰的守门犬似的互相攻击和打斗，直至死亡"①。也就是说，这样的制度设计不但没有减少诉讼，反而激起彼此为了获得利益而生出相杀之心的可怕局面，这样的法律在制度设计之初就有问题，因此，设计合理、全面、周详的制度安排是立法者们应尽的职责，他们设计出什么样的制度将在很长一段时间内直接主导和影响着人们的现实生活，必须慎之又慎。

在制度执行阶段，制度规定范围内的事情只要按照制度要求进行处

---

① ［法］孟德斯鸠：《论法的精神》上册，张雁深译，商务印书馆 2005 年版，第 287—288 页。

理就可以了，一旦遇到制度规定范围外的事情或者当事人一些极为特殊的情况而不适宜使用该制度时，便是考验制度执行者素质和智慧的时候了。如果执行者有着较高的素质和智识水平，同时也有敢于挑战现有制度的足够勇气，那么在面对情况极为特殊的当事人的诉求时，执行者就能够很好地用自己的智慧来处理问题以弥补制度的某些空白或不足，但是如果执行者一味遵从制度的现有规定，对当事人的特殊情况不予考虑，势必伤害和打击当事人对以后遵守制度的积极性，尤其在当事人为此而付出重大的代价时更是如此，并且其他的制度受众在看到当事人付出的代价时也会以"推己及人"之心来形成自己的判断与行为来应对制度不公带来的伤害，我们也许无法精确地知道这种对制度不公的不满所带来的对制度的不信任要经历多少量变的积累才会最终改变制度的精神，但不可否认的是，从长远来看，制度执行者的不明智的应对举措对制度未来的发展走向以及制度精神的缓慢变异都会起到难以估量的影响作用。

以见义勇为为例，此制度创设的初衷本是为了推动和引导社会良善而淳朴的民风、弘扬社会正气与提高社会道德水平。然而随着现实生活中一系列见义勇为者的尴尬乃至痛苦的遭遇，渐渐形成了"英雄一下子，痛苦一辈子"的流血又流泪的尴尬局面，再加上见义勇为在申请程序的烦琐以及奖励费用与付出的极不匹配等方面的问题，使得见义勇为在现实生活中遇到了极大的挑战，出现"见义智为"甚至"见义不为"的现象，究其原因，虽然制度自身的完备性与配套性会有重要影响，但是制度执行者在处理此类事件时的态度与作为也必然逃脱不开。试想，如果施救者在申报见义勇为时，相关部门的认定人员没有做到主动积极、快速有效地处理问题，而是以消极拖延、各种刁难、非人格化的冷漠对待等方式来处理问题，其带给施救者的心理伤害以及对制度造成的极度不信任将是无法估量的。曾因提起"见义勇为第一案"而轰动全国的福建省南平市检察院干部任建平，在申请见义勇为时便遭遇了上述对待，不仅认定他的行为从救人一命变成"互助友爱"而不符合见义勇为申报的标准，更引起舆论轩然大波的是这样一条标准，即"见义勇为行为的认定要看冒多大生命危险"，这是福建省见义勇为基金会副会长李建生给出的说法，他表示，并不是任何帮助人的行为都可以视为见义勇为的行为，"同样是救助溺水者，擅长游泳的人进行的施救行为和不擅长游泳人的施救行为是不同的，后者所冒的危险性更大，而见义勇为行为的认定，一个重要标准是施救人是否在冒着生命危险进行施救"①。这句话背后潜藏着一个可怕的逻辑，也就是说，只有当施救者冒着生命危险进行施救时，才有资格申报见义勇为，那些既没受伤也没流血的行为只能是互助友爱。这番极不负责任的说法影响的不仅仅是任建平，而是以后无数个"任建平"们的心理感受，如果那些想要成为任建平的人们在知道了这样一个逻辑之后，他们还会去见义勇为吗？而当这样令人寒心的事件屡有发生而绝非仅此一次时，这个本该提倡社会道德、弘扬正气的制度一步步背离原有的制度精神而走向它的反面不也是很正常的事了吗？因此，制度执行者在制度实施过程中的态度、语言、行为等都应审慎对待，切忌态度的随意与不负责任，因为制度受众如果受到不公正的对待，令他寒心和反感的不仅是制度的执行者，更是对整个制度的失望与不信任。这种心理感受还会波及其他可能会受该制度影响的人身上，一旦越来越多的人认识到见义勇为只会让自己处于流血又流泪的悲惨境地时，"见义智为"或者"见义不为"实在是人们再正常不过的行为模式了。

在制度审判阶段，司法机关的职责可谓无比重大，因为法律是最后的屏障，如果法律都无法让人民取信的话，我们还能拿什么来拯救制度精神呢？英国哲学家培根曾经很深刻地指出，"一次不公正的审判，其恶果甚至超过十次犯罪。因为犯罪虽是无视法律——好比污染了水流，而不公正的审判则毁坏法律——好比污染了水源"。可见，在一起诉讼案件面前，调查案件的公安机关以及审理案件的司法机关都会扮演制度关键人的角色，办案人员是否调查周密负责而不是屈打成招，审判人员是否公正合理地判决而不是随意敷衍，对制度未来的发展无疑是极为重要的。而且更为重要的是，由于案件审判结果一旦出台，其在审判过程中所依据的原则、审判的依据等会对整个社会起到风向标的引导作用，在很大程度上会影响人们对该法律和制度的信心与权威性，所以错判的危害实在太大，法官在审判案件时如何秉公并合情处理，将深深影响制度精神的正常运行。

第二，制度完整性的相对缺失。

无论是相对复杂的制度设计，还是比较简单的制度安排，制度本身都可以被看作是一个系统，既然是一个系统，就应该如同一个闭合的环路一样具备基本的完整性。某一项或某几项制度或者与这一制度相关联的配套制度等，都是从完整性的视角来审视制度的。"现在有些制度内容

---

① 此处相关资料来自网络。

空洞、程序模糊、要求笼统、责任不明，结果只能写在纸上、贴在墙上、喊在嘴上，无法落实到实践中。着力提高制度的程序性和可操作性，既要有实体性制度，又要有程序性制度；既要明确怎么办，又要明确违反规定怎么处理。应按照简便实用的原则，使笼统的规定尽量明确化，使原则的表述尽量具体化，对需要制定实施细则的予以配套完善。"① 当然，这里的完整性并不是指一种近乎理想的完美状态，而是强调制度不仅要做出什么行为被允许、什么行为被禁止的规定，同时也要通过相关的配套制度来提供那些法律制度上不被允许但在现实中却真实存在的行为的消解路径。如果一味只以限制、禁止的方式来设计制度，丝毫不顾及活生生的社会现实，即便立意再好的制度在执行时一定会遇到制度文本与制度精神相脱离的状况。

以校车超载为例，随着校车超载引发的严重交通事故层出不穷，2015 年我国《刑法修正案（九）》做出新的规定，将驾驶机动车在道路上从事校车业务或者旅客运输，严重超过规定时速行驶行为的处罚，由《道路交通安全法》规定的最高 2000 元罚款，可以并处吊销机动车驾驶证的行政处罚，上升为"处拘役，并处罚金"的刑事处罚。处罚力度的加重无疑是要应对校车超载所可能引发的一系列安全隐患，然而现实情况似乎并没有得到有效缓解，2015 年网上更是盛传一个被誉为"史上最牛超载"的视频，一个核载 6 人的面包车竟然塞进整整 51 个人，而且还都是成年人！虽然不是校车，但现实生活中校车超载的事件也依然不同程度地存在，究其原因，表面看自然是校车超载中的利益驱动让一些人选择铤而走险，但深层原因则在于我们制度设计的不完整。现有制度只是对校车超载行为规定了如何处罚，然而却没有规定（或者出台相关配套制度）多出来的孩子如何安置的问题，是全部由学校来承担所有的接送车辆等费用，还是可以允许社会车辆参与校车运营等，只有把校车超载所涉及的每一个环节、所遇到的每一个难题都尽量纳入制度的范畴，校车超载这一难题才能得到真正有效的缓解。同样，被人们所强烈关注的城管与摊贩之间的紧张关系要想得到有效缓解，单靠没收、稽查等手段是无法阻止小摊贩的流动性营业的，因为对于他们来说，他们每天的生计就是这个小小的流动摊，付不起高额的租位费，只能以流动的方式来养活自己，偏偏城管还有可能把他们维持生计的唯一依靠也要没收、毁坏，这无异于把这些本来就是社会中的弱势群体逼入更加不堪的境地，

---

① 徐守盛：《以制度建立健全推动作风建设常态长效——深刻领会习近平同志关于党的作风建设制度化的重要讲话精神》，《人民日报》2013 年 11 月 4 日。

因此，他们之间的这种紧张关系只有从制度上为摊贩们的生计提供一个他们可接受的挣钱方式，才能从根本上缓解彼此之间的冲突与张力，否则，流血冲突在未来还会重现。这是制度的"失职"，制度不能只规定惩罚什么、禁止什么，制度还应为制度上不被允许但在现实生活中较为普遍存在的现象提供适度的消解路径，这样的制度才是完整的，也才是真正有效体现制度背后的精神的！

第三，制度发展过程中的"目标移位"。

所谓"目标移位"，是指制定制度的目标与实现这一目标的手段之间出现了置换，原本是实现目标的手段最终演变成了目标本身，而原来真正的目标则被挤到大家看不到的角落进而被忽视或被遗忘了。在这一点上，美国社会学家罗伯特·K.默顿有过专门的论述，大意是：强调这一点有可能使情感从组织的"目的"转到组织规则所要求的某些行为细节上。坚持这些规则的要求最初被看作是一种手段，但是渐渐地转变成目的本身。当"一种工具性的价值变成一种终极性的价值"时，会发生"目标移位"的类似的过程。无论在何种情境中，人们很容易把纪律解释为遵守规定。人们不把它看作是旨在实现具体目标的一种做法，而逐渐把它变成一种官僚在组织中生活的直接价值。由于原有目标移位的结果，强调纪律会发展成为一种僵化的做法，并且缺少迅速做出调整的能力。[①]这是作者在论述官僚制时，对当初作为约束官员行为的组织规则、纪律要求的手段是如何一步步转变成目标本身所作的分析。从中我们可以鲜明地看到，正是由于人们对规则纪律的"过度遵守"与僵化奉行，他们已经发展出来了一种"路径依赖"和思维定式，使得制度在发展的过程中难以有效应对任何新的变化和新的情况，于是手段变成目标，目标则被架空。坦白地说，这种变化在某种意义上是带有一种必然的、不可逆的性质，它似乎是制度在发展过程中会必然出现的一种规律性的变化，任何制度在新生的初期都会表现出这一制度强劲的生命力，但是随着时间的推移、社会环境的变化，制度发展到一定阶段就必然会凸显它的弊端，而且这种弊端可能正是当初该制度引以为傲的优势所在。一如官僚制，当初正是以其"非人格化"的巨大优势来对抗和替代传统的恩赐制，后来则变成官僚主义和僵化的教条而遭人诟病。因此，从这个意义上说，制度自身发展的内在规律性在一定程度上也为制度精神的偏离起到了推波助澜的作用。但这并不是说，在这个规律性面前，人们就

---

① 竺乾威、马国泉编：《公共行政学经典文选》（英文版），复旦大学出版社 2014 年版，第 83 页。

没有任何的办法，只能任由这种目标移位的发生，而是说，在制度的实施过程中，我们越早地关注到这种目标移位，并且采取及时有效的措施来扭转这种移位，那么我们依然可以掌握制度的主动权，让制度发挥它的正向积极的作用，让制度精神与制度发展的方向保持一致。同时，在认识上，我们也应始终用奈特的话来提醒自己，"在任何一种情况下，主要的焦点都集中于实际的结果；而制度规则的发展，仅仅是取得实际目标的一种手段"①。

第三节 制度精神的双因素——制度立意与制度敬畏

到目前为止，本章前两节所讲之制度精神其实指向的是制度立意，而不是制度敬畏。分析制度精神的具体运行势必要涉及制度立意这一层面，但是如果只分析到这一层还远远不够，真正制度精神的运行实际上是包含上述两个层面的，即既有制度立意层面的运行，也有制度敬畏层面的运行，而且这两个层面彼此相互关联，相辅相成，共同构筑和推动制度精神的实际运转。因此，本节接下来便要分析这两个层面之间的关系，为制度精神的运行提供一个相对完整的参照。

一 制度敬畏的构成要素

制度敬畏作为植根于人们心中的一种对制度权威有着高度认同的价值观念，它至少包含两大要素：认同感和坚定的信念。

认同感：在管理心理学中，认同感是指群体内的每个成员对外界的一些重大事件与原则问题，通常能有共同的认识与评价。在政治制度建设领域，认同感是指社会大众对制度的执行与实施有一个普遍的心理认可与主观意愿，对制度的践行会起到良好的推动作用而不是相反。也就是说人们对制度的施行是接受的，不是排斥的，是愿意按照制度的要求来遵守的，而不是被迫的无奈。认同感是制度敬畏得以形成的最基本也是最首要的因素。

坚定的信念：一种制度如果只让人们在观念上认同它是远远不够的，因为认同感是一种不稳定的情感状态，一旦遇到制度的空白地带或灰色地带等这些容易让人钻空子的情况时，如果没有坚定的信念做支撑，一

---

① ［美］杰克·奈特：《制度与社会冲突》，周伟林译，上海人民出版社2009年版，第130页。

些人会因为抵制不住这种诱惑而心存侥幸地去破坏制度,因此,制度敬畏的养成一定离不开坚定信念的强大支撑,它能让制度受众在面临制度漏洞时依然能够主动积极去规避这种漏洞,而不是打"擦边球",正是这样一种相对稳定的价值观念成为制度敬畏中最关键也最重要的构成要素。

认同感培养的是人们头脑中一种相对普遍的制度认知情感,但是这种情感带有一定的可变性,也就是说,当制度受众虽然在心理上接受了这一制度,但是在一些与自身利益密切相关的重要时刻,制度受众可能会暂时放弃这种情感,转而去寻求制度之外的空间与路径来维护自己或与己相关的利益,所以,这种认同感是会随着制度受众的利益考量而发生变化的,具有一定的不稳定性。坚定的信念作为一种相对稳定的观念,则可以在认同感遇到上述挑战的时候为制度受众提供必要的心理支撑,使制度受众认识到不能为了一己之私利而践踏制度与法律的尊严,不能因个人之喜怒偏好而随意解释、运用制度,而要时刻以制度作为标尺,对制度的公正与实效抱有坚定的信心,能够自觉抵制制度漏洞的侵袭与制度外路径的诱惑,为制度得到更广泛的遵守与奉行提供坚实的思想来源。

二 制度敬畏的影响要素

一般来说,影响制度敬畏形成的要素主要有三个方面:

第一,有形的制度载体。

无论是认同感,还是坚定的信念,它们都不是凭空产生的,而是要借助具体的制度规范作为载体,让人们切实感受到遵守制度所带来的实际便利和益处,他们才会愿意去接受制度并遵守制度,形成最初的认同感,实现通过"制度重塑来实现价值重铸"①。而当他们在现实生活中看到一些人因为不遵守制度而受到惩罚或付出代价时,他们才能不断强化和坚信自己遵守制度的行为是正确的,随着时间的推移以及现实的直观体验进而在观念上逐步形成了坚定的信念,这种信念便是制度权威在人们头脑中的反映。当人们普遍将遵守制度作为他们行为的主要模式时,一个依照法治、制度来治理的有序的社会也就基本形成了。

第二,充分的理论教化。

有必要指出的是,包含认同感和坚定的信念的制度敬畏虽然离不开

---

① 刘祖云:《"服务型政府"价值实现的制度安排》,《江海学刊》2004 年第 3 期。

制度这一有形的载体，但它并不是唯一的媒介。制度敬畏的养成还需要充分的理论教化。这种教化既可以理解为托克维尔笔下对民主的巩固与发展起重要作用的民情，也可以理解为引导人们行为的政治教化与政治宣导。《孔子家语》记载了这样一个故事，可以作为理论教化的一个例证：孔子做鲁国的大司寇，有父子二人来打官司，孔子把他们羁押在同一间牢房里，过了三个月也不判决。父亲请求撤回诉讼，孔子就把父子二人都放了。季孙氏听到这件事，很不高兴，说："司寇欺骗我，从前他对我说过：'治理国家一定要以提倡孝道为先。'现在我要杀掉一个不孝的人来教导百姓遵守孝道，不也可以吗？司寇却又赦免了他们，这是为什么呢？"孔子叹息说："唉！身居上位不按道行事而滥杀百姓，这违背常理。不用孝道来教化民众而随意判决官司，这是滥杀无辜。三军打了败仗，是不能用杀士卒来解决问题的；刑事案件不断发生，是不能用严酷的刑罚来制止的。为什么呢？统治者的教化没有起到作用，罪责不在百姓一方。……《尚书》说：'刑杀要符合正义，不能要求都符合自己的心意，断案不是那么顺当的事。'说的是先施教化后用刑罚，先陈说道理使百姓明白敬服。如果还不行，就应该以贤良的人为表率引导鼓励他们；还不行，才放弃种种说教；还不行，才可以用威势震慑他们。这样做三年，而后百姓就会走上正道。其中有些不从教化的顽劣之徒，对他们就可以用刑罚。这样一来百姓都知道什么是犯罪了"①。

可以看出，孔子并不认为制度的奖惩可以自动让人们的行为都能遵守制度的约束，这样做反而让刑法繁多却不能战胜邪恶，因此，单靠严酷的刑罚是不能从根本上让民众自觉主动遵守制度的，为此，需要通过教化，让人们明白遵守制度的道理所在，不行就让道德上的榜样来引导，或者采用其他的方式，只有这些方式都尝试过了，还是不行，才可以运用法律制度来震慑他们，也就是说，通过这样一个充分的理论教化的逐步营造，才能够让老百姓达到"有耻且格"的思想境界，然后再辅之以制度的约束，他们才能在心中生出对制度的敬畏之心而主动遵守制度的要求。孔子还用门槛与高山的比喻来强调充分的道德教化的重要性，"三尺高的门槛，即使空车也不能越过，为什么呢？是因为门槛高的缘故。一座百仞高的山，负载极重的车子也能登上去，为什么呢？因为山是由低到高缓缓升上去的，车就会慢慢登上去。当前的社会风气已经败坏很久了，即使有严刑苛法，百姓能不违反吗？"② 门槛借指制度，高山则指

---

① 《孔子家语·始诛第二》，王国轩、王秀梅译注，中华书局 2009 年版，第 16 页。

② 同上书，第 17 页。

教化，润物无声的、循序渐进的教化比起不教而诛的法律更能让人们服从制度的约束。

第三，切实有效的制度监督机制。

制度在实施过程中如果所明确规定的东西得不到切实的遵守，或者人们出于私利的目的而违反这一制度时并没有受到相应的责罚，即没有有效的监督制约机制来防范上述情况的发生，那么制度就不会得到更广泛的群众基础，尤其是对那些握有权力的人来说，他们对制度的不遵守所带来的社会危害比平民百姓的不遵守更大，因为他们代表的是国家。诚如王占魁所言，"在社会主义转轨时期，没有一个好的监督制度和行之有效的社会主义监督与制约机制，要防止权力的滥用，遏制和消除腐败现象是不可能的，法律的生命和权威都在于严格执行，'法善而不循法，法亦虚器耳'。人们只有对制度产生深深的敬畏，用制度保证这种敬畏之心长久地维系下去，才能有效地防止腐败的发生，这是历史的警示，更是现实的使命，我们应该奋发作为"①。他接着指出，制度本身具有与生俱来的脆弱性，如果执行制度的人制度意识很差，思想僵化，行动迟缓，对于应该办但对自己无利的事消极拖延，不按制度办，遇到难事、棘手事，不表态不吭声，遇到矛盾绕道走，遇到需要明确责任的事退避三舍，只求明哲保身，应该作为而不作为，结果就会出现公众眼巴巴盼着答复的问题被长久拖延，许多急需解决的矛盾和问题日积月累，就会把小事酿大，最终不可收拾。所谓无规矩不成方圆。在很多情况下，我们可能缺少的并不是制度，而是缺少对制度应有的敬畏和尊重。制度形同虚设得不到有效执行的危害性比没有制度更甚。因此，要形成对制度应有的敬畏与尊重，必须从监督这一链条上把制度的各项规定忠实、无偏差、无特权地公平适用于受制度影响的所有人。只有让每一个制度受众都认识到不遵守制度的确要受到惩罚或者付出较大的代价，他们才会用遵从制度的规定来避免这种结果，而一旦他们学会了遵从制度的规定，那么离他们对制度保有一颗敬畏之心也就不远了。

三　制度敬畏与制度立意的关系

从某种意义上说，人与制度之间的关系是微妙而复杂的，因为我们无法准确而及时地知道每一个个体在制度实施中的所有认知与行为，以及他们这种认知与行为对制度产生的错综复杂的影响。但这并不是说我

---

① 王占魁：《制度意识的内涵在于增强人对制度的敬畏之心》，《办公室业务》2010 年第 2 期。

们就无法对人与制度之间的关系进行一定的探查，实际上，我们仍然可以透过丰富的现实生活对两者间的关系进行一个简要的分析。制度影响人们的行为，而人们的行为反过来也会影响制度。在制度立意与制度敬畏这两者的关系当中，人的因素在其中扮演着重要的角色。

首先，制度敬畏的养成离不开制度立意的忠实履行。

制度立意是依托于具体的制度的，而制度是死的，要想把制度的生命力与制度的价值呈现出来，就必须借助人这一能动性的主体。制度敬畏作为一种稳定的价值观念，需要人们对现行制度的普遍遵守作为基础，然而对制度的遵守在最初一定是带有一种强迫的意味的，因为如果没有制度的约束，人们可以做任何他想做的事情，现在有了制度的约束，他必须要控制自己的行为，使之不会逾越制度允许的范围，因此，人们在初期遵守制度时往往带有一种强迫的意味在其中。不过随着时间的推移，这种强迫的意味会慢慢淡去，习惯性的遵从已经让人们渐渐发展出了一种主动的顺从，遵守制度也就意味着忠实地还原了制度背后的精神即制度立意，制度立意得到很好的呈现，在一定程度上说明了人们在制度实施过程中的态度，即他们愿意接受这一制度并按照制度的要求来约束自身的行为，有了民众这种直观的、亲身的体验，他们会把体验的感受记在他们的心里，并不断用正确的行为来强化他们的这种认知，当这种认知达到一定的高度，使得人们的行为具有较强的可测性与可控性，观念上也形成了相对稳定的思维模式时，人们对制度的遵守就由最初的强迫变成一个相对自然的过程，而这种自然过程的形成便是制度立意所带来的制度敬畏的产生。因此，从这个意义上说，制度敬畏的形成是一个漫长的过程，它离不开制度立意这一鲜明而直观的参照，正是人们对制度立意的遵从才一步步推演出人们对制度敬畏的恪守。

其次，制度立意的履行离不开制度敬畏的辅助支持。

制度敬畏一旦形成一定的规模，便会回过头来推动制度立意的有效履行。因为人们已经对遵守制度产生了一定的敬畏心理，这种敬畏心理已经具备了一定的稳定性与长效性，并且在行为上已经逐渐培养出人们相对固定的行为模式，他们会根据对制度的权威看待而以制度作为他们政治生活的主要方式，遇到任何问题他们也会首先倾向于通过制度的途径来解决相应的问题。这种行为模式与思维模式共同为制度的顺利推行提供了便利的思想基础。即便制度本身存在着一定的缺陷，但是人们内心对制度的这种敬畏之心促使他们在面临制度的漏洞和空子时能够主动预防、自觉遵守，在一定程度上会有效弥合制度带来的理论与现实、一般与特殊之间的差距。因此，一个好的制度立意在时间、环境、人员等各种因素都在不断变化的条件下，要想不发生与制度文本之间的脱节现象，还需要制度敬畏的辅助与支持，才能让制度随着时间流逝而慢慢凸显出来的弊端变得不那么明显和刺眼。

总体来说，制度立意与制度敬畏二者相辅相成，共同构筑和体现了制度内在的精神。制度立意依托于具体的制度规范，只有当制度规范和与之相匹配的制度立意协调一致时，才能为制度敬畏的形成与巩固提供直观而鲜活的有益的政治体验。制度敬畏作为一种根植于人们头脑中的较为稳定的价值观念，如果离开那些鲜活的政治体验，就无法强化和巩固人们对制度应该遵守而不是随意破坏的思维模式，也就无法真正让制度受众从内心里去尊重制度、敬畏制度。因此，二者共同发挥作用，为制度精神的有效生成贡献力量！

小　结

对一项制度的评价，我们惯常的做法可能如下所言："考察一个成功制度时，习惯于从善良愿望出发考察它的纯洁、崇高的起源；而制度失败时，又往往归结于其先天的理论不足或创制者的道德缺失。"[1] 但实际上，制度的实际效果是成功还是失败在很大程度上与其背后的制度立意以及整个社会环境是否形成了相对稳定的制度敬畏有着莫大的关联。只是因为制度立意是依附于一项具体制度的，一旦制度变更制度立意也会随之发生变化，这使得制度立意具有一定的局限性与不稳定性，为此，要想形成一种相对稳定的长久的制度精神，使得人们真正从内心对制度自然而然地生出敬畏之心，我们还是应该把重点放在制度敬畏这一层面，而本章对制度立意层面所做的探讨对于接下来制度敬畏层面的阐述无疑是有着重要的参考价值的。

---

① 苏力：《制度是如何形成的》，北京大学出版社 2007 年版，第 52 页。

第六章　制度精神的培育

"身处正在实现现代化之中的当今世界，谁能组织政治，谁就能掌握未来。"① 而要成功地组织政治，必须要有成功的制度价值与之匹配，从而最大限度地获得社会信心与人民共识。"对于中国改革开放和转型发展来说，有效政治是通过在政治建设和发展中不断创造政治有效性来实现的。这种创造主要围绕着政治领导、政治治理、政治稳定和政治发展来展开的，其着力点都在制度建设，即力图通过制度积累、制度创新和制度完善来提升政治能力，健全政治治理，巩固政治稳定，深化政治发展。"② 因此，"制度对现代国家成长和国家治理的决定作用，使得制度的建设和发展成为现代国家成长的关键"③。制度精神作为制度建设中重要的一环，无疑在完成整体的制度建设的过程中扮演着重要的角色。同时，就中国发展的语境来看，本章所言之制度精神的培育，自然也是指涉对移植西方正式制度精神的培育而言，在此特作说明。

纵观制度精神的衍生进程，我们认为，制度精神的培育离不开三大要素的相互配合，即人、制度④、时间。当然，需要指出的是，就一般意义而言，时间和空间是相互关联的两个因素，笔者在这里之所以没有将空间作为一个构成因素来考察，并不是说空间因素不重要，毋宁说笔者是默认了在中国这一独特的空间场域之中对制度精神的培育进行的探讨，正是在这一前提下，我们从人、制度、时间这一三维框架中对制度精神的培育进行尝试性分析。令人振奋的是，刘廼诚在谈及制度精神的培育时曾说过这样一番话，"政治制度之采行，本非难事，……至于能否顺利运行，则有赖于制度精神之养成，是必政治领袖能遵守制度，并能依法运行之，又必人民了解制度，并能决心拥护之。惟制度精神之培养，所

---

① ［美］塞缪尔・P. 亨廷顿：《变化社会中的政治秩序》，王冠华等译，生活・读书・新知三联书店 1989 年版，第 427 页。

② 林尚立：《政治建设与国家成长》，中国大百科全书出版社 2008 年版，第 23 页。

③ 同上书，第 56 页。

④ 此处所言制度亦是指涉正式层面的制度。——笔者

非一朝一夕所能臻效，……必须有长期之培养，始能臻效"①。从某种程度上，我们可以从上述语句中寻找到人、制度、时间这三大因素在其中的关键作用。相信这为本研究所确立的三维框架有着重要的支撑作用。

制度精神作为一种相对稳定的价值体系，是作为一种观念投射在人们的内心进而外化在人们的行为之中的，因此，这种观念的传递自然离不开"人"这一主导力量的存在，可以说，人是制度精神得以衍生的能动力量，人本身的能动性与活跃性使得制度精神始终处于一种动态的发展状态之中，也正是因为有了人这一因素的存在，制度精神的产生、更新、传递与实现等过程才成为可能；然而，观念作为一种精神层面的产物，如果不借助外在的有形的物质载体是无法被人们识别和感知的，为此，制度精神必然要借助现实中具体存在的制度这一物质载体来传递这种观念，西方法治精神的产生如果离开了具体的法律、制度等规范性的形式，就只能停留在空想的理论层面，难以转化为现实的生产力，因此，制度在推动制度精神的观念形态转化为人们可以感受到的观念形态方面充当着关键的中介，没有这一中介的存在，制度精神既无法为人所认知，也无法在人们心中留下任何印迹，故此，制度这一有形载体可谓不可或缺；时间作为一种物理要素在制度精神内化于人们的头脑与行为的过程中扮演着独特的角色，没有足够的充分的时间积累与沉淀，制度精神即使形成也是不稳固的，无法在人们心中留下持久而深刻的印迹，一旦遇到特定的社会环境，这种不牢固的制度精神就很容易被新的情况所侵蚀，甚至被其完全颠覆。相反，稳固而成熟的制度精神则不会轻易随着外界环境的变化而有较大的起伏和波动，进而从很大程度上保证制度精神可以稳定、持续且有效地发挥自身的作用。可见，上述三大因素之间的关系密不可分也缺一不可，只有三者之间形成一种良性的互动与配合，制度精神才能最终形成并稳固地发挥作用。对上述三大要素之间关系的分析，也就成为本章研究的重点。

三要素之间的关系如图 6 - 1 所示：

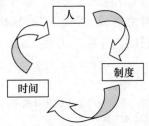

图 6 - 1　人、制度、时间三要素的关系

① 刘廼诚：《政治建设与制度精神》，国民图书出版社 1941 年版，第 100 页。

第一节　人——制度精神的主体

实际上，建构一种有形的制度并不难，难的是培育一种无形的制度精神。并且制度精神的优劣与否，在很大程度上又取决于身处其中的"人"这一主体的作用，正是由于人本身的复杂性与多变性使得制度精神的培育进程充满了不可测性，"应该采用最优秀的法律来统治还是应该选用最优秀的人来统治，无可否认，法律不可能详尽人们需要对之加以审议的一切事例，这样的事例必须由人来裁决"①。可见，制度并不自行发挥效力，它需要人们的参与、支持与努力，为此，我们要想培育出符合时代发展要求与社会发展要求的制度精神，就必须先要从"人"这一因素着手。

富勒认为，"要开展使人的行为服从于规则之治的事业，必然需要信奉这样一种观念，即人是或者能够变成一个负责的理性行动主体，能够理解和遵循规则，并且能够对自己的过错负责"②。制度与人之间已不再是一个两难选择，即并不是要在制度与人之间选取一个决定性力量来消弭两者之间的裂痕与缝隙，而是要站在人的角度用整体的、宏观的立场来推动制度与人性之间的良性互动，使得制度的内在缺陷可以因为人的影响而尽力避免，而人性中的某些弱点亦可以因为制度的约束而尽力回避，正如著名的法学家伯尔曼所言："在这个时代里面，'非此即彼'让位于'亦此亦彼'。不再是主体反对客体，而是主体与客体交互作用；不再是意识反对存在，而是意识与存在同在；不再是理智反对感情，或者理性反对激情，而是整体的人在思考和感受。"③

既然"人"是制度精神构建过程中的主导力量，有关制度精神的培育自然也是要由具体的人来完成操作，然而制度精神不独民众所享有，从制度的约束力这一角度而言，只要是生活在这一国家当中并受这一制度约束的所有人，都是制度精神的持有者。因此，这里的具体的人是指与制度精神得以履行的各个环节上的所有相关人。并且，就我国目前情况而言，既然是要将西方的正式制度精神嵌入到我国的政治社会当中，

---

① ［古希腊］亚里士多德：《政治学》，颜一、秦典华译，中国人民大学出版社 2005 年版，第 112 页。
② ［美］富勒：《法律的道德性》，郑戈译，商务印书馆 2007 年版，第 188 页。
③ ［美］伯尔曼：《法律与宗教》，梁治平译，中国政法大学出版社 2003 年版，第 114 页。

无疑就更需要发挥人这一主体的作用，依靠人的主观性与灵活性来有计划、有步骤地推进这一进程。从一般意义上讲，制度精神的培育过程依据主体的不同可以体现为以下三种模式：

　　现实推动——官方主导——生成制度——制度精神

　　现实推动——民众主导——生成制度——制度精神

　　现实推动——知识精英主导——生成制度——制度精神

　　在这三种模式中，无一例外的是，每种模式的产生都是受到现实推动的必然结果，即正是由于现实社会的发展与变迁为各个主体提出了变革的要求，因此他们才能按照这种要求来有针对性地培育制度精神，而制度精神只有借助现实的正式制度这一物质载体才能被人认识与感受，因此人们对正式制度的遵奉实际上也就暗含了对正式制度精神的一种传承，最终制度精神才能得以确立和巩固。其中，在官方主导模式中，依据主体性质的不同还可以分为领袖主导模式和官员主导模式两种，只不过在现实政治生活中，能够对制度创设与变迁起重要影响作用的往往集中于那些握有重要或核心权力的领袖人物身上，普通的官员只是作为具体的执行人员和操作人员，由于受权力与地位的限制而鲜有对制度变迁产生重要影响，因此，本书这里将重点对领袖主导模式进行详细阐发，以此来揭示我国在引入正式制度精神的过程中应该注意的方面和环节。

　　三种模式分述如下：

一　领袖主导模式

　　本书所言之"领袖"，不仅指作为一个国家、政党等的最高领导人，还指向实际政治生活中的"一把手"，即那些处于权力中心的地方最高领导亦可以称为领袖。从历史上看，领袖对一个国家政治制度的构建与发展起着不可估量的作用，他们是否具有良好的制度精神并将这些制度精神转化到现实的政治生活当中，在很多时候往往会决定一个国家未来的发展走向。从现实来看，统治阶级的意思表示或者说政治领袖的个人意志在很大程度上对制度的贯彻与执行产生重要的影响作用。而这也成为制度变迁及演变的一种重要方式，以至于曹沛霖提道："对于政治制度来说，源头是非常重要的，因为源头提供了制度最初的基本框架，它成为后来制度变迁的基本平台。了解英国政治制度的人都知道，有很多制度往往是由最初的强有力的政治领袖偶然的事件所造成的，处理这些事件的方法后来成为惯例，并逐渐演变为正式制度。"① 这些演变而成的正式制度因为有了国家力量这一后盾的保护而带有很强的可操作性、强制性和政治性。"我们不仅需要一个充满生机、活力与自主精神的社会，也需要一个强有力的、能对社会各相关领域进行有效的控制欲协调的国家政权。"② 由此，反映这些正式制度的制度精神亦被深深嵌入其中。华盛顿作为美国首任总统，在两届任期结束后，他自愿放弃权力不再续任，因此建立了美国历史上总统不超过两任的传统，维护了共和国的发展。斯大林作为苏联的最高领导人，并没有继承列宁等革命导师的优秀传统，而是为了一己之私铲除异己力量，发动大清洗等运动而将苏联的共产主义精神破坏殆尽。如果再进一步分析的话，我们可以看到，华盛顿之所以能够将这种传统继承下去，斯大林之所以能将这种破坏持续下去，都不是单靠个人的力量就能够完成的。换言之，华盛顿因为有了后继者的认可与履行、社会环境的支持等因素将这一传统扎实地传递了下去，使得后继者既不敢挑战开国领袖的权威，也不敢挑战民众的心理承受能力。同样，斯大林因为有了加米涅夫、季诺维也夫等人所形成的政治同盟的支持以及民众对权威的高度默认与遵从使得其一系列不合理甚至不合法的政策得到推行。可以说，领袖在国家建设与制度成长中无疑起着重要的引导作用。刘廼诚在其著作中亦提及制度精神的内容中要包含对领袖的尊重。③

实践上看，领袖主导这种模式要想在实践中推动制度精神的培育进程，需要具备以下几个条件：

（一）个人的超凡魅力

"用长期的眼光来看，民主制（以及其他各种政府形式）的好坏只能通过其领袖的品质来加以判断，而领袖的品质则转而依赖于他们的远见卓识。"④ 在白璧德看来，民主的命运取决于领导的品质，只有那些"举足轻重的少数人"（an important minority）依靠个人的意志品质做出正当行为时，道德国家才成为可能。换言之，领袖个人所特有的意志品质便是他的个人魅力。从历史上看，领袖个人的超凡魅力在推动和形塑一个国家的制度架构的过程中扮演着十分关键的角色，尤其是位于九五之尊

---

① 曹沛霖：《制度纵横谈》，人民出版社 2005 年版，第 46 页。

② [美] 乔·萨托利：《民主新论》，东方出版社 1993 年版。

③ 参见刘廼诚《政治建设与制度精神》，国民图书出版社 1941 年版。

④ [美] 欧文·白璧德：《民主与领袖》，张源、张沛译，北京大学出版社 2011 年版，第 12 页。

的皇帝，他们由于握有生杀予夺的大权，可以根据个人的好恶喜怒来创建制度和更改制度，进而影响一个国家制度发展的实际进程。

以汉代为例，皇权和相权之间的分配直接推动着一国政治发展的走向，汉武帝在两种权力之间的比例分配方面起着决定性的影响，汉武帝以前，皇权和相权是分开的，即皇帝实际上不能管理一切事务，由宰相作为代表处理事务，责任亦在宰相。然而，汉武帝雄才伟略，宰相便退处无权，外朝九卿，直接向内廷听受指令。这样一来，皇帝的私人秘书尚书的权力就大了。汉武帝临死时，要把皇位传给小儿子昭帝，只是由于皇帝年幼，又恐昭帝母亲专权，遂将昭帝母亲赐死，同时任命霍光（皇家亲戚）做大司马大将军辅政，并没有把辅政之职交由宰相，这实际上为后来皇宫和朝廷之间的冲突埋下了伏笔，大司马大将军实际成为皇宫内廷的领袖，而外朝则由宰相统治，宰相不能过问内廷的事，然而内廷却可以过问政府的事，如此则大司马大将军渐渐侵入并超越相权，有大权独揽之专制趋势，汉宣帝以下，霍氏虽败，结果还是大司马大将军外戚辅政，还是内廷权重，外朝权轻，于是有王莽代汉而兴。王莽便是由大司马大将军而掌握大权的。① 可以看到，正是由于汉武帝个人魅力的强大威慑力使得后继者们不敢有违这一制度，再加上历史条件、社会环境的作用，使得这项制度获得了继续存在的土壤，并且原先制度中内含的精神随着条件的改变也发生了变化，即大司马大将军由最初的辅政之职演变成了专权之责，制度精神借由制度的变迁而发生了重大的变化。

由上可知，领袖个人的超凡魅力在形塑制度并赋予制度内在的制度精神方面无疑有着重要的影响作用。此外，人们很容易把当初行之有效的制度设计理念在以后的发展过程中奉为原则与圭臬，威尔逊在《行政学研究》中强调：各种制度在第一代人看来，只不过是似乎可以实现某种原则的权宜之计。下一代则把它尊崇为有最大可能实现这一原则的近似办法。而再下一代则把它崇拜为这一原则本身。② 一种最初偶发的制度设计后来变成了必须存在的制度安排，领袖在其中的作用可见一斑。然而，我们也要看到制度本身的变迁以及随之而来的制度精神的变迁。领袖依靠个人魅力促生了某一项制度，并赋予该制度特有的用意与内涵，然而外在环境的变化以及具体践行制度的人本身的因素又在改变着制度的用意，霍光虽然践行了汉武帝为他独创的制度，其本意只在抚孤绝无

---

① 参见钱穆《中国历代政治得失》，生活·读书·新知三联书店 2001 年版，第 28—31 页。

② Woodrow Wilson, "The Study of Administration", *Political Science Quarterly*, 2, June 1887. 转引自竺乾威、马国泉《公共行政学经典文选》（英文版），复旦大学出版社 2000 年版。

让他大权独揽之意，然而在具体实践中霍光却不断超越自身职责范围而试图将权力逾越应有的限制，致使西汉后世外戚专权现象的频发终至王莽篡政的发生。因此，这就带给我们两点启示：

一是领袖可以依靠个人魅力创设制度并赋予制度内在的精神。汉武帝除了在皇权相权方面加设大司马大将军一职来改变权力的分配外，还对选举制度进行了一番改革，乡举里选是汉代主要的选举制度，其中对孝廉的选举一开始是不定期的，因之有些地方政府便并不注意这件事，应选人亦不踊跃，到汉武帝时，为了加强地方长官的职责，多替国家物色有用之才，特意下了一道诏书，大意是：你们偌大一个郡，若说竟没有一个孝子一个廉吏可以察举到朝廷，便是地方长官的失职，并下令叫大家公议，不举孝子廉吏的地方长官该如何处罚，这样一来，就无形中形成了一种有定期的选举。此后，汉代逐渐形成了一年一举的郡国孝廉，如是则皇帝的侍卫集团全都变成知识分子，做官的人渐渐变成读书出身，乃至到了东汉，孝廉察举竟演变成一条关键的仕途①，自此，"士人政府"成为中国后世历代政府的典型特征，通过读书进入仕途为全国各地的学子提供了进入政府的机会，制度在不断变迁的过程中趋于成熟和完善并将制度内含的精神渗透其中。

二是领袖可以借助个人魅力通过制度来改变制度内在的精神。仍就前例而言，霍光同样也是一位位高权重的政治领袖，他在具体践行大司马大将军这一职权的过程中，通过借助这一制度来不断扩张自己的权力，权力的扩张则意味着对制度本身的僭越，因为权力只有在制度的规约范围内正常行使与履行才是恪守制度的表现，而一旦行使了超出制度范围之外的权力，那么就形成了对制度的威慑，原先内含的制度立意也就遭到了破坏，而新的制度立意也就随之产生。由此，领袖依靠可以扩张的权力渗透到制度的实践运行当中并最终形塑了新的制度精神。这从另一个侧面可以说明，领袖可以运用自身的魅力来扩张权力进而形塑和改变相应的制度精神。西方社会一直以法治著称于世，似乎领袖作为个人化的因素应该不会有太大影响，但实际上并非如此，因为再好的法治如果离开人这一灵动的因素，法治只会变成僵化的教条与停滞的符号而无法反映社会现实。因此，"法治"与"人治"并不总是排斥的，在某种程度上它们可以有效地协调在一起。以美国开国领袖华盛顿为例，如果他没有主动退出总统这一职位，凭借他的个人魅力完全可以做到连选连任，

① 参见钱穆《中国历代政治得失》，生活·读书·新知三联书店2001年版，第13—16页。

但是他并没有这么做，他用实际行动为美国后世的"总统连任不超过两届"的这一惯例确定了内在的规则，而这一规则内含的对总统权力的限制的精神也得到了有效的传承。可见，在制度创设的过程中，领袖在引导和带动制度变迁的过程中所扮演的关键角色。

综上，领袖主导模式对制度精神的形塑与改变的确可以起到关键的引导作用，只是需要明确的是，领袖主导模式有着潜在的风险，即一个英明伟岸的领袖可以创设一个好的制度解决现实问题并由此形成适宜的制度精神，同时，一个利欲熏心的领袖也可以肆意扩张他的权力来形塑和改变现有的制度精神，至于会形成何种面目的制度精神实在与领袖的个人魅力与能力品行方面有着莫大的关联，这也就内在地决定了领袖主导生成制度精神的这种模式的内在致命缺陷，即领袖的主观性与随机性，除非遇到一个英明果敢的领袖，他能顺应时势运用自身的品行与能力来推动和塑造适宜的制度精神，否则没有这样一个人物的存在，这种模式就难以发挥作用，即使塑造了新的制度精神，也可能是与社会发展、人民利益不相符合的。柏拉图之所以在晚年的《法律篇》中改变了他年轻时候的看法，即寻求法治而不是一个全能的哲学王才是城邦政治的可行之道，原因就在于符合这种要求的哲学王在现实中往往可遇而不可求。因之，对于领袖主导这一模式，我们也必须持有清醒的意识，妄图寄希望于一个救世主的出现来改变现实的制度在实践中是不可行的。只是我们不能因为它的内在缺陷，就否认领袖在制度创设过程中所起到的重要作用。

（二）对时势的顺应

然而，我们必须明确，无论领袖的个人魅力有多么巨大，他始终都不能脱离当时的社会情境，即时势。马克思指出："物质生活的生产方式制约着整个社会生活、政治生活和精神生活的过程。"① 也就是说，每个个体的思维方式和行为方式都无法也不能超出他所处的那个时代的局限。对于政治领域中的领袖同样适用，如果不顾社会现实与环境的制约而完全按照领袖自己的意愿来处理社会事务，显然是要受到质疑甚至反对的。个体是渺小的，社会是永远处于运动的、流变的状态之中，个体必须要顺应时势而不是逆势而动，才能把握政治发展的脉搏，进而做出正确的判断。

古希腊雅典的城邦政制改革中，梭伦改革通过扩大雅典公民范围并

---

① 《马克思恩格斯选集》第二卷，人民出版社1972年版，第82页。

制定法律来维护私人所有制等方式，把公民权问题和土地问题两个当时最为关键的改革进行了大胆的实践，为雅典政制的进一步发展打下了基础。① 然而，当他看到"国家经常处在党争状态，而有的公民竟然漠不关心国事，听任自然，因此他制定一种特别法律对付他们，规定任何人当发生内争之时，袖手不前，不加入任何一方者，将丧失公民权利，而不成为国家的一分子"②。梭伦作为当时的政治领袖，他看到公民对国事的漠然势必带来政治的衰败，于是为了挽救政治而运用法律来进行有效的制约，将制度精神内含在具体的法律规定当中，使人们在遵守法律规定的同时获悉制度的内在精神。而在遥远的东方，即使是以人治著称的东方文明，皇帝的所作所为也绝非可以恣意妄为，"例如汉文帝想越法杀人，廷尉张释之对他说：'法者，天子所与天下公共也，今法如此而更重之，是法不信于民也。'"③ 无奈，汉文帝只得作罢。可见，位于九五之尊的皇帝在做决策时也不得不依据当时的社会环境与民情。

孟德斯鸠在论述政体原则时，指出"共和国的原则是品德。破坏品德的不只是犯罪行为。疏忽、错误、爱国心一定程度的冷淡、有危险性的事例、腐败的种子，也破坏品德"。他紧接着举例说："雅典曾经有人把被老鹰追袭而逃入他怀中的一只麻雀打死，最高裁判所的法官便将这个人判处刑罚。"原因在于"这里的问题不是对犯罪的处罚，而是一个共和国关于风俗的裁判，风俗是共和国的基础"④。换句话说，离开了风俗，离开了当时特定的社会环境，作为握有核心权力的领袖在做出决策时也就失去了基本的依从，进而无法跟上时代发展的步伐。

就中国而言，我们若要让西方的正式制度精神在我国的特定时空环境下仍然发挥有效的作用，结合中国的国情，我们认为，应该在一定程度上鼓励并引导领袖对制度精神生成的主导模式。理由如下：

一是领袖主导模式的显在优势。

首先，由领袖来主导和创设具体的制度并形塑制度精神具有直接的和强大的社会效果。领袖不仅可以凭借手中的权力来确保制度的贯彻，还可以凭借个人的魅力来确保制度的被认可。这样，制度因为有了权力的保障和人们的观念上的认可而更易于在实践中得到忠实有效的推行，

---

① 参见浦兴祖等编《西方政治学说史》，复旦大学出版社1999年版，第33页。

② ［古希腊］亚里士多德：《雅典政制》，日知、力野译，上海人民出版社2010年版，第26页。

③ 萧公权：《宪政与民主》，清华大学出版社2006年版，第73页。

④ ［法］孟德斯鸠：《论法的精神》上册，张雁深译，商务印书馆2005年版，第85页。

进而在更大程度上取得较好的社会效果，领袖主导所带来的对制度本身的执行与贯彻的程度是其他模式所难以比拟的。正是因为这种"立竿见影"的直观效果，领袖才在现实政治生活中起着核心的作用，无论是一国的领袖，还是一个地方的领袖。

其次，领袖的率先示范作用可以在一定程度上引领民众的价值取向。"凭借其在政治生活中的重要作用，政治领袖成为政治共同体中最有威信、最具魅力和影响力的人，并且被看作是成功的典范。公众不仅关注他们的言行，而且有可能从关注和崇尚转向模仿。换言之，政治领袖的言行在政治生活中具有公共示范效应。"① 虽然我们现在并不是封建社会时期那种"子帅以正，孰敢不正"的帝王统治体系，但是在当前提倡"依法治国"的政治图景中，我们依然不能否认"人治"的影响不同程度地存在，因此，既然不能回避，那就必须面对。如果我们能够将"人治"当中的合理因素加以利用，就可以为政治的发展提供极大的便利，而这种因势利导的做法在那些具备个人魅力的领袖身上便会迸发出巨大的潜能与社会影响力。以反腐败为例，自中央八项规定实施以来，如果没有在上者的积极引导与严格执行，反腐的力度和效果都不会如此明显。正所谓"上有好者，下必甚焉"。在上者若能够以身作则，身体力行，发挥表率作用，在他们治理下的民众也会受到这种影响力的波及而主动顺应和迎合这些领袖的做法，这样，领袖在贯彻制度实施的过程中塑造了人们的价值取向，框定了他们的具体行为。在我国的政治场域中，像这样依靠领袖个人魅力来治理地方的政治精英不在少数，他们凭借个人能力在治理地方上为民众正确价值观的塑造起着重要的引领作用。如孟德斯鸠所言，"一个良好的立法者关心预防犯罪，多于惩罚犯罪；注意激励良好的风俗，多于施用刑罚"②。为此，我们需要这样具有个人魅力和良好的意志品质的领袖来以点带面地推进依法治国的进程。

最后，领袖主导模式可以有效缓解因价值观念认同而产生的危机。对于外来引进的事物，如果不首先破除人们观念上的不同认识，即使引进的东西再发达再完善，也难以发挥应有的效力，我们的改革开放之所以得到顺利推行，这和邓小平同志所率先打破的人们思想上的误区并发动一场全国范围内的思想解放是密不可分的。同样，对于西方社会倡导法治、遵守制度规定的理念，也需要由领袖在观念上对人们旧有思想进行破除之后始得进行。而领袖又可以凭借个人的权力与魅力将人们思想

① 谢惠媛：《论政治领袖的公共示范效应》，《伦理学研究》2010 年第 5 期。
② ［法］孟德斯鸠：《论法的精神》上册，张雁深译，商务印书馆 2005 年版，第 98 页。

上的误区或认识在较短的时间内打破与重塑，为外来观念的融入提供重要的生存土壤。

二是我国特定的政治体系架构。

众所周知，我国是中国共产党领导下的人民民主专政制度，这就意味着政党在国家制度建设中所扮演的决定性的作用。由于我国当前普遍实行领导负责制的管理方式，这使得作为一方大员的领导本身不仅权力重大，而且责任重大，由此也就必然要求地方领袖在现实的政治生活中尽职尽责，这就为正式制度精神的推进提供了良好的条件，即领袖可以将个人的权力与能力借助当前的政治体系架构得以充分地施展和发挥，这一体系为领袖能力的展现提供了便利与快捷的途径。从某种程度上说，我国当前的政治架构可以在效率上保障拥有个人魅力的领袖更大程度发挥所引入的事物的效用。

三是移植本身的内在特性使然。

外来移植的事物要想在异国的土壤中扎根并稳固下来，依靠全面地、快速地覆盖与彻底地取代往往是不可行的，即我们不可能把原有的非正式制度精神全部剥离，让新的正式制度精神全面取而代之，这种过激的方法极有可能带来社会秩序的混乱与不稳定。为此，对于外来移植的事物，其推进方式只能是以点带面、步步推进的渐进路径，只有遵循这一逻辑，我们才能将正式制度精神稳固地扎根于我国的土壤。由此，我们就必须要借助那些握有核心权力的政治领袖，依靠他们有计划、分步骤地推进来让这种理念慢慢融入人们的心中，这样，既为民众接受这种迥异的价值理念提供了足够的缓冲空间，也为这种理念的稳固发挥提供了适宜的途径。而那些政治领袖们也可以凭借自身的魅力与远见卓识来有选择地、深入地把正式制度精神种在人们的心中。

当然，我们也必须要看到领袖主导这一模式存在的天然的劣势，即一方面，像柏拉图所描绘的哲学王那样，我们所需要的领袖往往在现实生活中是难以找到的，另一方面，这又为那些居心叵测的权力拥有者滥用手中权力侵害社会与民众的利益提供了机会与可能。利之所在，害必随之。优劣总是相伴而生，但是因为有"害"就抛弃整体的事物这种"因噎废食"的做法也同样不足取，虽然我们不能给出具体的量化的路径来规划我们培育正式制度精神的具体进程，但是我们必须看到，只要有可能，我们就应该积极创造条件为政治领袖个人能力的充分展示并进而推动制度建设的总体进程提供帮助。

二 民众主导模式

历史上，"官"与"民"总是相对而生的，有"官"才有"民"，有"民"才有"官"。马克思主义经典作家认为，人民群众是历史的创造者，正是因为有了千千万万的人民群众的广泛参与，历史才能不断向前推演与生发。"实现社会公平的重要政治前提，就是在观念上和制度上承认拥有公民权利的大众是整个社会和政治生活的主体，国家的政治生活是大众的政治生活，大众是任何政治和社会力量获得其政治合法性的根本基础。"① 因此，从这一角度上说，民众也是推动政治社会向前发展的不可忽视的力量。此处所言之"主导"并不是说民众可以对制度精神的培育起到决定性的作用，而是说民众作为一种重要力量可以对制度精神的培育进程起到不可忽视的影响与推动作用。那么，具体到对待引进西方的正式制度精神而言，民众主导这一模式缘何重要以及可以发挥怎样的作用呢？具体如下：

（一）重要性分析

1. 民众的主体地位

民众的主体地位是历史奠定的。被称为"亚圣"的孟子鲜明提出了"民贵君轻"的宝贵思想，"民为贵，社稷次之，君为轻"②。儒家思想的另一位大师荀子更是借舟水之喻来强调民的重要意义，"君者，舟也；庶人者，水也。水则载舟，水则覆舟"③。而现代新中国的诞生更是依靠了人民群众的巨大力量而建立了政权。可以说，无论在历史的哪个时期、哪个阶段，人民群众都将是我们需要依靠的中坚力量。陈独秀指出："所谓立宪政体，所谓国民政治，果能实现与否，纯然以多数国民能否对于政治，自觉其居于主人的地位为唯一根本之条件。自居于主人的主动的地位，则应自进而建设政府，自立法度而自服从之，自定权利而自尊重之。倘立宪政治之主动地位属于政府而不属于人民，不独宪法乃一纸空文，无永久厉行之保障，且宪法上之自由权利，人民将视为不足轻重之物，而不以生命拥护之，则立宪政治之精神已完全丧失矣。"④ 换言之，从国家的层面来看，如果国家的制度、政策得不到人们的认可与支持，

---

① 芮国强：《政府发展的价值意蕴与制度逻辑》，经济管理出版社 2007 年版，第 311 页。
② 《孟子·尽心下》，转引自秦川主编《四书五经》第一卷，北京燕山出版社 2007 年版，第 336 页。
③ 《荀子·王制》，《荀子》，谢丹、书田译注，远方出版社 2004 年版，第 62 页。
④ 参见熊月之《中国近代民主思想史》，上海人民出版社 1986 年版，第 512 页。

那么这些制度和政策就无法发挥正常的效用。

　　同时，更为重要的是，制度精神作为一种观念体系能否形成并持续下去，端赖于人民群众这一主体性力量，如果离开这一主体力量，制度精神将失去生存的必备基础。因为"任何时候，若能找出民众心目中怀有一种确定不移、颇堪褒扬的倾向，则此倾向或可经由立法善于保存与肯认，但却决然不可能经由立法凭空制造出来。凡并不存在此一倾向，却欲如何行事之处，一切或可建立一个详尽无遗的立法制度的企图，必当强化现实的不确定性，增加了处理此一问题的难度"①。洛克也强调，"征服并不等于建立任何政府，正如拆毁房屋并不等于在原处重建新屋一样。固然，为了创建新的国家结构，往往要摧毁旧的，可是，如不取得人民的同意，绝不能建立一个新的结构"②。应该说，具体制度上的模仿甚至照搬并不是一件难事，难的是如何将给予这种制度以活力和生命背后的那种精神支撑创造出来。而这种精神支撑的主体又掌握在民众的手里，因此，要想锻造属于我国本土化的正式制度精神，就必须重视和运用人民群众这一主体性力量。

　　2. 民众的中介性地位

　　我们知道，无论是正式层面的制度精神，还是非正式层面的制度精神，都离不开民众这样一个坚实的载体，对于移植来的制度精神而言，民众就如同制度精神的寄生体一样不可或缺，更为重要的是，民众也是将非正式制度精神与正式制度精神进行融合与勾连的关键中介，正式制度的具体执行与实施要依靠民众的参与与配合，而正式制度背后的制度精神能否被民众获悉并传承同样需要民众的理解与信仰。正如前面所言，中国有着两千多年的封建历史，非正式约束的影响在中国的政治体系中根深蒂固，要合理地利用这些非正式因素中的有益元素，使得这些元素能够与正式制度精神较好地融通在一起，让这些具体的正式制度也能拥有符合这一制度要求的价值理念与观念体系，就必须发挥民众的关键作用，他们可以按照本土化的方法将正式制度进行某种转换，使之符合自己的行动取向与利益要求，当正式制度经历民众这一环节的转换后，其背后的制度精神才能转换成为民众可接受的观念来加以传承和信仰。

　　亚里士多德进一步指出："即使是最完善的法制，而且为全民所赞

---

① ［德］萨维尼：《论立法与法学的当代使命》，许章润译，中国法制出版社 2001 年版，第 36 页。

② ［英］洛克：《政府论》（下篇），叶启芳、瞿菊农译，商务印书馆 2005 年版，第 112 页。

同，要是公民的情操尚未经习俗和教化陶冶而符合于政体的基本精神（宗旨）——要是城邦订立了平民法制，而公民缺乏平民情绪……这终究是不行的。"① 在他看来，"最有益的法律，而且得到了其所辖的全体公民的称道，如果在政体范围内未能形成风尚及通过公民教育深入人心，这样的法律就依然是无用的"②。可见，非经民众这一中间环节的转换，制度精神才能真正深入人们的内心进而发挥应有的巨大作用。

（二）具体作用路径

具体而言，民众作为主体性力量，虽然不具备强制性的权力以及对制度精神培育进程的直接影响力，但是民众仍可以通过以下方式对正式制度精神的培育起到应有的作用：

1. 对个人权利的尊重

民众是社会风气以及风俗习惯的创造者与引领者，能否形成适合正式制度精神生存的社会风气与环境，不仅可以让民众具备基本的判断能力与辨别能力，更有助于民众形成心理上的自觉意识与自我暗示，即当他在处理具体事务时，他能够按照道德的这种要求与暗示结合制度的外在规定来决定自身的实际行动，从而养成尊重制度与履行制度的习惯性思维。然而，要让民众形成这种习惯性思维，就必须树立对个人权利的尊重。实际上，对个人权利的尊重与维护是推动法律实现自身使命的有效方式。"在承认一个理性的政治道德的社会里，权利是必要的，它给予公民这样的信心，即法律值得享有特别的权威……只有一个人看到他的政府和公共官员尊敬法律为道德权威的时候，即使这样做会给他们带来不便，这个人才会在守法并不是他的利益所在的时候，也自愿地按照法律标准行事。在所有承认理性的政治道德的社会里，权利是使法律成为法律的东西。"③ 换句话说，自由只有为了自由的缘故才能够被限制，权利也只有为了权利的缘故才能被束缚。只有尊重人民的权利并维护这种权利，人民才可能在他们抛开利益因素的情况下主动积极地去遵守这种制度。对此，梁启超有着明确的看法，他说，一个完全至善的国家，"必以明政府与人民之权限为第一义"④。"天生人而赋之以权利，且赋之以扩充此权利之智识，保护此权利之能力。故听民之自由焉、自治焉，则群

① ［古希腊］亚里士多德：《政治学》，吴寿彭译，商务印书馆 1981 年版，第 1269 页。

② ［古希腊］亚里士多德：《政治学》，颜一等译，中国人民大学出版社 2003 年版，第 186 页。

③ ［美］德沃金：《认真对待权利》，信春鹰等译，中国大百科全书出版社 1998 年版，中文版序言。

④ 梁启超：《论政府与人民之权限》，载《饮冰室合集 2·饮冰室文集之十》，第 1 页。

治必蒸蒸日上。"①

萧公权曾言："盖宪政以人民之智慧为基础，故自由主义之教育亦注重训练理智。所谓训练理智者，既非径在传授知识，更非培养信仰，而在养成各人之思想力、理解力、判断力，俾其学成之后，不独于事理之是非得失能有独立之见解与判断，而又能根据真理无止境之认识，对于一切异己之主张，持宽容之商榷态度，不人云亦云，亦不必强人同己。既不任感情蒙蔽理智，亦不以信仰替代思想。人民必须有如此之训练，然后民主政治乃能尽量发挥其优良之效用。"② 这种对理智的训练要想做到不人云亦云和强人同己，就必须要让个人权利得到生发和维护。西方正式制度精神的形成一个非常重要的因素便是对个人权利的重视与尊重。因为这种尊重，将让民众认识到，他们有权利追求个人正当的合法的权益，一旦这种权益遭受侵害，他们可以并要敢于运用制度和法律的武器来捍卫自己的权益，而不是通过上访、托关系、找人等传统非法律、非制度的方式来维护权益，因为后者只会不断激发人们对正式制度以外的非正式约束因素的注重与依赖，其后果必然是重人不重法。因此，必须在全社会营造一种氛围与环境，在这种环境中，每个个体都能在普遍意义上认识到他们不仅拥有属于个人的正当的权利，他们也可以在这些权利遭到侵害时挺身捍卫自己的权益。没有这种公民意识的觉醒与形成，正式制度精神就极有可能被原有的非正式制度精神所同化而失去本来的面目与功能。

2. 培养民众对正式制度的信任与依赖

当前的政治现实是，民众在自身权益遭到侵害时往往不是通过正当的法律或制度的途径来解决问题，而是寻求制度以外的途径如上访、托关系等传统方式来解决问题，之所以选择这种方式，大多数民众都认为这种方式最快、最直接、最有效，只要找到主要领导，他的一句话就有可能解决几年甚至几十年久拖不决的问题，于是这些传统方式成为人们解决问题的首选路径。然而，这实际上也从侧面反映了另一个问题，即我国当前法律、制度的失效问题（关于这一问题，后面还会详细论及）。正是由于寻求正当合法的路径解决不了民众的问题，他们只能转而求助于制度以外的路径，因为现实的政治实践让他们认识到，寻求法律、制度的途径只会带来不公正的判决，如果找不到过硬的关系与人脉，他们极有可能在这一途径上落败，尽管他们手中握有正义，再加上法律、制

---

① 梁启超：《新民说》，载《饮冰室合集6·饮冰室专集之四》，第58页。

② 萧公权：《宪政与民主》，清华大学出版社2006年版，第19页。

度等途径的期限因素与金钱因素，使得他们只得转向制度以外的途径，因为这对他们而言更有保障会实现自身的正义。

然而，问题的关键在于如何培养民众对正式制度的信任与依赖，使他们在遇到问题时能够首先想到并运用这种方式来维护他们的利益，即将对正式制度的寻求看作他们处理现实问题的首选。笔者认为，至少要经历两个阶段：第一，让制度成为制度；第二，用习惯来改变习惯。第一个阶段实际上属于制度层面的问题，下一节会重点阐述，此处不做重点讲述，需要注意的是两个阶段之间的内在逻辑。必须先让制度发挥自身有效的功用，即制度的具体规定并非形同虚设，也并非维护少数特权阶层利益的工具，而是真正能够维护人民群众利益、彰显社会公正的制度规范，只有当制度成为这一意义上的制度时，民众才能开启对制度的信任，进而形成对制度的依赖与敬畏。而这种敬畏便是第二个阶段的任务，即民众在认识到制度的巨大作用时，他们能够在心中形成一种共识，即制度既然能够维护我们的利益，那我们何必再去选用信访这种耗时长、结果不确定，或者托关系这种昂贵的方式呢，由此便抵消了原有习惯性处理方式的潜在优势，于是，他们会把用制度来解决问题慢慢变为他们生活中的一种习惯，而当这种习惯成为他们普遍运用和采用的习惯时，正式制度精神也就随即产生了。并且，这两个阶段实际上是前后相继、不可或缺的，内在的逻辑顺序与逻辑关联使得两个阶段同等重要，因之，要培育符合正式制度所需要的社会环境，必然要经历这两个关键的阶段与过程。

3. 民众的积极参与

"在最终的意义上，政治权利是使公民在社会的政治生活领域达到自我实现的权利，参与并影响政治生活则是达到这一自我实现的必经途径。"[①] 换言之，民众如果不能积极参与到现实政治生活当中，不仅个人权利无法得到尊重与维护，对制度的信任与依赖也就无从形成。潘伟杰因此说道："无论一个国家引入了多么现代的经济制度和管理方法，也无论这个国家如何仿效最现代的政治和法律制度，如果执行这些制度并使之付诸实施的那些人，没有从心理、思想和行动方式上实现由传统人到现代人的转变，真正能顺应和推动现代经济制度、政治管理和法律创新的健全发展，那么，这个国家的现代化只是徒有虚名。我们须记住：政治机器并不自行运转，正如它最初由人所制，它同样须由人，甚至由普

---

① 李琦：《公民政治权利研究》，《政治学研究》1997 年第 3 期。

通人去操作，它需要的不是人们单纯的默认，而是人们积极的参加。"①
因此，没有民众积极的参加并对政治生活产生影响，不仅现实的制度便
缺少了某种活力，国家也缺少了合理性与正当性的群众基础。

"社会对公正的要求，是植根于我们的精神本能之中的，其程度就如
同我们的思想对逻辑关系的诉求一样强烈。"② 因此，对于普通民众而言，
当制度与民众自身利益相冲突时，民众虽然手中没有任何权力可以为制
度的改变提供强制性基础，但是民众可以用积极参与的方式来换取制度
的变迁与成长。实际上，在人类历史发展的长河中，社会的每一次进步
都离不开民众的主动参与与积极推行，然而，遗憾的是，有时民众的这
种主动推行可能是以牺牲生命为代价所换取的。并且，历史上不乏人民
群众用生命与热血捍卫正义和真理的壮举，孙中界用一根手指换来了自
己的清白，有效打击了社会中的"钓鱼执法"；张海超用"开胸验肺"的
辛酸与无奈直击《职业病防治法》的制度漏洞；孙志刚更是用一条生命
的代价换来了收容审查制度的废止，正是他们的勇气与执着，一点一滴、
一步一步地切实推动着制度的成长与完善，虽然这种进步可能是历史长
河中的很小一步，但是它所带来的深远影响与社会启示却无可替代。刘
迺诚也认为，民主政治顺利运行之可靠根据在于社会中有健全之舆论，
因为健全的舆论"始能范道政府，使其有所遵循，而同时始能真正监督
政府，使之提倡公共福利"③。而要使社会中有健全之舆论，必先使健全
之团体得以建立并生存、发展。为此，政府必须保障结社自由（以不危
害国家为前提），并对民众团体之组织"加以同情的监督，予以诚意的协
助。使能有适当之组织，采行民治之方式，……"只有当民众团体能发
挥真正团体精神，才能维护其正当利益，并进而关心整个社会之利益，
并能"建议政府立法，以改进社会、以实现理想，使公益精神愈益丰盛。
必如是则民众团体方能表现人民之真正舆论，揭发社会之真正需要，以
范道政府之政策，以监督政府之行动，使一切政治设施，共趋于提倡公
共福利之中心目标"④。我们也坚信，民众的力量会成为推动制度建设进
程中的关键力量。

---

① 潘伟杰：《宪法的理念与制度》，上海人民出版社 2004 年版，第 318 页。
② 参见［美］博登海默《法理学——法律哲学与法律方法》，邓正来译，中国政法大学出
　版社 1999 年版，第 252 页。
③ 刘迺诚：《政治建设与制度精神》，国民图书出版社 1941 年版，第 88 页。
④ 同上书，第 89 页。

三 知识精英主导模式

"精英"一词最早出现在 17 世纪的法国，意指"精选出来的少数"或"优秀人物"。精英理论认为，社会的统治者是社会的少数，但他们在智力、性格、能力、财产等方面超过大多数被统治者，对社会的发展有重要影响和作用，是社会的精英。由此便出现了"精英"与"民众"的划分。如意大利社会学家帕累托就曾把社会群体明确分为两个阶层：即普通民众和社会精英。整个社会就是精英不断更新和循环的过程，他认为，在任何社会，无论是传统社会还是现代民主社会，即存在人数较少的统治精英，虽然他们在总人口中所占比例较小，但却掌握着社会的绝大部分的稀缺资源和国家政治权力。① 拉斯韦尔进一步指出："社会分为精英与大众是普遍的，即便是在民主社会也是如此"，"少数人掌大权，而多数人则拥有的权力相对就小得多了"②。实际上，精英依据所掌握资源的类型不同，还可以分为权力精英、知识精英、技术精英等。本书这里所说的"知识精英"既不同于握有重要权力的官方领袖们，也不同于平庸的大众们，而是指以某种知识技能为专业，并且为文化的发展和社会的进步做出突出贡献的人们。

古往今来，中国的知识精英始终追求一种关怀人伦、度人济世的人文精神，试图通过对天地社会知识的探究来实现社会关注和终极意义追寻，而由这些知识分子创建的精英文化也一直发挥着对社会大众引导、规范、教化的功能。我国历史上深受知识精英的影响，他们的学术建构与理论探究在很大程度上为我国政治图景的展开与发展提供了巨大的思想指导。同时，作为文化价值形态的主要传承者与发扬者，知识精英在传播价值理念方面相比于领袖与民众有着更为鲜明的优势，这主要体现在：

其一，知识精英对价值理念的塑造。

知识精英由于是具备一定学习能力与丰富学识的读书人，这使得他们在资质与能力上比民众更容易对价值理念进行塑造，虽然领袖在实际政治中可以对政治的具体运作产生更为直接的影响，但是在价值理念的塑造以及塑造的权威性上是不及知识精英的。因此，知识精英可以凭借自身的能力与品德来创造或重构知识体系来影响甚至改变人们的观念形态。孔子作为一个知识精英，他所创立的儒家思想在两千多年后的今天

---

① 转引自徐小龙《帕累托的精英理论评析》，《理论观察》2007 年第 5 期。

② Anthony Downs, *An Economic Theory of Democracy*, New York：Harper Collins, 1957.

仍然有着难以想象的社会价值，而且历史上能够影响后世并流传于后世的永远是思想的伟大与精深。生命的有限与思想的无限使得知识精英在价值理念的塑造过程中有着独特的优势与地位。

其二，知识精英对社会价值取向的引导。

中国历史上历来就有"万般皆下品，唯有读书高"的社会氛围，普通民众对于掌握一定知识的士人往往都是在内心里充满崇拜与尊重的，而且社会也在创造一些机会和平台来表现对读书人的尊重，假使一位读书人能够取得秀才资格，不仅可以在仕途上有所进益，在地方上也可获得尊重，具有一般人所未有的权益，比如，可以免除差徭、见到知县可以不跪、地方不能随意对其用刑等，这种社会尊重的普遍享有在很大程度上就为他们自身所拥有知识的权威性奠定了坚实的基础。换句话说，他们因为掌握了一定的知识进而拥有了话语主导权，他们的言论与评判将在很大程度上影响甚至引导社会大众的评判与实际行为。这种对社会价值取向的引导作用在广度与深度上往往是领袖和民众所难以达到的。

因此，在中国的语境下，若要将西方的正式制度精神这一价值理念兼容于我国的政治土壤当中，知识精英的主导作用就不容忽视，他们既承担着将正式制度精神本土化的重任，也承担着将正式制度精神内化于人们的心里与行为的职责。具体而言，知识精英的这种主导作用可以表现在以下几个方面：

1. 对正式制度精神的理论再造

从理论上来说，正式制度精神的生成毕竟依托于西方社会的法治土壤，这种地缘政治的不可复制使得我们几乎无法将西方社会的"民情"环境同时移植过来，那么在将正式制度精神在我国本土化的过程中，就必须对其进行理论上的重构或再造，使之适合中国的社会土壤与生存环境。这种理论再造可以体现在以下几个方面：

第一，对制度精神本身的"分解"与"融合"。

如前所言，西方社会正式制度精神的生成是建立在对自然法理念的崇拜以及多元权力存在的基础之上的，虽然我们无法复制西方的这种历史传统，但是我们却可以将其中一些重要的因素加以"分解"并将之与我国的社会传统进行一定的"融合"，从而在一定程度上实现正式制度精神的本土化。这些重要因素至少包括两个方面：对个人权利的尊重，以及制度化的解决途径。知识精英在这个过程中就应该扮演"布道者"，将符合现代化、民主化、法治化等要求的理念表达清晰与透彻并让民众了解，使得一般民众能够在忠实理解这种制度精神的基础上切实感受到制度精神带给他们的公正与公平。知识精英与大众之间要形成一种有效的沟通和互动机制，如果知识精英的价值理念无法让民众周知并理解，或者即使周知却不能深刻理解，都会对民众的恰当行为带来不良的影响。因此，在这一点上，知识精英应从民众利益出发将个人有权维护自身的正当权利作为一种普适性的价值理念在社会中树立起来，尤为重要的是应主动建立与民众之间的沟通机制，在现代化飞速发展的今天，可以借助网络、媒体等手段的帮助来拉近与民众之间的距离，在倾听民众声音的同时也能够让民众听到知识分子的声音，在二者之间搭建起一座互动的桥梁。

此外，知识精英还应该努力让民众对正式层面的制度产生信任与信心，这样，他们才会在遇到问题时主动并愿意寻求制度化的途径来解决问题而不是寻求制度以外的途径，并且只有当这种对制度的信任与信心产生并确立起来时，人们对制度的敬畏心理才有了依托的基础。当然，这里存在一个前提，即这些正式制度确实值得民众依赖与信任，如果现实政治中，制度并不能帮民众有效解决他们自身的问题，或者说在诸多解决问题的方式面前，还是制度以外的途径最终解决了问题，那么人们就无法产生对正式制度的信任，他们在以后的政治实践中还是会选择制度以外的途径来解决问题。因此，要想让民众对制度抱有信心，就必须首先确保制度本身是值得信赖与依靠的，这就涉及了下一个问题，即知识精英应该在正式制度的构建层面发挥积极作用。

第二，对正式制度构建的吁求。

实际上，我们对西方社会正式制度精神的吸收与借鉴并不单纯只是把人们对制度的这种敬畏之心移植到我国，观念形态本身不存在移植的问题，因为只要知道它是什么就可以了，所以所谓的移植实际上还包含对西方某些正式层面的制度的借鉴与吸收，甚至还包含支撑这一价值理念的其他关联性理念。这也就意味着我们还需要借鉴西方的某些正式层面的制度设计。当然必须明确的是，我们的这种制度层面的借鉴绝不是照搬照抄西方的具体制度，如三权分立、联邦制等适合西方资本主义发展的制度，而是将西方的凸显程序正义和法治观念的具体制度予以有选择的借鉴与分析，如听证会制度、社区自治、非正式组织等能够适合中国国情的制度。如张凤阳所言，"从政治发展规律来说，制度移植有其必然性，但是制度移植不可能完全由一个国家移植到另一个国家。撇开世界各国经济与社会发展水平的差异不论，单就文化传统的多样性来说，明确或含蓄地号召所有国家都移植西方式的自由民主模式，也是一种过分膨胀的傲慢与自大"①。

因此，在有选择地借鉴西方正式制度的过程中，就需要知识分子发挥理论的影响力与号召力，不仅要将西方的正式制度得以有效运转的前后关联、因果链条清晰具体地介绍，在制度已经处于实践的过程中如果违背了制度设计的初衷时还应该深刻分析其中存在的原因，并提出可能的对策建议，使得这些制度在我国的土壤中能够发挥原有的作用与意图。

杨雪冬认为，衡量制度移植的成功与否，至少需具备以下两个标准②：（1）被移植的制度是否能和现有的制度环境产生必要的"耦合"。如青木昌彦所说，制度虽然是人为的，但并非任意设计或随意执行的产物。"只有相互一致和相互支持的制度安排才是富有生命力和可维系的。否则，精心设计的制度很可能高度不稳定。"③（2）被移植的制度是否能被所有相关利益者（不仅包括治理对象，还包括治理者）普遍遵守，甚至成为某种程度的共识或价值观。④他还进一步对听证会这一移植制度的本土实践情况进行了个案研究，发现其中导致听证会难以发挥实效的原因主要在制度形式的"拷贝"层面出现了问题，如在西方，听证陈述人应是那些与听证事项有利害关系的群体代表、有关专家以及有关组织的代表，但在中国则更多表现为选择的随意性甚至内定性；关于听证会的效力，在西方，听证会的结果将在很大程度上对政府的决策形成制约与限制并纳入政府的决策当中，但在中国，听证会却往往变成了政府决策的"促进会"，往往难以对政府决策进行有效制约，等等。正是由于在所"拷贝"的制度"走样"的情况下，才导致了听证会在一定程度上变成了变相的"涨价会"等为官方说话的代名词。因此，从这一角度来说，如何让"拷贝"的制度在形式上不至于"走样、变质"，应是知识精英在理论上追根溯源、正本清源的责任所在。

2. 对正式制度精神的理论传播

在完成了第一步对正式制度精神进行理论的本土化再造之后，接下来就进入到理论传播的阶段，即通过知识精英的社会影响力与权威性将这种价值理念进行扩大化宣传与传播，在增强正式制度精神这一价值理念自身融入度的同时，使之内化在人们的日常行为与习惯性思维当中，

---

① 张凤阳：《政治哲学关键词》，江苏人民出版社 2006 年版，第 11 页。
② 杨雪冬：《制度移植与本土实践：以立法听证为个案的研究》，《华中师范大学学报》（人文社会科学版）2005 年第 6 期。
③ ［日］青木昌彦：《比较制度分析》，周黎安译，上海远东出版社 2001 年版，第 19 页。
④ Bogason, Peter, *Public Policy and Local Governance: Institutions in Postmodern Society*, Cheltenham, UK: Edward Elgar, 2000, p. 85.

从而加速推进正式制度精神本土化的进程。但目前我国正处于转型期，市场经济条件下，知识精英所受到的重视已经不如以往。市场经济是以利润的追逐为根本意旨，而在这样的社会中，不能够直接带来经济利益的人文知识分子和人文科学知识自然也就无法显示出它的诱惑力。大众文化开始猖獗，精英文化弱化，社会大众的精英文化情结逐渐被切断，开始不断地促使着一些知识精英的角色转变，都在极大程度上把精英文化推向当代中国文化舞台的边缘，并导致知识分子的身份危机和话语失落。① 因此，在将正式制度精神本土再造的理论成果进行扩大化传播之前，还需要对知识精英这一群体在利益取向上予以匡正和引导，理论再造可以依靠某一个或某几个知识精英的努力，但理论传播则需要广大的知识精英这一群体共同发挥作用。因此，既要让知识精英摆脱功利化的文化导向，使其能够为了社会与人民的整体利益而著书立说、影响世人，也要让知识精英摆脱政治情结的纠缠，使其敢于为了人类社会的整体演进而坚持对正义与真理的寻求。总之，知识精英在正式制度精神本土化的进程中可以而且应该发挥积极的作用，以有效推进我国的政治文明建设与制度体系建设。

综上，在领袖主导、民众主导和知识精英主导这三种模式中，他们都扮演着制度关键人的角色，各自不同的特点与优势使得这三种模式都是我国当前推进正式制度精神本土化进程的有效途径。换句话说，应该构建领袖、民众与知识精英三者之间的良性互动机制，使得三者可以发挥相辅相成的积极作用，来共同推进制度精神的培育进程。

第二节　制度——制度精神的依托载体

需要明确的是，本章所言之"制度"，是指向正式层面或文本层面的具体制度设计而言，为了表述的便利，笔者使用"文本制度"来指代这些具体的制度设计。可以说，制度的意义不仅在于为制度精神提供了传递理念与价值的物质载体，更在于它是人们衡量自身言行好恶、是非善恶的主要标尺，因为违背制度所带来的一定的惩罚以及遵守制度所带来的奖赏或自足会给行为人一种将来行动时的参考，但这种参考却有可能导致行为人两种不同的行为做法，或者遵守制度，或者违背制度，而那

① 转引自张萍《知识精英在非政府组织中的角色重构》，《内蒙古农业大学学报》（社会科学版）2009 年第 6 期。

些敢于违背制度的人既有可能是心存侥幸的投机行为，也有可能是因为曲解或误读的主观行为，为此，"文本则充当了制度与理念的书面表述形式，使它们明确化、实在化，避免了制度和理念在口头传承过程中的中断或者扭曲"①。刘廼诚虽然非常强调制度精神之培养，但他也认识到如果"制度之树"本身就属先天不足，那么，精心浇水施肥可能也难以使其真正强壮起来。因此，他在其著作第三章"制度精神之培养"之第一节即提出"建立政制之先决问题"。曰："自作者观之，吾人在采取固定政制之前，必须注意以下两个重要问题：第一，如何采用适当的政制？……第二，制度确立以后，更如何培养遵守制度之精神？"② 显然，只有政制采用适当，才谈得上制度精神之培养。那么，怎样才能采用适当的政制呢？他有四方面建议：（1）鉴以往之失，使不再蹈前此之覆辙；（2）依据现代社会之需要及未来之演化，使能提倡大多数人民之最大福利；（3）依据民众之原有政治知识和经验，使新采或新定之政制，可以选用灵活，且政制能运行有实效③；（4）精密研究重要论点，容纳各界人士之意见。作者最后概括指出："总之，政治制度须能适应社会之实际需要，符合民众政治知识和经验，简易而便于运行，始能真正确立，始能真正实现其真正目的。"④ 而且还进一步说："当今世界文明各国，莫不依据本国之过去经验，利用他国之实施结果，采用适合国情之政制。"可见，制度精神之培育当以设计精优的制度文本为前提。

要实现制度的这一功能性目标，就必须确保制度的有效性。关于制度有效性理论的探讨，美国政治学家利普赛特认为："有效性指实际的政绩，即该制度在大多数人民及势力集团如大商业或军队眼中能够满足政府基本功能的程度。"⑤ 奥兰·R. 扬也认为，从最一般的层面看，有效性是用以衡量社会制度在多大程度上塑造和影响国际行为的有效尺度。从个体行为角度看，有效性问题还是一种相当简单的想法。只有当一种制度达到某一程度时，才能说其是有效的，因为该制度的运作能促使行为体改变其行为。⑥ 德国哲学大师哈贝马斯在《在事实与规范之间》指出了

① 参见［美］路易斯·亨金等《宪政与权利——美国宪法的域外影响》，郑戈等译，生活·读书·新知三联书店 1996 年版，第 511—512 页。

② 刘廼诚：《政治建设与制度精神》，国民图书出版社 1941 年版，第 63 页。

③ 吴翰曾对此句加注："原书的这一列文字非常模糊，个别字有被本人解读错误之可能。"

④ 刘廼诚：《政治建设与制度精神》，国民图书出版社 1941 年版，第 64 页。

⑤ ［美］利普赛特：《政治人》，商务印书馆 1993 年版，第 53 页。

⑥ ［美］奥兰·R. 扬：《国际制度的有效性》，载詹姆斯·N. 罗西瑙《没有政府的治理》，江西人民出版社 2000 年版，第 187 页。

这一点。他区分了法的有效性（validity）与实效（effectiveness）之间的区别，认为有效性主要表示同价值和规范有关的含义，而实效则表示一种事实性的、经验性的东西。① 就本文而言，在更多层面上是从后者这一角度即经验性的层面来分析制度的有效性的，即制度在多大程度上可以将制度精神准确忠实地传递给民众并影响他们的行为。

一般来说，新制度主义政治学以制度运作过程为切入点，从制度、制度相关人和环境三个维度分析制度有效性。比如，理性选择制度主义代表道格拉斯·诺思在《制度、制度变迁与经济绩效》中指出，环境因素的变化促使构成制度要素的相对价格发生变化。而历史制度主义则强调，重大的政治、经济环境可能通过三种方式影响制度相关人对制度的认知和遵守，即改变制度相关人的观念、打破制度相关人之间的权力平衡以及产生新的制度相关人。② 由于本书提出了制度精神培育的三个分析维度，即人、制度和时间，本节重点在制度这一维度上，故此对制度以外的其他因素会在相关章节当中体现，此处则重点从制度这一维度进行具体分析。因此，我们认为，要确保制度有效性的实现，需要在以下两个方面作出努力：

一 制度的明确性

任何文本层面上的制度，如果其具体规定在实践中带给人们模棱两可的判断，那么人们便可以依据自己个人化的解读而形成五花八门的认知模式和处理方式，而当人们的认知与行为模式不能统一时，人们的行为就出现了巨大的不可预测性，有些人可能以这种方式来处理问题，有些人可能以别种方式来处理问题，这种行为上的不确定性就为制度的切实推行带来了巨大的障碍，不仅制度的权威无从树立，制度的推行效力也被人为消解。为此，制度要确保自身得到有效贯彻，必须在文本设计这一层面做到清晰明确。

霍布斯认为，"良法就是为人民的利益所需而又清晰明确的法律"③。文本的明确性还表现在其体裁要精洁简约："《十二铜表法》是精简谨严的典型。小孩子们都能把它背诵出来。查士丁尼的《新法》是烦冗散漫的，所以人们不得不加以删节。法律的体裁要质朴平易；直接的说法总

---

① 哈贝马斯：《在事实与规范之间》，生活·读书·新知三联书店 2003 年版，前言，第 2 页。
② 转引自霍春龙、包国宪《新制度主义政治学视角下的制度有效性》，《内蒙古社会科学》（汉文版）2010 年第 1 期。
③ ［英］霍布斯：《利维坦》，黎思复、黎廷弼译，商务印书馆 1997 年版，第 270 页。

是要比深沉迂远的词句容易懂些。东罗马帝国的法律是完全没有威严可言的；君主们被弄得像修辞学家们在讲话。当法律的体裁臃肿的时候，人们就把它当作一部浮夸的著作看待。重要的一点，就是法律的用语，对每一个人要能够唤起同样的观念。"① 新加坡前总理李光耀也指出："一切有关政府官员的权力的工作条例力求简单明确。这样一来，任何违反条例的行为都很容易引起怀疑或招来投诉。"②

然而，必须指出，这里的"明确性"还有以下几个因素需要注意：

（一）"明确性"不等同于全面性，但要做到内容上的完整性

全面性即认为制度应该能够囊括现实生活中的所有问题与现象，且要能够对社会发展提供实时的指导与参照。这种"求全责备"的心理既不利于制度的有效贯彻，更不利于社会的良性发展。前已述及关于制度文本的三大内在缺陷，即有限性、迟滞性和刻板性。单就第一个缺陷而言，从某种意义上说，文本制度的有限性是制度发展的一种常态，因为制度总是有缺陷、有漏洞的，这种有限性要求制度设计者们必须谨记：再完美的语言、再华丽的辞藻、再全面的概括都不可能与现实完全对接，文本与现实之间的差距和鸿沟是永远存在的，因此，我们所能做的不是如何绞尽脑汁地使制度变得完美而生动，单纯追求语言学上的成功，却破坏了制度的现实生命力，使制度变成了一件不能用只能看的装饰品，而是要千方百计地保障所制定出来的制度如何得到人们的理解和遵守，获得实践意义上的教化民德。

然而，对于可以用文本制度的形式来加以归纳和概括的社会现实则应力求明确、全面和具体，做到内容上的相对完整性。所谓"相对完整性"是从整个制度的完整链条来考虑的，制度在最初设计的时候必须包含两个基本要素：是什么（What）和怎么做（How），"是什么"是指制度要明确指出哪些行为是可以做的，哪些行为是被禁止的；"怎么做"是指如何保障上述该做和不该做的行为得到真正的贯彻执行，以及如果没有这样做会受到何种惩戒等规定，更为重要的是，这种惩戒将以何种方式通过何种程序来实施等都应有明确具体的规定。只有这样，我们才能较为清楚地理解和把握该项制度运行的整个路线，对自身的行为也才能起到实质的规约与引导作用。以腐败为例，反观当今的反腐文本，不清晰、不明确的规定仍然存在，如许多文本在规定中只指出了不该如何如何以及会受到何种的惩罚，但是却缺少怎样才能保证"不该如何如何"

① ［法］孟德斯鸠：《论法的精神》下册，张雁深译，商务印书馆 2005 年版，第 339 页。

② 鲁虎：《新加坡》，社会科学文献出版社 2006 年版，第 85 页。

的关键的后续措施，为腐败分子肆意腐败提供了极大的活动空间。原江西省副省长胡长清"落马"后曾说过："组织的管理和监督对我而言，如同是牛栏关猫，进出自由。"原山东省泰安市委书记胡建学也曾说过："官做到我这一级，就没人能管了。"正是由于许多制度只规定了是什么（何况，有时关于"是什么"也不尽具体详细），却唯独对具体的监督程序和环节缺少明确规定，以至于上升到一定级别的官员便可以为所欲为，感觉不到监督的存在。这种不完整性不但使得制度难以得到有效的遵守和贯彻，也不利于培育健康的制度精神，更是为腐败分子进行腐败行为制造了机会。

（二）"明确性"要注意"边界意识"

孟德斯鸠在考察古代法律的时候，曾经提到这样一个例子，"卡尔西敦人法列阿斯为财富极不均的共和国想象出一个平均财富的方法。就是：富人必须出嫁资，但是不得接受嫁资。穷人嫁女儿时要接受聘金而不给嫁资。但是我不知道曾经有哪个共和国实行过这种法规。这种法律，把国民的生活状况做出显著的区别来，以致国民反而憎恶法律所欲建立的平等。有的时候法律对于它所打算达到的目的，所走的道路还是不要显得太直接才好"①。这似乎和新中国成立初期所倡导的"平均主义"、"吃大锅饭"有某种相似之处。应该说，"不患寡而患不均"是我国历史上农民起义的一面大旗，人人自由而平等是至圣先师们所追求的理想状态，然而，实践再次证明，平等不是均等，自由需要限制。也就是说，我们所追求的有关社会正义、自由等人类永恒的理念是有限度、有边界的，不是所有的人都可以享有绝对的、平等的权利和自由，社会是要有差别的，没有一定的差序格局，社会如果不是一潭死水，便是一片混乱，因为平均与绝对往往带来的不是幸福与祥和，而是仇恨与懒惰。拥有利益少的人会激起对拥有利益多的人的不满甚至仇恨，而当不同阶层、不同行业的人所拥有的利益趋于一致时，任何创新或积极性都会被人们所不齿，整个社会便处于集体的懒惰之中。

因此，我们必须要注意制度的这种"边界"特征，所制定的制度不能超越自身合理范围内的界限，也不能承受超越自身的功能负荷，换言之，我们要学会辨别和判断，对于某些制度，我们需要规定得具体而尽，但是对于某些制度，我们却只需要进行原则上的引导即可，无须对其进行具体详细的规定，尤其在当前市场经济体制之下更要注意制度的

① ［法］孟德斯鸠：《论法的精神》上册，张雁深译，商务印书馆2005年版，第54页。

边界，有些领域是制度可以触及的，而有些领域则是制度要谨慎引导的，比如市场与公民社会。对市场的过多行政干预不仅违背市场经济自身的发展规律，也不利于国家对经济发展的宏观调控。同样，对公民社会尤其对个人权利的侵入与指涉，既不利于公民社会的培育与发展，也不利于构建国家与社会之间的和谐关系。从这个意义上说，制度在功能上既不是万能的，在范围上也不是统揽的，对于可以交由市场和社会来处理的事务，制度应该把权力进行一定程度的放开，而对于市场和社会自身的事务，制度则不应干预过多、限制过多。可以说，在经济全球化迅速发展以及市场经济体制不断健全的时代条件下，制度的设计者们必须要养成并明确制度的边界意识，在国家、市场与社会之间把握一个合理的界限与尺度，这样制定出来的制度才能贴近社会现实并为广大民众所接受和认可。

（三）"明确性"要使法律成为法律

在"使法律成为法律"这一表述中，第一个"法律"是从文本层面来理解的法律的具体规定，第二个"法律"则是从精神层面来理解的法律的社会意义，综合起来，就是指要让具体的法律规定体现出法律为社会为人民利益服务的终极使命。在完成这一使命的过程中，"法律"本身的制度建构是否合理、合情、合法，将在很大意义上影响着制度精神的实际效果。"其实只要深入观察，我们就可以发现，现实生活中发生的司法不公甚至司法腐败行为，多半来源于制度的缺陷，而非法官的个人品行。任何一个生活在社会中的人都是有缺陷的，包括法官，问题的关键是一个谋求进步的社会要自觉地通过制度的完善来推进文明的演进。同时整套制度必须是和谐的，并且是用来解放人而非束缚人的。如果我们依然指望通过思想教育便可以使法院及其法官秉公司法的话那就必将是徒劳的，因为这是在要求他做超越人性的事。……制度要能够让优秀的人进入司法体制。"[1]

我国改革开放的总设计师邓小平曾一针见血地指出："党和国家现行的一些具体制度中，还存在不少弊端，妨碍甚至严重妨碍社会主义优越性的发挥。"[2] 制度设计必须要保留一定的弹性空间，同时还要进行有益

---

[1]　潘伟杰：《宪法的理念与制度》，上海人民出版社 2004 年版，第 475 页。
[2]　《邓小平文选》第二卷，人民出版社 1994 年版，第 333 页。

的以及有意的社会引导，而不是相反，以近期社会上出现的"钻戒案"①为例，《物权法》第一百一十一条规定："拾得人在遗失物送交有关部门前，有关部门在遗失物被领取前，应当妥善保管遗失物。因故意或者重大过失致使遗失物毁损、灭失的，应当承担民事责任。"钻戒案的审判便是以法律规定为依据的，然而这条法律的规定，明显把更多的责任推向拾得人，这在实践中导致的倾向是，如果你不小心捡到遗失物又没有保存好致使其损坏，这个责任将由你来承担，而如果你没有捡到或者装作没看见的话，则不用承担任何责任，这样的一种制度倾向显然是在引导社会不良风气的产生，这样的制度就完全失却了本身存在的意义与价值。针对这种情况，法律作为一种制度的规定，如果其本身存在着明显的漏洞，就会给现实生活带来不小的问题，尤其是遇到严格"依法办事"的人员时，这种制度本身的漏洞便会无限放大而带来极大的负面影响力。因为我们无法把希望寄托在充满可变性的制度执行者身上，希冀他能运用自由心证来合理合情地处理问题，我们只能从或者说更应该从制度设计的环节上着手，确保制度在设计之初是明确具体的，抑或即使在设计之初难以做到明确，但在制度实践的过程中能够得到及时调整和纠正以使制度逐渐走向明确。这在实践中似乎是更为可行的一种路径。

（四）"明确性"要将利益渗透其中

"'思想'一旦离开'利益'，就一定会使自己出丑。"② 任何制度都不能漠视利益的存在而一味求得完美的形式和精良的设计。"如果制度规则想要影响将来的行为，这些规则就必须体现在它们的制定者期望所产生的实质性结果之中。"③ 制度设计只有和利益以及利益背后的人性结合起来，才能发挥应有的社会效力。正如韦伯所言，"利益（物质的与理念的），而不是理念，直接控制着人的行动。但是，'理念'创造的'世界观'常常以扳道工的身份规定着轨道，在这些轨道上，利益的动力驱动着行动"④ 这就要求制度的设计者们应该将利益导向和人性偏好同时赋予所设计的制度，使得这种制度因为反映和代表了人们普遍的利益要求而获得较高的民众支持。然而，在很多时候，这种"两全其美"的逻辑

---

① 2009 年，张某在路上捡到一枚戒指，以为是假的便随手扔掉，却被失主一纸诉状告上法庭，后法庭依据《物权法》规定，以保管不当为由判决张某偿付 4.6 万余元给失主。——笔者

② 《马克思恩格斯全集》第二卷，人民出版社 2001 年版，第 103 页。

③ ［美］杰克·奈特：《制度与社会冲突》，周伟林译，上海人民出版社 2009 年版，第 28 页。

④ ［德］马克斯·韦伯：《儒教与道教》，王容芬译，商务印书馆 2004 年版，第 19 页。

往往难以得到充分的体现，制度的设计者们并不总是能够找到一种合理的架构来容纳制度的文本与人们的利益需求之间的内在冲突，为此，我们还需要做到以下几点：

首先，要确保社会中多数人的利益得到维护。制度总是涉及利益的调整与损益，因此，制度的设计应做到让社会中的多数人获益，让少数人的利益受损，而不是相反。否则，一种制度被设计出来后，实际上只是维护了少数特权阶层的利益，并损害了社会大众的利益，那么这样的制度将是非常危险的，"因为这在多数情况下，将使得政府官员面临这样一种选择：要么做出严重不正义之事，要么对偏离法律要求的情况视而不见，从而导致人们不再尊重法律"①。

其次，制度设计不应过于直接和具体。"美国的立法者认为，不能过于相信人的忠诚，但他们断定人是有理智的。因此，为了法律的顺利执行，他们总是重视私人利益。"② 制度本身就是一种对社会事务的抽象性规定，而这种抽象性的获得往往以牺牲具体性、个体性为代价，即制度是对存在于千差万别的人事物的内在规律性的一种剥离与提取，将这种规律性上升到制度和法律的层面，使之具备普适性与合法性，这就内在地决定了制度不可能包罗社会中发生的所有的问题。正如"没有人能够否认这一点：对于一个饥饿的男孩来说，试图教给他算术规则是不能使他获益多少的。但不能因此就得出结论说当地政府必须向每个在校的饥饿儿童提供一顿饭"③。同样，我们不能因为反对贫富之间不断拉大的差距，就制定一种制度来鼓励穷人去侵夺富人的财产，因为这样的规定只会让穷人更贪婪，富人更消极；我们也不能因为弘扬人性善抵制人性恶，就制定一种制度来赋予道德高尚的人对道德低下的人的支配权，因为这样的规定只会让报复、杀戮、阴谋成为人们交往的中心；我们也不能因为提倡社会的正义，就制定一种制度来为正义的标准提高较高的门槛和严格的程序，因为这样的规定只会打击人们践行的信心与勇气。总之，制度设计必须要超出过于详细具体的范畴（当然，这和某些法律如刑法的具体详细规定不是同一个问题）而上升到一个带有普遍性的层面，这样设计出来的制度才能跳出个体思维的短视而跃升到宏观的社会的层面来体现制度的价值。

---

① ［美］富勒：《法律的道德性》，郑戈译，商务印书馆 2007 年版，第 84 页。
② ［法］托克维尔：《论美国的民主》上卷，董果良译，商务印书馆 2006 年版，第 87—88 页。
③ ［英］尼尔·麦考密克、［奥］奥塔·魏因贝格尔：《制度法论》，周叶谦译，中国政法大学出版社 2004 年版，第 213 页。

二 制度的"标杆效应"

所谓制度的"标杆效应",是指制度本身在具体执行过程中,因为其本身的意义和社会影响力而受到特别的关注,以至于这一制度本身连同对制度的具体处理方式成为社会上的一种"标杆",它对以后的制度实践以及人们的心理预期将起到极大的示范和引导作用。这里的制度标杆与前面提到的制度拐点不同的地方在于,制度拐点是双向的,有正向的积极的拐点,也有负面的消极的拐点,而制度标杆则是专指正向的积极的行为和事件。

(一) 制度的"传染性"

实际上,制度是可以"传染"的,而且这种"传染"往往会在制度拐点等影响制度未来发展方向的事件出现以后表现得更为明显。正因为制度在社会现实中的巨大影响力,而在实践中会将这种影响力波及以后的制度实践当中,进而影响甚至决定人们认知与行为模式。具体而言,这种影响力主要有两个方面,即积极的影响和消极的影响。制度可以将积极的影响"传染"给社会与民众,也可以将消极的影响"传染"给社会与民众。

仍以听证会为例,听证会起源于英美,是一种把司法审判的模式引入行政和立法程序的制度。听证会模拟司法审判,由意见相反的双方互相辩论,其结果通常对最后的处理有拘束力。具体来说,凡是在听证会上提出的意见,决策者必须在最后裁决中作出回应,否则相关行为可能因此而无效。听证会被看作是一种必要的"程序正义"而深深嵌入西方的法律体系乃至法治理念当中,它可以对权力形成有效的制约,也可以对具体决策产生重要的影响力,同时还可以让民众的利益有了合法的表达渠道,实现政府与民众之间在决策制定与执行方面的良性互动。应该说,听证会制度的存在,可以将内含的对权力的制约、对程序的尊重等理念传递给社会与公众,这对我国培育正式制度精神有着极为重要的借鉴意义。

我国听证会的历史可以追溯到1993年,深圳在全国率先实行审价制度,这是我国价格听证制度的雏形。截至1998年,陕西、黑龙江、安徽、江苏、北京、天津等13个省市相继建立了价格听证制度。1998年5月起实施的《中华人民共和国价格法》,第一次将价格听证制度法制化。这部法律规定,制定关系群众切身利益的公用事业价格、公益性服务价格、自然垄断经营的商品价格等政府指导价、政府定价,应当建立听证会制度，由政府主管部门主持，征求消费者、经营者和有关方面的意见。2000 年广州、青岛等地分别举行路桥收费听证会、客运出租汽车运价调整听证会，其中青岛更是首开全国先河，公开征集听证代表，全市市民通过电视直播了解听证会的全过程。2001 年 8 月 1 日实施的《政府价格决策听证暂行办法》，为价格听证提供了操作依据，明确规定除涉及国家秘密外，听证会一律公开举行。目前为止，我国已形成了三大类听证会，即 1996 年建立的行政处罚听证；1997 年建立的价格决策听证；2000 年建立的立法听证。

　　纵观听证会制度在我国的发展，我们发现，目前我国的听证制度缺陷是显著的，行政程序中的听证没有拘束力，导致听了也白听；立法程序中的听证由于透明度不够，听证代表很难充分恰当地表述意见，另外缺少民主机制，也使得听证结果对立法机关的成员形不成事实上的约束；价格听证在实践中却演变成了"涨价会"，只要价格听证会一开，其结果往往就是涨价，不能真实反映民众的呼声。具体来看，问题主要集中在以下几个方面：一是听证会代表的遴选问题。成都一位名为胡丽天的老妇 7 年里在随机抽签的情况下居然 18 次被选中，成为名副其实的"价格听证专业户"；二是听证会的程序问题。程序不公开、信息不对称成为当前听证会普遍存在的问题；三是听证会的公正问题。不少听证会尤其是价格听证会上，代表的"民意"往往与公众的观点大相径庭。民众的真实意见既得不到反映，也无法纳入政府的具体决策之中。

　　1. 从最初的印象到普遍的共识

　　然而，从上述存在的问题描述中我们可以看到，之所以会存在上述问题，是因为这些问题已经积累到了一定的普遍程度，以至于民众对此有广泛的印象与心理认知，换句话说，听证会制度本身作为一种实践中运行的制度，自运行伊始就树立了这样一种印象：即听证会制度形式大于意义。之后随着其他地方在实行听证会制度的过程中多大同小异，这种最初的印象逐步扩散，达到一定程度后便成为一种相对稳固的观念形态，此时，最初的印象变成了普遍的共识，这种共识在很大程度上强化和巩固了人们最初的印象，当民众把这一共识转化为现实的行动时，直接的结果便是民众对制度的失望与不信任，进而表现出政治的冷漠，这种冷漠又会诱发这样一种情况，即当民众的自身利益受到侵犯时，他因为对这一制度失去信心而只得寻求制度以外的途径来解决自身的问题，于是正式制度的权威被极大地消解，由此，正式制度精神也就难以有效确立。

2. 从某一制度到某些制度

制度的"传染性"不仅会将人们对这一制度本身的看法与印象传递下去，使人们形成一种对这一制度的普遍认知，同时也会波及与这一制度相关的其他制度，即当人们对由官方主导的听证会制度形成一种社会的共识以后，那么在与之相关的其他层面的由官方主导的制度也会受到相应的影响，并且当这些制度的实践结果不断被民众"验证"以后，将极大强化民众心理的这种认知，由此，对某一制度形成的看法因为制度的"传染"而导致对某些制度也存在类似的看法，最终，人们将会因为这一看法的不断强化与巩固而形成一种稳定的行为预期，即当上述这些制度在实践中运行时，人们会根据之前就存在于他们头脑中的这种认知来做出自己的行为与判断，如同听证会一样，一旦某个地方要召开价格方面的听证会，民众在心里已经有了自己的预判，认为听证会只是走走形式而已，那么民众对听证会的不积极与冷漠便是对制度本身失去信任与信心的表现。而正是由于这种不信任的产生，使得制度本身的权威得不到树立，而借以传递的制度精神更是无从展现，反而强化了相反的制度精神。

（二）以"传染之道"还治"传染之身"

对于制度的这种消极"传染"的危害性，只有采用"以其人之道还治其人之身"的办法来进行应对，即用积极的"传染"来化解消极的"传染"。具体来说，主要有以下两个方面：

1. 树立"标杆"

对于制度的消极影响，只有用积极的影响进行正面的回击与应对，才有可能化解消极影响带来的社会后果。仍以听证会为例，要想改变当前人们对听证会的这一普遍认知，则必须重新打造和树立听证会的正面意义，当然这需要由官方推动，并且是在切实履行听证会的各项要求的基础上进行，才能将听证会的真实作用展现出来，通过树立这一"标杆"性的示范，让人们能够察觉到，原来听证会也可以发挥它真实的作用，同时让人们认识到，这次听证会和以往听证会的确不同，它真实地体现了民众的呼声与利益。这样，民众心里就已经有了对听证会的不同的理解与看法，虽然此时我们并不能扭转人们对听证会的以往的看法，但是至少先要让人们在心中对听证会的认识不至于单一化，他可以有所选择，以后，在遇到类似听证会的时候，他会抱有一丝希望，也许此次听证会能够和上次听证会一样，体现民众的切身利益，此时，他就不再是单纯的冷漠或旁观，而有可能会做出具体的行动。当然，他也会这样思考，上次听证会只是偶尔的情况，大多数听证会还是和以前一样，以至于他还是采取观望的冷漠态度。的确，"标杆"的树立只是开启了人们对这一制度的不同的认识，打破人们传统的单一化的认识，但还不足以激发起他们的具体行动，让他们都积极参与进来，进而替换他们原有的心理认知，而要达到这一步，就需要我们继续把"标杆"效应放大。

2. 放大"标杆"

如果我们能够继续通过树立更多个同样的积极的"标杆"来将制度的积极意义放大，那么这将在很大程度上改变甚至取代人们对这一制度的原有消极看法。因为人们之前的消极看法的形成也是源于制度实践的不断强化，那么，同样，我们想要让这种积极的共识稳固地形成于人们的心中，也必须要通过制度的实践来不断地强化和改变人们的看法。当制度的积极的实践在社会中形成一定的规模时——当然，这种规模的形成还应该借助媒体的力量，通过媒体的积极的广泛的宣传，让制度实践的积极结果广而告之，这在实践中也会强化民众的心理认知——民众心里对这一制度的积极认知与原有的消极认知就能够形成同等程度的对抗，而当这种对抗随着制度实践的发展而不断使得二者之间的认知差别明显时，即积极认知超过消极认知时，那么人们原有的消极认知就会被取代，而积极的认知也会较为稳固地形成于人们的心中，人们心里的积极的认知反过来又会影响他们的实际的行为，于是，在遇到类似制度实践时，他们会用这种积极的认知来参与到制度的运行过程，并通过自己的行为感受到制度的魅力与权威，当人们对制度充满信任时，制度的权威便借助人们的信任与依赖得以树立起来，而制度精神也就随之得以确立。

需要指出的是，树立"标杆"的意义影响深远，因为它所开启的不仅是人们对某一制度的另一种认识，更为重要的是，它为改变人们的旧有观念树立新观念提供了机会与可能，正是有了这种机会的存在，才使得以后人们观念的切实转变有了现实的基础。同样，放大"标杆"的意义亦不可小觑，因为单有树立某一个"标杆"是不足以把人们的观念进行彻底扭转的，唯有通过多个"标杆"的树立将这种影响不断放大和扩散，使之形成一定的规模，当它积累到一定程度时，就可以用新的观念来替换原有的观念，实现观念形态的转换。可以说，正式制度精神需经由此途径才能在实践中进行良好的转换，使其自身移植的特性渐渐适合本土的环境，并最终得以树立和培育起来。

第三节　时间——制度精神的物理要素

时间对于制度精神的孕育是一个非常重要的因素，时间的长短将在很大程度上决定制度精神的巩固程度和发挥作用的程度，时间过短将使得制度精神来不及巩固而极易被多变的政策或环境所推翻，因此，相对来说，成熟的制度精神应该是在较长一段时期内由治国理政者们通过有意引导、潜移默化在国民心中的一套稳定的价值体系，使得人们对所制定的制度文本产生足够的政治认同，进而为文本的顺利运行提供足够的社会认同和愿意遵守的规范意识。但是，我们这里对时间因素的探讨并不是说要明确出一个具体的时间表，而毋宁说是借助时间这一因素来考察制度精神的形成过程。

具体而言，时间在制度精神的培育过程中主要在以下两个方面发挥着重要的影响作用：

一　制度精神的形塑

对于我国来说，把移植而来的正式制度精神嵌入我国的政治社会当中，由于这种制度精神不是内生于本土的环境，这就要求我们首先要对外来的制度精神有一个整体上的认知与了解。我们的这种认知与了解的过程就是制度精神的形塑过程，即制度精神能够在人们心中留下一个基本的印象，让人们能够感受到制度精神的存在与可能的价值。但是此时的印象也只是初期的印象，还不能形成一种相对稳固的观念形态，因此，这种形塑的过程主要有以下特点：

（一）不稳定性

此时期的正式制度精神因为正处于初期的形塑的阶段，所以还表现出一定的不稳定的形态，这种不稳定形态的存在，意味着当外界出现某种力量——尤其是非正式层面的制度精神的影响——与之对抗时，这种制度精神往往会因为不稳固而处于变动的状态之中，甚至有可能被这种力量所同化和颠覆。

在制度实践的过程中，我们会发现，有些从国外引入的一些制度，在它们本土的环境中能够很好地生存并发挥作用，但是一旦移植到了国内，便出现了"淮南为橘，淮北为枳"的巨大反差。前面所提到的听证会的例子便是一个鲜明的体现，之所以会出现上述现象，其中很重要的一个原因便在于所引入制度精神的内在不稳定性。这种不稳定性既体现在它与国内社会环境之间的"水土不服"，也体现在它与国内文化价值观念之间的某种对抗，而这种对抗往往因为本土文化的强大而使得制度精神走样甚至变质。因此，从实际意义来看，正式制度精神的不稳定性在很大程度上影响了自身功能的有效发挥，并制约正式制度精神本土化的实际进程。

（二）弱小性

这里的弱小性是从相对意义上而言的，即相对于本土制度精神的强大，移植来的制度精神就显得弱小而无力。刘世军认为，"民本思想在中国传统政治的主流中是与专制思想相互依存的，圣君贤相以身作则，教化庶民，上行下效，最后达到一种无为而治的理想，这是中国传统思想中根深蒂固的死结"①。民本思想在弱化法律或者说使法律走向伦理化的过程中无疑起到了重要的推动作用，由此法律沦为人们在调节社会伦理关系方面的一种为辅的工具，人际关系伦理化使得人们在现实生活中遇到问题首要的解决方式并不是法律，因为他们知道法律不能帮他们解决实际问题，而是人情世故、人脉关系，从某种意义上说，这种伦理化而非法治化的处理方式最大限度地阻滞着法律在社会生活中的独立地位与独立的价值，法律得不到应有的尊重必然会模糊道德与法律之间应有的界限并降低法律自身的权威，而被道德化的法律也往往随着道德、人情的发展而践墨随世，杨鸿烈明确指出，"中国向来是道德与法律的界限没有十分清楚的。……中国的法典范围尽管甚广，而凡道德思想之著于经义而未被法典包括，或法典之所定而未能符于经义者，则经义之效力往往等于法律，或且高于法律"②。

法律、制度被弱化或者说不被尊重至少会带来两种不良的社会后果，一是专制，二是腐化。专制的产生是法律处于人情之下的必然结果，当社会的秩序与人际关系的调整主要依靠人而不是法律来规约的情况下，人本身的主观性和随意性被无限放大，尤其当他处于拥有一定权力的条件下更是如此，权力会因为这种人为因素的影响而变得不可预知和无法确定，由此也带来了难以预期的行为和不可控的后果，进而为专制的产生与生长提供了土壤。腐化作为法律弱化的伴生物，是随着人情关系的浓厚而衍生出来的社会产品，在一个依凭法律来处理人际关系和社会事务的国家，腐化是难成气候的，因为法律的明确而具体的规定会让一切

---

① 刘世军：《近代中国政治文明转型研究》，复旦大学出版社2000年版，第149页。

② 杨鸿烈：《中国法律发达史》上册，上海商务印书馆1930年版，第4页。

在公开透明的环境下运行，人们很难通过人为的方式和手段去改变法律上确定的结果，就算有也属于少数情况，然而，在一个由人治占主导地位的国家里，只要拥有足够的必要的社会资源，就可以凭借这些资源以及繁杂的人情网络来改变本已确定的事实和行为，进而使得资源与财富向少数握有资源和关系的人聚集，当这些人更主要地运用这些资源和关系来为自己谋私利时，腐化就不可避免了，社会的正义与机会的平等受到极大的挑战，人们不是依靠和相信自己的能力立足于这个社会，而是依靠和相信人脉人情立足于这个社会，在这种情况下，移植来的制度精神因为难以抵挡强势的本土制度精神，而强势的本土制度精神又用本土化的方式消解和抵消了移植而来的制度精神的威力，由此形成一个正式制度精神不断被消解的恶性循环。

（三）冲突性

正式制度精神与非正式制度精神之间的某种交锋与对抗，必然在现实政治生活中引发人们认识上的矛盾与冲突，并将这种矛盾外化在人们的行为当中。唐士其指出，中国在制度与文化价值观念两个方面的西方化，已经导致了诸多日益明显的矛盾：由于中国宏观的政治、经济与社会和文化体系与西方社会仍然存在着极大差异，所以对西方制度和测评标准的盲目引进导致了微观制度与宏观制度之间的矛盾、制度之间的矛盾，以及制度与传统之间的矛盾。由于这些矛盾短期之内无法解决，因而它们的产生和存在就有可能成为社会张力的来源。[1] 同时，不顾中国具体的文化与制度环境对西方标准的引入，不仅导致"橘生淮北而为枳"，即导致这些制度的变形与无效，而且催生了各种新的矛盾，使事态朝西方制度引进者的初衷相反的方向发展。至于那些真正具有中国特色的、可能具有世界性价值的文化因素，则因为西方制度与标准（在某种意义上仍有相当一部分是他方性的制度与标准）的引入而几乎失去了其生存的空间。[2]

换句话说，在两种不同形态的制度精神对抗中，会出现多种可能，或者非正式制度精神完全同化正式制度精神，正式制度精神的功能与价值理念被本土文化完全消解；或者正式制度精神在与非正式制度精神的对抗过程中，找到了某种融合的路径，通过这种融合可以将正式制度精神的价值理念借用非正式制度精神的某些形式得以传递；又或者二者也

---

[1] 唐士其：《中国未来发展面临的政治挑战》，http：//www.chinavalue.net/figure/show.aspx？id＝1227。

[2] 同上。

实现了某种融合，只不过这种融合恰恰把两种形态所具有的劣势结合在一起，即我们没有借鉴正式制度精神所内含的对制度的敬畏，却学来了对个人权利的过分追求与热衷，同时又借助非正式制度精神中的人治因素的影响，以至于为了实现对个人利益的追逐而徇私枉法。这种情况既不是我们愿意看到的，也是当前我国社会中的确部分存在的。因此，在正式制度精神形塑的初期，必须要注意到两种不同形态制度精神间的对抗与冲突，以便为缓解这种冲突提供足够的时间与空间。

二　制度精神的巩固

理论上讲，制度精神的巩固在某种程度上相类于民主的巩固，尽管二者有着不同的主体，但在巩固这一层面上二者可以找到某些相通之处。作为首先将民主的巩固问题提出的亨廷顿，他虽然没有明确提出完整的民主巩固的概念，但他明确提出了六条有助于民主巩固的条件，包括有利的历史经验、经济发展、国际因素、民主转型时机、民主转型类型、民主国家面临的具体问题等。① 拉里·戴蒙德正是受到亨廷顿的指引，对民主的巩固、为什么需要重视民主的巩固以及如何保证民主的巩固等问题进行深入分析。② 他们对民主巩固这一理论的分析，在一定程度上为本书的研究提供了一些宝贵的思路与方向。在此基础上，我们认为，当制度精神经历了初期的形塑的阶段之后，将会走向制度精神的巩固，这实际上是一个相对漫长的过程，没有人可以准确预测出一个具体的时间表，我们只能提供一些条件来对制度精神是否得到巩固进行一些判定和衡量。具体而言，主要体现在以下三个方面：

（一）态度上

如果大多数人在态度上对正式制度精神有了一种欢迎和认可的倾向，从某种意义上，我们可以说正式制度精神具备了获得稳固存在的观念支撑和理论基础。但是，这种态度上的肯定也仅仅是为正式制度精神的形成提供了一种基础而已，并不是说这种制度精神已经稳固地形成。虽然从实践上看，人们在行为上的具体表现其实是紧密联系于他们的观念态度的，换言之，人们在态度上所持有的看法与认知将在很大程度上决定人们的实际行动，这就意味着我们可以依据人们的实际行动来推断他们内

---

① ［美］塞缪尔·P. 亨廷顿：《第三波：20 世纪后期民主化研究》，刘军宁译，上海三联书店 1998 年版。

② Larry Diamond, *Developing Democracy*: *Toward Consolidation*, Baltimore：Johns Hopkins University Press, 1999, p. 8.

心真实的态度，同时，我们也可以根据他们内心持有的态度来预测他们可能采取的实际行动。因为人们的态度与行为往往是一以贯之的，具有高度的前后相继性与逻辑性。而且，这种关联也使得人们在人格上实现了统一性，即他们的观念指引着他们做出了相应的行为，而不是相反的行为。

然而，我们必须要指出，在真实的政治生活中，的确存在这样一些"言行不一"的现象，他们所作出的实际行为与他们内心真实的态度存在着不一致甚至相反的情况。我们知道，态度是人在社会化过程中，经过丰富社会实践才形成的，是一种人的后天心理反应倾向。态度不是与生俱有的，而是在后天的社会交往和互动中逐渐形成和发展起来的，它会随着人们社会互动的对象以及互动范围和生活环境的变化而变化。与此同时，态度可以和行为出现某种程度的"脱离"，这可以从斯坦福大学心理学家理查德·拉皮尔（Richard Lapiere）在1934年所做的一项关于态度对行为预测的研究中得到某种程度的确认。① 因此，从这个意义上说，我们还不能单纯把人们态度上的认可与肯定看作是正式制度精神获得巩固的一个衡量标准，而只能把它看作是衡量制度精神是否得以巩固的一个必要条件。

（二）行为上

当身处一个社会之中的人们在行为上主要依靠正式制度来处理现实生活中的问题时，即他们不再把托关系、"走后门"等传统人治模式下的利益诉求途径看作是主要的途径时，我们可以说正式制度精神就得到了一定程度的巩固。如同费孝通在《乡土中国》中所描绘的那样，人们都把打官司、做律师看作是一件羞耻的事，那么，在移植来的制度精神得到巩固的前提下，如果人们都把打官司、做律师看作是一件再正常不过的事情，懂得拿起法律的武器来维护自身正当的权益，而不再依靠人脉关系等非正式的途径来维护利益时，这种正式制度精神就能够获得相对稳定的存在了。

就行为而论，当人们普遍将自身的具体行为与现实的正式制度密切关联在一起时，运用制度化的途径和方式来解决切身利益问题往往成为"城镇的唯一比赛"② 形式。虽然在现实中，制度并不一定是唯一的利益诉求途径，但至少它应该是主要的或者说首要的利益诉求途径。只有当

---

① 拉皮尔研究的理论假设是：人们的"社会行为"与他们口头表达的社会态度很少具有一致性。换句话说，人们的言行并不一致。他的研究结论也验证了这一假设。——笔者

② 转引自［日］猪口孝、［英］爱德华·纽曼、［美］约翰·基恩《变动中的民主》，林猛等译，吉林人民出版社1999年版，第58页。

这样一种行为准则在社会中普遍确立起来时，正式制度精神才能获得充分的现实基础而得到推行与实现。人们在行为上的表现往往相较于他们在态度上的表现更容易做出推断，因为做出来的行为往往具有结果性的意义，态度的表现始终只是停留在"说"这一表象上，而行为则体现在"做"这一真实行为上，这种行为的产生必定隐含着行为人的思想动机和内在态度，人们通过对行为动机的考察便可判断出他们的真实态度，虽然我们仍然不能严格排除"言行不一"现象的存在，但至少在普遍意义上，我们可以对人们的行为进行一个基本的判断与把握。因此，当社会中的大多数人都在用实际行动来践行正式制度精神时，这种制度精神就在一定程度上获得了广泛的物质基础与群众基础而变得相对稳定了。

（三）宪法上

然而，我们必须明确，无论是行为上的确认还是态度上的支持，正式制度精神要想稳固地扎根于现实的社会环境，还必须依靠宪法上给予的法律保障与制度支持。我们知道，西方文明重程序、重形式，强调恪守规则的重要性。西方文明对制度规范的遵守与尊重始终是一以贯之的，沃特金斯指出："希腊人法治的思想，既影响着政治，也影响着西方思想的普遍形象。"① 塞缪尔·亨廷顿（Samuel P. Huntington）在《文明的冲突与世界秩序的重建》一书中给出现代化之前的西方文明的八个特点之中，认为"法治（Rule of law）是一个文明社会的核心观念，是从罗马继承来的。……这就是拉丁文名言'Non sub homine sed sub Deo et lege'② 的意思。法治的传统为宪政和人权保护奠定了基础，包括保护财产权不受专制权力的侵犯。"③ 没有西方相对健全和完善的法律制度体系，正式制度精神的孕育与生成也就失去了依托的母体。

社会学制度主义学派认为，"制度影响、制约甚至决定行为的方式在于，为特定社会化过程中的角色提供了某种内在化的'行为规范'和认知模板，即指明行动者在特定情景下把自己想象和构建成何种角色；因此，制度之所以能够得到扩展，现存世界的制度之所以会出现大量的同质化现象，并不是来自于理性人的算计和合作意图，而是来自于这种制度能够适应特定文化背景，能够在某种文化背景和组织场域中体现出合

① ［美］弗里德里希·沃特金斯：《西方政治传统——现代自由主义发展研究》，黄辉、杨健译，吉林出版社 2001 年版，第 6 页。

② 意即"不在人之下，而在上帝和法律之下"。——笔者

③ ［美］塞缪尔·P. 亨廷顿：《文明的冲突与世界秩序的重建》，周琪等译，新华出版社 1998 年版，第 61 页。

法性"①。也就是说，制度因为获得了宪法上的确认这一合法的形式而在实践中获得了强制的巨大的力量，不仅任何违反制度的行为要受到及时的惩罚，而且对制度本身权威的破坏也会引起民众的批评与反对。"因为，当制度的作用非常强大，即制度本身比较成熟和稳定之时，观念和理性行为的空间可能会小一些。"② 在这种前提下，制度本身所具有的权威因得到人们的普遍遵守与尊重而获得对社会的威慑力量，由此，人们对制度的敬畏心理才能最终得以形成。

小　结

我们虽然对制度精神的培育模式进行了一种大致的勾勒，将人、制度、时间这三大要素纳入制度精神的生成过程当中，同时又对每一要素进行扩展性分析，分别从主体、载体和物理要素三个方面进行具体阐述，以此来大致描绘出正式制度精神培育的具体演进轨迹。但这并不是说，只有上述三种因素对制度精神的培育产生作用并构成其条件，除此之外没有其他因素的存在。只是从广泛意义上看，这三大要素是制度精神形塑与巩固的最基本要素。如果我们把握了事物构成的最基本要素，那么对于我们准确地认知与把握事物内在的性质与衍生的轨迹无疑具有重要的启示作用。

实际上，这三大要素之间是彼此关联、不可分割的一个整体，缺少哪一个要素，都无法形成和推动正式制度精神的本土化进程。同时，我们也很难分辨，在制度与人之间哪个要素更重要，因为在实践中我们既找不出这样一条明确的界线，也不存在这样一种界限，只能说，正是制度与人之间的相互交织与交融，在时间这一物理变量的帮助下，他们共同推动了制度精神的整体推演与变迁。

---

① 何俊志、任军锋、朱德米：《新制度主义政治学译文精选》，天津人民出版社2007年版，导论，第7页。

② 同上书，第14页。

第七章　结语

　　制度精神作为当前还未深入探究的领域，相关的研究框架以及基本构造还远未成形，本书的研究框架与相关的理论推论都还只是处于一个粗糙的雏形阶段，而且其中有些问题还未及深究和扩展，如在制度精神培育这一部分中，培育的正式制度精神是不是也可以分为领袖持有的制度精神、民众持有的制度精神以及知识精英所持有的制度精神，三者之间是否存在着一致性，以及非正式制度精神是否需要培育等，再加上笔者个人能力和篇幅的限制，使得本文的研究难以包揽上述所有的问题，因此本书的不足之处实为在所难免，充其量只是非常粗糙甚至可能存在诸多错误与问题的雏形框架，一如本书题目所指，只是一种"初探"，此中问题在所难免。然而，尽管困难重重，通过研究，我们可以暂时确定的是：

　　首先，制度精神理论体系的粗略框架。

　　本书认为，在制度精神这一理论体系当中，其框架构成大致包含以下一些要素：制度精神的概念界定、制度精神的类型、制度精神的特点、制度精神的功能、制度精神的生成模式、制度精神的践行以及制度精神的培育模式等内容，这些内容大致勾勒出了制度精神这一理论体系的轮廓与框架。其中，对两种类型的制度精神进行了具体分析，一种是西方社会所孕育出来的强调法治、依托制度为利益诉求途径的正式制度精神；另一种是中国社会所锻造出来的循礼治而人治的非正式制度精神。这两种不同形态的制度精神带来了完全不同的社会形态与国民性格，同时也带来了两种不同文明之间的冲突与融合。同时，在每一种形态的制度精神中，都包含了两大内容：制度立意和制度敬畏。此外，在制度精神的生成模式上将本土生成与外来移植进行了对比分析，等等。尽管对每一部分内容的分析与探索仍有不尽如人意之处，但是这对我们初步了解制度精神无疑提供了一定程度的参照与借鉴。与其说本书是在构建一种理论体系，毋宁说是一种"抛砖引玉"式的尝试，希望本书的研究能够为后来有志于研究制度精神这一理论体系的人们提供一种理论上的借鉴与参考，亦可以看作是本书研究的一个价值所在了。

其次，我国当代政治制度的独特视角。

本书对制度精神这一理论体系的研究有一个重要的前提，即立足于我国当下政治制度这一视角，在当前的政治图景中，我们将本研究的重点放在了制度敬畏上，而鲜有论及制度精神的另一个部分制度立意；同时，也是为了推进我国政治建设的发展与制度体系的建构，我们在制度精神的培育这一部分，将正式制度精神的培育作为中心，而没有论及非正式制度精神的培育，主要也是从我国现实政治的角度出发而考虑的。因此，这一视角在很大程度上限定了本研究的内容与重点，故在此特作说明。

最后，制度精神的培育模式。

马克思曾经说过，哲学家的目的不仅在于认识世界，还在于改造世界。我们知道制度精神是什么仅仅属于认识世界的范畴，而关键还在于如何培育我们所需要的制度精神这一能动的改造世界的过程。因此，本书始终立足于我国当前的政治实践，认为要推进我国的政治文明进程，实现依法治国的伟大战略，就必须通过移植的方式将西方的正式制度精神嵌入到我国的政治场域当中，在这个过程中，笔者将人、制度和时间作为一种制度精神生成的最基本的三大要素，在此基础上构建了制度精神培育的整体图景。在"人"这一链条上，有三种模式是不容忽视的，即领袖主导模式、民众主导模式和知识精英主导模式。这三种模式在当下的政治实践当中都有着不可替代的作用与意义，我们应该努力创造相应的条件来引导这三种模式发挥其应有的价值，同样中国政治发展的进程离不开三种模式的交相互动与共同推动；在"制度"这一链条上，我们发现，不仅制度本身在设计的过程中就应该确保"明确"的特性，还应该注意制度在实施过程中的"标杆效应"，正是因为制度本身有着极强的"传染性"使得制度的这种"标杆效应"得以波及更为广泛的社会领域。对此，树立积极的有利于社会发展的"标杆"并强化这种效应是推进我国法治进程、将移植的制度精神本土化的一种有效途径；在"时间"这一链条上，对于制度精神的形塑与制度精神的巩固等问题的探讨，成为我们衡量和判断制度精神移植是否得到有效贯彻的主要参考。

总体来看，上述对制度精神诸要素的分析大致型构了制度精神这一理论体系的较为粗略的框架，然而，我们深知，制度精神作为一种观念形态要想在实践中转化为"直接的现实生产力"，实际上还有很长的路径要走。因为建构一种有形的制度并非难事，但塑造一种无形的制度精神确非易事。诚如梁治平所言："盖宪政之于宪法，犹如法治之于法制，其盛衰兴废，不独受制于法律之制度，更取决于政制之安排、社会之结构、公民之素质与民众之信仰。故修宪法虽易，行宪政实难。"① 因此，本书也许不能解决现实政治生活中的诸多理论问题和现实问题，但至少提供了一种或许可以有效解决这些问题的思路与角度，同时，因为本研究的理论色彩较强，缺少对现实政治的实践研究，也许有些观点是停留在想象的未经论证的层面，所以它虽不能解决实际问题，但如果能引起后来的人们更深一步的思考，那也是本研究的一个小小的价值所在。总而言之，在当前我国制度建设的特定图景中，本书的研究也仅仅是一个开始，若有幸能激起后来人不断深化和完善制度精神这一理论体系，实为笔者内心的殷切希望！

---

① 转引自潘伟杰《宪法的理念与制度》，上海人民出版社 2004 年版，第 21 页。

参考文献

一　中文著作

［1］刘廼诚：《政治建设与制度精神》，国民图书出版社 1941 年版。

［2］曹沛霖：《制度纵横谈》，人民出版社 2005 年版。

［3］胡鞍钢、王绍光、周建明：《第二次转型：国家制度建设》，清华大学出版社 2009 年版。

［4］王沪宁等：《从理想国到代议制政府》，四川人民出版社 1990 年版。

［5］苏东斌：《人与制度》，中国经济出版社 2006 年版。

［6］《邓小平文选》第 2 卷，人民出版社 1994 年版。

［7］辛鸣：《制度论——关于制度哲学的理论建构》，人民出版社 2005 年版。

［8］潘伟杰：《宪法的理念与制度》，上海人民出版社 2004 年版。

［9］梁启超：《梁启超史学论著三种》，香港三联书店 1980 年版。

［10］梁启超：《先秦政治思想史》，东方出版社 1996 年版。

［11］梁启超：《论政府与人民之权限》，载《梁启超全集》，北京出版社 1999 年版。

［12］马德普主编：《中西政治文化论丛》（第一辑），天津人民出版社 2001 年版。

［13］林尚立：《政治建设与国家成长》，中国大百科全书出版社 2008 年版。

［14］何俊志、任军锋、朱德米：《新制度主义政治学译文精选》，天津人民出版社 2007 年版。

［15］任剑涛：《伦理政治研究：从早期儒学视角的理论透视》，吉林出版集团有限责任公司 2007 年版。

［16］汪丁丁、韦森、姚洋：《制度经济学三人谈》，北京大学出版社 2005 年版。

[17] 曹锦清：《黄河边的中国》，上海文艺出版社 2000 年版。

[18] 刘泽华、葛荃：《中国古代政治思想史》（修订本），南开大学出版社 2001 年版。

[19] 梁漱溟：《东西文化及其哲学》，上海人民出版社 2006 年版。

[20] 梁漱溟：《中国文化要义》，学林出版社 1987 年版。

[21] 钱穆：《现代中国学术论衡》，生活·读书·新知三联书店 2001 年版。

[22] 钱穆：《中国历代政治得失》，生活·读书·新知三联书店 2001 年版。

[23] 钱穆：《论语新解》，生活·读书·新知三联书店 2002 年版。

[24] 蔡尚思：《中国传统思想总批判》，上海古籍出版社 2006 年版。

[25] 苗力田：《古希腊哲学》，中国人民大学出版社 1989 年版。

[26] 金观涛、刘青峰：《兴盛与危机——论中国封建社会的超稳定结构》，法律出版社 2011 年版。

[27] 黄仁宇：《中国大历史》，生活·读书·新知三联书店 2006 年版。

[28] 黄仁宇：《万历十五年》，生活·读书·新知三联书店 2006 年版。

[29] 汪子嵩等：《希腊哲学史》（第一卷），人民出版社 1997 年版。

[30] 李道军：《法的应然与实然》，山东人民出版社 2001 年版。

[31] 浦兴祖、洪涛：《西方政治学说史》，复旦大学出版社 1999 年版。

[32] 何勤华：《西方法学史》（第二版），中国政法大学出版社 2000 年版。

[33] 梁治平：《法辨》，贵州人民出版社 1992 年版。

[34] 张文显：《二十世纪西方法哲学思潮研究》，法律出版社 2006 年版。

[35] 梁治平：《新波斯人札记：变化中的法观念》，贵州人民出版社 1998 年版。

[36] 柏杨：《丑陋的中国人》，古吴轩出版社 2004 年版。

[37] 鲁迅：《狂人日记》，载《鲁迅作品集》，北岳文艺出版社 2001 年版。

[38] 林语堂、傅斯年、鲁迅等：《闲说中国人》，北方文艺出版社 2006 年版。

[39] 辜鸿铭：《中国人的精神》，杨华青译，天津教育出版社 2007 年版。

[40] 《阿奎那政治著作选》，商务印书馆 1982 年版。

[41] 施治生、郭方：《古代民主与共和制度》，中国社会科学出版社 1998 年版。

［42］《马克思恩格斯全集》，人民出版社 1956 年版。

［43］李寿祺：《美国的利益集团与政治》，世界知识出版社 1988 年版。

［44］陈独秀：《独秀文存》，安徽人民出版社 1987 年版。

［45］苏力：《送法下乡：中国基层司法制度研究》，中国政法大学出版社 2000 年版。

［46］秦德君：《中国公民文化：道与器》，东方出版中心 2011 年版。

［47］任军锋：《地域本位与国族认同——美国政治发展中的区域结构分析》，天津人民出版社 2004 年版。

［48］刘再复、林岗：《传统与中国人》，安徽文艺出版社 1991 年版。

［49］陈周旺：《正义之善——论乌托邦的政治意义》，天津人民出版社 2003 年版。

［50］刘世军：《近代中国政治文明转型研究》，复旦大学出版社 2000 年版。

［51］杨鸿烈：《中国法律发达史》上册，上海商务印书馆 1930 年版。

［52］徐大同：《西方政治思想史》，天津教育出版社 2005 年版。

［53］陈旭麓：《近代中国的新陈代谢》，上海人民出版社 1992 年版。

［54］易继明：《私法精神与制度选择》，中国政法大学出版社 2002 年版。

［55］胡适：《中国的文艺复兴》，外语教学与研究出版社 2001 年版。

［56］萧公权：《宪政与民主》，清华大学出版社 2006 年版。

［57］熊月之：《中国近代民主思想史》，上海人民出版社 1986 年版。

［58］鲁虎：《新加坡》，社会科学文献出版社 2006 年版。

［59］费孝通：《乡土中国》，生活·读书·新知三联书店 1985 年版。

［60］《春秋繁露》，周桂钿译注，中华书局 2011 年版。

［61］《论语》，载秦川主编《四书五经》，北京燕山出版社 2007 年版。

［62］《孟子》，载秦川主编《四书五经》，北京燕山出版社 2007 年版。

［63］《荀子》，谢丹、书田译注，远方出版社 2004 年版。

［64］《大学》，载秦川主编《四书五经》，北京燕山出版社 2007 年版。

［65］《中庸》，载秦川主编《四书五经》，北京燕山出版社 2007 年版。

［66］《礼记》，载秦川主编《四书五经》，北京燕山出版社 2007 年版。

［67］《孝经》，浙江古籍出版社 2011 年版。

［68］《孔子家语》，王国轩、王秀梅译注，中华书局 2011 年版。

［69］《墨子译注》，张永祥、肖霞译注，上海古籍出版社 2015 年版。

二　中文译著

［1］［古希腊］柏拉图：《理想国》，郭斌和等译，商务印书馆 1997

年版。

［2］［古希腊］亚里士多德：《政治学》，吴寿彭译，商务印书馆1981年版。

［3］［古希腊］亚里士多德：《形而上学》，吴寿彭译，商务印书馆2007年版。

［4］［古希腊］亚里士多德：《雅典政制》，日知、力野译，上海人民出版社2010年版。

［5］［法］托克维尔：《论美国的民主》上卷，董果良译，商务印书馆2006年版。

［6］［法］孟德斯鸠：《论法的精神》上册，张雁深译，商务印书馆2005年版。

［7］［美］罗伯特·达尔：《多元主义民主的困境》，尤正明译，求实出版社1989年版。

［8］［美］罗伯特·达尔：《论民主》，李柏光、林猛译，商务印书馆1999年版。

［9］［美］罗伯特·达尔：《民主及其批评者》，曹海军等译，吉林人民出版社2006年版。

［10］列宁：《哲学笔记》，人民出版社1960年版。

［11］［冰］思拉恩·埃格特森：《新制度经济学》，吴经邦等译，商务印书馆1996年版。

［12］［美］道格拉斯·C.诺思：《制度、制度变迁与经济绩效》，上海三联书店1994年版。

［13］［美］弗里德里希·沃特金斯：《西方政治传统——现代自由主义发展研究》，黄辉、杨健译，吉林人民出版社2001年版。

［14］［美］杰克·奈特：《制度与社会冲突》，周伟林译，上海人民出版社2009年版。

［15］［美］塞缪尔·P.亨廷顿：《文明的冲突与世界秩序的重建》，周琪等译，新华出版社1998年版。

［16］［美］塞缪尔·P.亨廷顿：《变化社会中的政治秩序》，王冠华等译，生活·读书·新知三联书店1989年版。

［17］［英］迈克尔·曼：《社会权力的来源》第一卷，刘北成、李少军译，上海人民出版社2002年版。

［18］［德］马克斯·韦伯：《儒教与道教》，王容芬译，商务印书馆2004年版。

［19］［英］罗素：《西方哲学史》上卷，何兆武等译，商务印书馆 1963
年版。

［20］［美］博登海默：《法理学——法律哲学和法律方法》，中国政法大
学出版社 2001 年版。

［21］［荷］格劳秀斯：《战争与和平法》，何勤华译，上海人民出版社
2005 年版。

［22］［英］霍布斯：《利维坦》，黎思复、黎廷弼等译，商务印书馆 1985
年版。

［23］［英］洛克：《政府论》（下篇），叶启芳、瞿菊农译，商务印书馆
1996 年版。

［24］［英］R. G. 柯林武德：《自然的观念》，吴国盛、柯映红译，华夏
出版社 1990 年版。

［25］［古罗马］西塞罗：《论共和国 论法律》，王焕生译，中国政法大
学出版社 1997 年版。

［26］［古罗马］西塞罗：《国家篇法律篇》，沈叔平、苏力译，商务印书
馆 2008 年版。

［27］［德］恩斯特·卡西尔：《国家的神话》，华夏出版社 1990 年版。

［28］［英］登特列夫：《自然法——法律哲学导论》，台湾联经出版事业
公司 1984 年版。

［29］［法］基佐：《欧洲文明史》，程洪逵等译，商务印书馆 1998 年版。

［30］［英］亚历山大编：《国家与市民社会》，邓正来译，中央编译局出
版社 1999 年版。

［31］［德］黑格尔：《法哲学原理》，商务印书馆 1996 年版。

［32］［德］黑格尔：《美学》卷二，朱光潜译，商务印书馆 1979 年版。

［33］［德］黑格尔：《历史哲学》，王照时译，生活·读书·新知三联书
店 1956 年版。

［34］［法］卢梭：《社会契约论》，何兆武译，商务印书馆 1980 年版。

［35］［法］卢梭：《论人类不平等的起源和基础》，李常山译，商务印书
馆 1997 年版。

［36］［美］汉密尔顿：《联邦党人文集》，程逢如译，商务印书馆 1997
年版。

［37］［英］戴雪：《英宪精义》，雷宾南译，中国法制出版社 2001 年版。

［38］［美］富勒：《法律的道德性》，郑戈译，商务印书馆 2007 年版。

［39］［古希腊］亚里士多德：《尼各马可伦理学》，廖申白译，商务印书

馆 2006 年版。

［40］［德］萨维尼：《论立法与法学的当代使命》，许章润译，中国法制
出版社 2001 年版。

［41］［英］爱德华·吉本：《罗马帝国衰亡史》，黄宜思、黄雨石译，商
务印书馆 2007 年版。

［42］［美］约翰·罗尔斯：《正义论》，何怀宏、何包钢、廖申白译，中
国社会科学出版社 2005 年版。

［43］［英］伯林：《民族主义：往昔的被忽视与今日的威力》，《反潮流：
观念史论文集》，冯克利译，译林出版社 2002 年版。

［44］［俄］普列汉诺夫：《论一元论历史观之发展》，博古译，生活·读
书·新知三联书店 1961 年版。

［45］［美］亨廷顿：《我们是谁——美国国家特性面临的挑战》，程克雄
译，新华出版社 2005 年版。

［46］［英］史蒂文·卢克斯：《个人主义》，阎克文译，江苏人民出版社
2001 年版。

［47］［法］贡斯当：《古代人的自由与现代人的自由》，阎克文等译，商
务印书馆 1999 年版。

［48］［日］猪口孝、［英］爱德华·纽曼、［美］约翰·基恩：《变动中
的民主》，林猛等译，吉林人民出版社 1999 年版。

［49］［美］熊彼特：《资本主义、社会主义与民主》，吴良健译，商务印
书馆 1999 年版。

［50］［美］卡罗尔·佩特曼：《参与和民主理论》，陈尧译，上海人民出
版社 2006 年版。

［51］［美］丹尼尔·贝尔：《资本主义文化矛盾》，赵一凡等译，商务印
书馆 1985 年版。

［52］［英］汤因比：《文明经受着考验》（下），沈辉等译，浙江人民出
版社 1985 年版。

［53］［日］青木昌彦：《比较制度分析》，周黎安译，上海远东出版社
2001 年版。

［54］［美］伯尔曼：《法律与宗教》，梁治平译，中国政法大学出版社
2003 年版。

［55］［美］欧文·白璧德：《民主与领袖》，张源、张沛译，北京大学出
版社 2011 年版。

［56］［美］德沃金：《认真对待权利》，信春鹰等译，中国大百科全书出

版社 1998 年版。

［57］［美］路易斯·亨金等：《宪政与权利——美国宪法的域外影响》，郑戈等译，生活·读书·新知三联书店 1996 年版。

［58］［英］尼尔·麦考密克、［澳］奥塔·魏因贝格尔：《制度法论》，周叶谦译，中国政法大学出版社 2004 年版。

三 学术论文

［1］陈明明：《新世纪中国政治发展面临的挑战和希望》，《探索与争鸣》2000 年第 3 期。

［2］谢晓娟：《政治文化：民主政府的制度环境与制度精神》，《中国特色社会主义研究》2008 年第 2 期。

［3］袁祖社：《制度精神：基于现代"人文理性"之优良政治伦理价值诉求》，《思想战线》2009 年第 4 期。

［4］吴翰：《制度精神培养之重要性与途径——民国政治学人刘遒诚政治思想研究》，《广东社会科学》2012 年第 6 期。

［5］周淑真：《中国人民政治协商会议的制度精神与价值》，《中国人民大学学报》2007 年第 5 期。

［6］刘延兵：《论制度文明》，《新视野》2002 年第 3 期。

［7］范进学：《法治化制度文明：精神文明的框架选择》，《学习与探索》1998 年第 6 期。

［8］李福岩：《论制度文明与物质文明、精神文明的关系》，《社会科学辑刊》2001 年第 2 期。

［9］杨东辉：《应把制度文明与物质、精神文明相提并论》，《南昌大学学报》（哲学社会科学版）1998 年第 1 期。

［10］苗桂山、刘振江：《社会主义初级阶段的精神文明与制度文明》，《商丘师专学报》1999 年第 1 期。

［11］王占魁：《制度文化：和谐社会的文化底气和精神基石》，《党政干部论坛》2007 年第 4 期。

［12］曾小华：《什么是制度文化》，《中共杭州市委党校学报》2001 年第 1 期。

［13］彭定光：《论制度正义的两个层次》，《道德与文明》2002 年第 1 期。

［14］王展渊：《制度正义之逻辑建构》，《学术论坛》2005 年第 3 期。

［15］王浩斌、王飞南：《制度正义：社会主义和谐社会的契约伦理精

神》,《大庆师范学院学报》2007 年第 8 期。

[16] 李仁武:《论制度伦理研究的理论视域与实践诉求》,《吉首大学学报》(社会科学版)2005 年第 3 期。

[17] 冯军:《管理的规制:关于制度伦理的研究》,《哲学研究》2004 年第 12 期。

[18] 白刚:《制度伦理与共产主义精神》,《河北学刊》2007 年第 1 期。

[19] 王涛:《孔子"礼"的思想内涵及其当代价值》,《理论学刊》2007 年第 4 期。

[20] 王顺然:《"礼仁"与"礼法"——从孔子到荀子再到韩非的简要考察》,《孔子研究》2010 年第 1 期。

[21] 王鹏:《孟荀三年之丧思想比较研究》,《理论界》2008 年第 12 期。

[22] 夏伟东:《儒家的德治为什么产生了人治的结果》,《道德与文明》2004 年第 4 期。

[23] 袁付平:《法治、人治与民主》,《山东大学学报》2003 年第 1 期。

[24] 张应凯:《论礼治、人治与法治》,《江汉论坛》1999 年第 7 期。

[25] 张自慧:《古代"礼治"的反思与当代和谐的构建》,《南昌大学学报》(人文社会科学版)2009 年第 4 期。

[26] 张杰:《论西方法传统中的自然法思想》,《内蒙古大学学报》(人文社会科学版)1999 年第 5 期。

[27] 占茂华:《西方自然法观念与理性精神》,《求索》2010 年第 10 期。

[28] 占茂华:《对万物本原的探求与自然法观念的萌芽》,《求索》2006 年第 4 期。

[29] 罗国强:《西方自然法思想的流变》,《国外社会科学》2008 年第 3 期。

[30] 张中秋:《论西方法治的理论与实践》,《江苏社会科学》2006 年第 1 期。

[31] 隆奕:《自然法:西方法治的生长点》,《牡丹江教育学院学报》2006 年第 3 期。

[32] 万高隆、罗志坚:《法治视角下的权力》,《求实》2010 年第 12 期。

[33] 易承志:《市民社会理论的历史回溯》,《云南行政学院学报》2009 年第 5 期。

[34] 李志君、于向花:《市民社会与法治关系论》,《特区经济》2007 年第 7 期。

[35] 高春芽:《理性选择革命与现代西方集团理论的发展——利益集团

形成机制的视角》,《教学与研究》2010 年第 10 期。

[36] 周冰、靳涛:《制度滞后与变革时机》,《财经科学》2005 年第 3 期。

[37] 苗金春:《法律实用主义的进路及其贡献——司法能动主义的理论渊源》,《学术界》(双月刊) 2008 年第 4 期。

[38] 黄其松:《制度建构与民族认同:现代国家建构的双重任务》,《云南行政学院学报》2010 年第 6 期。

[39] 刘晓虹:《试论中国传统价值体系中的整体主义及其在近代的变革》,《兰州大学学报》(社会科学版) 2000 年第 5 期。

[40] 叶良茂:《"集体主义过时论"辨析》,《道德与文明》2002 年第 5 期。

[41] 梁治平:《从"礼治"到"法治"》,《开放时代》1999 年第 1 期。

[42] 谢惠媛:《论政治领袖的公共示范效应》,《伦理学研究》2010 年第 5 期。

[43] 李琦:《公民政治权利研究》,《政治学研究》1997 年第 3 期。

[44] 马庆钰:《中国传统政治文化的发展逻辑》,《政治学研究》1998 年第 2 期。

[45] 潘自勉:《论法理政治及其价值基础》,《社会科学》2000 年第 7 期。

[46] 金太军:《论中国传统政治文化的政治社会化机制》,《政治学研究》1999 年第 2 期。

[47] 霍春龙、包国宪:《新制度主义政治学视角下的制度有效性》,《内蒙古社会科学》(汉文版) 2010 年第 1 期。

[48] 章兴鸣:《近代中国政治制度移植的必然性分析》,《云南社会科学》2003 年第 5 期。

[49] 杨雪冬:《制度移植与本土实践:以立法听证为个案的研究》,《华中师范大学学报》(人文社会科学版) 2005 年第 6 期。

[50] 杨毓初:《人文主义与宗教改革运动》,《西南民族大学学报》(人文社会科学版) 1985 年第 4 期。

四 外文资料

[1] Woodrow Wilson, "The Study of Administration", *Political Science Quarterly*, 2, June 1887.

[2] David B. Truman, *The Governmental Process: Political Interests and Pub-*

lic Opinion, Alfreda Knopf, Inc. 1st ed, 1951, p. 37.

[3] Montesquien, *The Spirit of Law* , Hafner Publishing Company, 1966.

[4] Immanuel Kant, *Fundamental Principles of the Metaphysic of Morals*, New York, 1949; *The Metaphysical Elements of Justics*, Indianapolis, 1965.

[5] Cohen, Jean L. and Andrew Arato, *Civil Society and Political Theory*, Cambridge, MA. : The MIT Press, 1992.

[6] Developing Democracy: *Toward Consolidation*, Larry Diamond, Baltimore: Johns Hopkins University Press, 1999.

[7] Luther Gulick and Lyndall Urwick, eds. , Papers on the Science of Administration, New York: Institute of Public Administration, 1937.

[8] Lester M. Salamon and Helmut K. Anheier, *The Emerging Nonprofit Sector: An Overview*, Manchester: Manchester University Press, 1995.

[9] Laszlo E. , *Introduction to Systems Philosophy*, New York: Jordon and Breach, 1972.

[10] Bogason, Peter, *Public Policy and Local Governance: Institutions in Postmodern Society*, Cheltenham, UK: Edward Elgar, 2000.

五 网站

[1] 正来学堂, http: //dzl. ias. fudan. edu. cn.

[2] 中国选举与治理网, http: //www. chinaelections. com.

[3] 百度百科, http: //baike. baidu. com.

[4] 中国网, http: //www. china. com. cn/authority/txt/2003 – 02/25/content_ 5282127. htm.

[5] 教育第三方, http: //www. 3edu. net/lw/gjf/lw_ 83738_ 2. html.

[6] 新华网, http: //www. xinhuanet. com.

后 记

　　时光飞逝，转眼博士毕业已五年有余，当初攻读博士学位时的艰辛与苦闷仍历历在目，只不过，那时的艰辛与苦闷在今天看来反而变成一种让人怀念的美好与感动。没有那时的苦涩，何来今日的甜美？没有那时的痛苦，何来今日的珍惜与感恩呢？想来，一个人的成长是需要逆境的，恰如伏尔泰的一句名言，"一般而论，各个不相同的不幸造就幸福。因此，越是一次次不幸的频繁发生，就越是好事一桩。"当然，攻读博士不能说是不幸，只能说是成长路上的一次较为痛苦的体验，但恰恰就是这些体验，才成就了一个人的成长与幸福。因此，这次对博士论文修改成书，虽然也是一种浅层次的痛苦体验，但不久的将来必是一番乐事美事的珍贵记忆。如此想来，这段时间的持续熬夜、苦思冥想也就有了甜的味道了。

　　本书很有幸能被纳入"当代中国政治制度研究丛书"中，它的修改与成形离不开恩师浦兴祖先生的关心与帮助，先生多次电话询问，并始终强调对著作质量的严格把关，这让我更加审慎、细致地对待论文的修改与补充，力求接近先生的高标准。然则能力终是有限，只恐有负先生，内心惴惴！

　　按照惯例，同时也是按照常情，要感谢一下我的家人，没有父母悉心照顾孩子，承担一切家务，为我免去后顾之忧，我不可能如此坦然地专心写作；没有女儿的乖巧懂事，我不可能如此顺利地完成写作。感谢我生命中爱我的人和我爱的人，是你们，让我有了更丰富的存在感与人生体验，我将铭记于心！

　　必须强调，本书错漏之处在所难免，欢迎各位专家学者批评指正！

崔玉娈

2016 年 1 月于浦东家中